बिमल मित्र

बाँग्ला के प्रसिद्ध लेखक बिमल मित्र का जन्म 18 मार्च, 1912 को कोलकाता में हुआ। उन्होंने कोलकाता विश्वविद्यालय से एम.ए. किया। अनेक कहानियों और लगभग 70 उपन्यासों के रचयिता विमल मित्र बाँग्लाभाषी समाज के अलावा हिन्दी व तमिल समाज में भी समान रूप से लोकप्रिय हैं।

उनकी उल्लेखनीय कृतियाँ हैं—'अन्यरूप', 'साहब बीबी गुलाम', 'मैं', 'राजाबदल', 'परस्त्री', 'इकाई दहाई सैकड़ा', 'चार आँखों का खेल', 'वे आँखें', 'विषय : नर-नारी', 'पति-पत्नी संवाद', 'बनारसी बाई', 'शुभ संयोग', 'खरीदी कौड़ियों के मोल', 'मुजरिम हाजिर', 'पति परमगुरु', 'बेगम मेरी विश्वास', 'चलो कलकत्ता' (उपन्यास); 'पुतुल दीदी', 'रानी साहिबा' (कहानी); 'कन्यापक्ष' (रेखाचित्र)।

2 दिसम्बर, 1991 को उनका निधन हुआ।

पति-पत्नी संवाद

बिमल मित्र

लोकभारती पेपरबैक्स

लोकभारती पेपरबैक्स में
पहला संस्करण : 2012
दूसरा संस्करण : 2023

लोकभारती पेपरबैक्स : उत्कृष्ट साहित्य के लोकप्रिय संस्करण

लोकभारती प्रकाशन
पहली मंजिल, दरबारी बिल्डिंग, महात्मा गांधी मार्ग,
प्रयागराज-211 001
द्वारा प्रकाशित

वेबसाइट : www.lokbhartiprakashan.com
ईमेल : info@lokbhartiprakashan.com

शाखाएँ : 1-बी, नेताजी सुभाष मार्ग, दरियागंज, नई दिल्ली-110 002
अशोक राजपथ, साइंस कॉलेज के सामने, पटना-800 006

यश प्रिंटोग्राफिक्स
नोएडा-201 301 (उत्तर प्रदेश)
द्वारा मुद्रित

मूल्य : ₹299

PATI-PATNI SAMVAD
by Bimal Mitra

ISBN : 978-81-8031-696-8

प्राक्कथन

'पति-पत्नी संवाद' नामक इस ग्रन्थ के बारे में कुछ प्रासंगिक बातें बताना जरूरी समझ रहा हूँ।

अगर कहानी-उपन्यास सिर्फ मनोरंजन के उपकरण होते तो शायद इसकी जरूरत नहीं पड़ती। संसार में विभिन्न प्रकार की कहानियों तथा उपन्यासों की रचना हुई है, हो रही है और आगे भी होगी। लेकिन कुछ रचनाएँ बनी रहती हैं और कुछ काल के प्रवाह के साथ बह जाती हैं। आज जो किताब पढ़कर आनन्द मिला, कल भी उसे पढ़कर आनन्द मिलेगा, ऐसा कोई निश्चय नहीं है। खाने की बात लें। कम उम्र में जो चीजें अच्छी लगती हैं, उम्र बढ़ने पर अक्सर वे चीजें रुचिकर नहीं लगतीं। किताबों के बारे में लगभग यही होता है। जो लेखक हर काल के, हर उम्र के और हर रुचि के पाठकों को सन्तोष दे सकें, वे स्मरणीय हैं।

ऐसा घमण्ड मैं नहीं करता।

संसार में एक मनुष्य से दूसरे के जितने सम्बन्ध हो सकते हैं, उनमें सबसे जटिल और कुटिल सम्बन्ध है पति-पत्नी का। इस विषय-वस्तु को लेकर दुनिया में लाखों उपन्यास लिखे गये हैं, फिर भी ऐसा नहीं कहा जा सकता कि इस सम्बन्ध की गुत्थी खुल सकी है। इसलिए यह विषय-वस्तु चाहे जितनी पुरानी हो, विवाह-व्यवस्था शुरू होने के बाद से ही वह मानव-समाज की चिरन्तन समस्या मानी जाती है।

निजी तौर पर इतना कह सकता हूँ कि इन रचनाओं में कहीं भी मेहनत से भागने का उदाहरण नहीं मिलेगा। अब तक मैंने अनेक तरह के कहानी-उपन्यास लिखे हैं जिनके स्वाद अलग-अलग हैं। कभी 'एपिक', कभी 'क्लासिक' तो कभी चटपटा। लेकिन हर रचना में संकेत उस शाश्वत की ओर, उस वैराग्य की ओर है जो मन को पवित्र बनाता है और उसका परिशोधन करता है। एक बात पर मैं हमेशा विश्वास करता आया हूँ कि लेखक अगर अपनी रचना को मन का सारा अनुराग अर्पित नहीं करता तो वह रचना हर काल के हर मनुष्य के अन्तर को आकृष्ट नहीं कर सकती। इस रचना में मैं मन का सारा अनुराग अर्पित कर सका हूँ या नहीं, इसका निर्णय तो पाठक ही करेंगे।

'पति-पत्नी संवाद' में तीन उपन्यासों का समावेश है। इनमें से प्रथम का अनुवाद श्री शम्भुनाथ पाड़िया 'पुष्कर' ने और अन्य दोनों का 'देश' पुरस्कार से सम्मानित अनुवादक श्री वीरेन्द्रनाथ मण्डल ने किया है।

- बिमल मित्र

पति-पत्नी संवाद :

बहुत-सी कहानियाँ होती हैं, जिनकी शुरुआत पढ़ने में बहुत बढ़िया लगती है। लेकिन आखिर तक पहुँचते-पहुँचते कहानी भटक जाती है।

सच पूछिए तो कहानी का अन्त ही असल चीज होती है। कहानी के अन्त के बारे में बगैर सोचे लिखने का यही नतीजा होता है।

मैने एक प्रसिद्ध लेखक से एक बार पूछा था–आप क्या कहानी का अन्त पहले ही सोचकर लिखना शुरू करते हैं?

उन्होंने जवाब दिया–नहीं।

मैंने उनसे प्रश्न किया था–क्यों? कहानी का अन्त सोचे बगैर आप पाठकों को बाँधकर रख कैसे सकेंगे? कहानी की चाबी तो कहानी के अन्त में ही रहती है। कहानी की शुरुआत के समय जो गिरह आप बाँध देंगे, उस गिरह को तो आखिरकार आपको खोलना ही होगा। पहले से सारी योजना बना लेने पर ही तो आप कहानी का अन्त करते समय उस गिरह को खोल सकेंगे।

उस प्रसिद्ध लेखक ने जवाब में कहा था–जिन्दगी कोई फारमूला तो है नहीं भाई। पहले से ही कहानी का अन्त सोचकर लिखने पर तो कहानी फारमूला बन जायेगी...।

मैंने कहा था–किन्तु सारा विश्व-ब्रह्माण्ड भी तो किसी फारमूले पर ही चल रहा है। सूरज हर रोज नियमपूर्वक शाम को पश्चिम के आकाश में डूब जाता है। नियम के अनुसार ही जाड़ा पड़ता है, गर्मी पड़ती है और वर्षा होती है। समस्त विश्व-सृष्टि की सभी चीजों के बीच जब यही नियम है, तो फिर कहानी की रचना में ही भला यह नियम क्यों नहीं लागू होगा?

सो जिसकी जैसी मर्जी हो, वह उसी तरह लिखे! इसमें भला मेरा क्या बनता-बिगड़ता है? कहानी में एक आरम्भ होगा ही, एक मध्य होगा ही और अनिवार्य रूप से एक अन्त भी होगा ही। यही है मेरा नियम।

उस लेखक का नाम तो मैं लूँगा नहीं, किन्तु पूछना चाहूँगा कि कहाँ खो गया वह प्रसिद्ध लेखक? उस लेखक का नाम बताने पर अब कोई पहचान भी नहीं पायेगा। उस पर मजा यह कि वह प्रसिद्ध लेखक आज भी इस धरा-धाम पर जीता-जागता मौजूद है।

लेकिन यह तो हुई भूमिका, जिसे दूसरे शब्दों में कहा जा सकता है गौरचन्द्रिका!

मेरी यह कहानी जो पढ़ रहे हैं, वे इन पंक्तियों को न भी पढ़ें तो कोई हर्ज नहीं। इसका कारण यह है कि अभी कहानी शुरू ही नहीं हुई है। लीजिए, अब कहानी शुरू होती है..., ठीक वहीं से, जबकि मैं पुरी गया था।

ऐसा कोई भी बंगाली नहीं होगा जो दो-एक बार पुरी न गया हो!

पुरी ऐसी एक जगह है, जो कभी भी पुरानी नहीं होती। मैं वहाँ पन्द्रह-सोलह बार गया हूँ। स्वर्गद्वार के बड़े-बड़े होटलों से शुरू कर छोटे प्राइवेट होटलों तक में मैं ठहरा हूँ। कहीं रोज का किराया है पचहत्तर रुपये तो कहीं आदमी पीछे रोज का किराया है मात्र दो रुपये।

उस बार मैं एक ऐसे होटल में जा पहुँचा, जिसका कोई साइनबोर्ड तक नहीं था। लोगों में उस होटल का जो नाम प्रचलित था, वह था- मासीमाँ का होटल।

मासीमाँ के होटल का ठिकाना मेरे एक दोस्त ने दिया था। वहाँ रहने और खाने का खर्च जिस तरह कम है, व्यक्तिगत देखभाल उतना ही अधिक सुलभ है।

छोटी पतली गली के बीच में एक एकतल्ला मकान है। उस मकान में सात या आठ कमरे हैं। होटल की देखभाल करती है एक महिला। उसे सभी मासीमाँ कहकर पुकारते हैं। उसका नाम क्या है, यह आज तक कोई भी नहीं जानता।

वह महिला खुद अपने हाथों से खाना पकाती और अपने सामने बैठाकर होटल में टिकनेवाले हरेक यात्री को खिलाया करती। वह जोर-जबर्दस्ती आपको भर-पेट खिलायेगी ही। जब तक आप आपत्ति नहीं करेंगे, तब तक वह आपको आग्रह कर-करके खिलायेगी।

मैं स्टेशन से जब रिक्शे पर बैठकर उस ठिकाने पर पहुँचा, तब तक वह रिक्शावाला भी नहीं जानता था कि वह एक होटल है। इसकी वजह यह है कि होटल के बाहर कोई भी साइनबोर्ड नहीं है। किसी तरह के आडम्बर या टीम-टाम का तो सवाल ही नहीं उठता। सिर्फ उस मकान के सामने तुलसी का एक बड़ा-सा पौधा लगा हुआ था। तुलसी के पौधे के नीचे एक वेदो बनी हुई थी। देखते ही पता चलता था कि किसी ने सुबह फूल-बेलपत्र से तुलसी की पूजा की होगी। इसका कारण यह कि तुलसी के पौधे के नीचे कुछ गेंदा के फूल और बेलपत्र पड़े हुए थे। और तुलसी के पौधे के तने पर सिन्दूर जगह-जगह पर उस समय तक लगा हुआ था। तुलसी के पौधे की पूजा किये बिना इस तरह सिन्दूर कैसे लग सकता था तथा नीचे फूल और बेलपत्र पड़े कैसे रह सकते थे।

रिक्शावाले ने ही मेरे सूटकेस और होल्डाल को भीतर रख दिया।

मेरे आने की खबर पाते ही एक अधेड़ महिला हड़बड़ी में मेरे सामने आ धमकी। उसने पूछा-कहां से आ रहे हैं भाई आप?

मैंने कहा–कलकत्ते से आ रहा हूँ।

उस महिला ने पूछा–मेरा ठिकाना कहाँ से मिला आपको?

मैंने कहा–कलकत्ते में मेरा एक दोस्त है, उसी के पास से।

–उसका नाम क्या है?

मैने जवाब दिया–महेश! महेश चौधरी...।

उस महिला को सब-कुछ याद आ गया। उसने कहा–हाँ, वे बहुत ही बढ़िया आदमी हैं। मुझे अच्छी तरह याद है। यही पाँच-छह महीने पहले वे आकर मेरे ही होटल में रुके थे।

मैंने कहा–हाँ, उसके मुँह से मैंने आपकी बहुत तारीफ सुनी है। इसीलिए इस बार मैं आपके होटल में आया हूँ।

उस महिला ने कहा–तब तो आप सभी-कुछ जानते हैं।

मैंने कहा–हाँ, मैं सब-कुछ जानता हूँ।

उसने कहा–आप सुबह ट्रेन से उतरे हैं, चाय-वाय कुछ भी तो अभी कण्ठ के नीचे नहीं उतरी होगी। पहले आपके लिए चाय बना देती हूँ। लेकिन चाय के साथ आप क्या लेंगे? दो पराँठे और आलूभाजा बना दूँ क्या?

मैंने कहा–नहीं-नहीं, वह सब-कुछ भी नहीं करना होगा। सिर्फ चाय बनाना ही काफी होगा।

वह महिला लेकिन बड़ी हठीली थी।

उसने कहा–ऐसा भी भला कहीं होता है? क्या किसी भले आदमी को सिर्फ चाय दी जा सकती है? मैं अपने हाथ से तो किसी को कोरी चाय नहीं दे सकती। उसके पहले आप उस नल के नीचे जाकर हाथ-मुँह धो लीजिए।

उसके बाद उसने पूछा–कौन-सा कमरा आप लेंगे, बताइए। दो कमरे इस वक्त खाली हैं।

मैंने कहा–जैसा आप ठीक समझें। मुझे किसी भी कमरे में ठहरने में कोई आपत्ति नहीं है।

उस महिला ने कहा–मेरा मकान बढ़िया नहीं है। किसी भी कमरे में आपको समुद्र की हवा नहीं मिल सकेगी।

मैंने कहा–मुझे सब-कुछ मालूम है। महेश मुझे सब-कुछ बता चुका है।

मैंने दो खाली कमरों में से एक को पसन्द कर लिया। कमरे के भीतर एक तख्त था, एक छोटी टेबुल थी और थी एक बगैर हत्थे की कुर्सी।

मैंने कहा–मैं तो कमरे में सिर्फ रात में रहूँगा। और बाकी सारा दिन बाहर बिताऊँगा–समुद्र के तट पर या फिर जगन्नाथ स्वामी के मन्दिर में। रात में वापस आकर खाऊँगा और सो जाऊँगा।

उस महिला ने पूछा–रात में आप क्या खाते हैं भाई? भात या रोटी?

मैंने कहा–जैसी आपकी मर्जी हो...। मेरी कोई अपनी पसन्द नहीं है। जो कुछ तैयार करने में आपको मुश्किल नहीं होगी, वही बना दीजियेगा।

यह कहकर मैं समुद्र की तरफ निकल पड़ा। समुद्र मासीमाँ के होटल से कुछ दूर था। गली के रास्ते से जाने पर करीब दस मिनट के बाद समुद्र दिखायी पड़ने लगा।

वहाँ जाकर मैंने देखा कि उस समय घाट पर लोगों का मेला लगा हुआ है। आदमियों की भीड़ से समुद्र का पानी काला हो गया था। समुद्र के किनारे कन्धों से कन्धे छिल रहे थे। अधिकांश लोग दक्षिण भारत के थे। गहरे रंग की साड़ियाँ पहने बहुत–सी स्त्रियाँ भी थीं। वे सभी भगवान् जगन्नाथ के दर्शन करने के लिए आये हुए तीर्थयात्री थे।

मैं उनकी बगल से रेत पर चलते–चलते पूरब की तरफ बढ़ने लगा। हर जगह वही दृश्य था। हरेक बार पुरी आने पर मैंने एक ही किस्म का दृश्य देखा है। कहीं भी कोई फर्क नहीं पाया मैंने। उसके बाद जब काफी समय हो गया, तब मैं वापस होटल लौट आया।

होटल में और जो भी यात्री थे, सभी तब तक मन्दिर में देव–दर्शन के लिए चले गये थे। यहाँ यही नियम है कि तड़के चार बजे ही यात्री भगवान् जगन्नाथ के दर्शन करने के लिए चले जाते हैं। पुरी आकर मन्दिर में देव–दर्शन नहीं करना अपराध है।

मासीमाँ तब तक बाजार से सौदा लेकर आ चुकी थी। वह अपने दैनन्दिन कामों में व्यस्त हो गयी। होटल की छत पर एक छोटा–सा कमरा था। यद्यपि वह मकान एकतल्ला था, लेकिन नीचे से ही मैं देख सका था कि ऊपर छत पर एक कमरा बना हुआ था। मैं समझ गया कि उसी कमरे में मासीमाँ रात में सोती है।

बेचारी विधवा औरत थी। फिर भी उसका स्वास्थ्य अच्छा था।

लेकिन हठात् बरामदे की दीवार पर टँगी एक तस्वीर देखकर मैं अवाक् रह गया। एक अधेड़ पुरुष का फोटो था। खूब ही कीमती फ्रेम था। तस्वीर के ऊपर एक माला झूल रही थी। देखने पर ऐसा लगा कि फूलों की माला मानो अभी–अभी ही लगायी गयी हो।

मैं अचरज से उस तस्वीर की तरफ ही देखता रहा। मुझे एकटक देखते हुए देखकर मासीमाँ ने मुझसे पूछा–क्या देख रहे हो भाई?

मैंने कहा–उस फोटो को ही देख रहा हूँ।

मासीमाँ ने कहा–वह मेरे पतिदेव की तस्वीर है!

यह कहकर उसने तस्वीर की ओर देखते हुए हाथ जोड़कर नमस्कार किया।

उसने फिर कहा–मेरे पतिदेव बड़े ही भले आदमी थे।

लेकिन मेरे ताज्जुब का कारण तो कुछ और ही था।

मैंने पूछा–मौसा जी क्या किया करते थे?

मासीमाँ ने कहा–मेरे पतिदेव रेलवे में नौकरी करते थे।

साथ–ही–साथ मुझे गोलक मजूमदार की सारी बातें याद आने लगीं।

वही गोलक! गोलक मजूमदार...। मैं उसके साथ रेलवे के ऑफिस में एक ही टेबुल पर काम किया करता था। वही गोलक मजूमदार इस मासीमाँ का पति?

और फिर...।

और फिर मैं तो यह जानता नहीं था।

गोलक मजूमदार के साथ लगभग बारह साल तक मैंने एक साथ आमने-सामने बैठकर नौकरी की है। उस समय मैंने देखा था कि गोलक अपने काम में बहुत निपुण था। वह जल्दी–जल्दी फाइलें निपटा देता था।

हम लोगों के रोबिन्सन साहब गोलक मजूमदार को बहुत चाहते थे।

चपरासी को भेजकर साहब गोलक को बुलवाते। गोलक हड़बड़ी में दौड़ते हुए साहब के चैम्बर में जाता।

रोबिन्सन साहब कहते–गोलक...।

गोलक कहता–यस सर!

हाथ का एक कागज गोलक की तरफ बढ़ाते हुए साहब कहते–यह स्टेटमेण्ट क्या तुम बना सकोगे? तुम्हारे सिवाय और किसी पर मुझे भरोसा नहीं हो पा रहा है। कब तक तुम यह स्टेटमेण्ट तैयार करके दे सकोगे, बोलो तो?

गोलक पूछता–क्या आज ही यह स्टेटमेण्ट तैयार कर देना होगा सर?

साहब कहते–नहीं, अब तो चार बज गये हैं। छुट्टी होने में सिर्फ एक घण्टा बाकी है। आज तो तुम इसे पूरा नहीं कर सकोगे। कल फर्स्ट आवर में दे देने पर ही काम चल जायेगा। लगभग बारह बजे तक दे देने पर बहुत अच्छा होगा। यह स्टेटमेण्ट रेलवे बोर्ड को भेजना है।

–ठीक है, सर। मैं कल बारह बजे तक यह स्टेटमेण्ट आपको जरूर दे दूँगा।

किन्तु गोलक मुँह का बड़ा मीठा था। अपने इसी गुण के कारण गोलक मजूमदार अपने सभी बड़े अफसरों का बड़ा ही चहेता बन गया था।

साहब के चैम्बर से लौटकर गोलक मजूमदार मुझसे कहता–मित्तिर, बड़ी मुसीबत में पड़ गया हूँ भाई।

मैं पूछता–कैसी मुसीबत?

गोलक मजूमदार कहता–अरे भाई, साहब ने मुझे यह स्टेटमेण्ट बनाने के लिए दिया है।

मैं पूछता–साहब को यह स्टेटमेण्ट कब चाहिए?

गोलक कहता–कल दिन के ग्यारह बजे तक। इस समय घड़ी में चार बज रहे हैं। कब यह स्टेटमेण्ट बनाऊँ, बताओ तो भाई?

–कैसा स्टेटमेण्ट है, जरा देखूँ तो?

मैंने देखा कि आखिरकार खूब जल्दबाजी करने पर भी चार घण्टे से कम में स्टेटमेण्ट नहीं बनाया जा सकता।

गोलक मजूमदार मेरे दोनों हाथ जकड़कर पकड़ लेता।

कहता–भाई मित्तिर, तुम जरा हाथ लगाओगे क्या? मैं तुम्हें कल कैण्टीन में एक प्लेट मांस और पराँठे खिलाऊँगा। मेरी जरा जान बचाओ भाई...

मैं थोड़ा परेशान हो जाता। गोलक मजूमदार से जान छुड़ाना मुश्किल था। मुझे मांस–चप–कटलेट खिलाकर गोलक ने कितनी ही बार अपना काम करवा लिया था और खुद साहब के पास वाहवाही लूटी थी।

गोलक कहता–कर दोगे यह काम भाई? तुम वादा कर रहे हो तो?

मैं कहता–सो अभी भी तो छुट्टी होने में एक घण्टे का समय बाकी है! तुम तब तक खुद भी हाथ लगाओ न।

गोलक मजूमदार कहता–अरे, तब तो कोई बात ही नहीं थी! मुझे श्यामबाजार में एक जरूरी काम है। मैं अभी ही गोल हो जाना चाहता हूँ...

–श्यामबाजार में तुम्हें फिर ऐसा कौन–सा जरूरी काम पड़ गया?

गोलक मजूमदार कहता–अरे, तुमने तो अभी घर बसाया नहीं। घर–संसार के झंझट–झमेलों को भला तुम कैसे समझोगे?...तुम्हारी भाभी के साथ मुझे श्यामबाजार में एक सिनेमा देखना होगा। वहाँ न जाने कौन–सी एक नयी पिक्चर लगी है।

मैं चुप रहता। कुछ भी कह नहीं पाता।

वैसे कहा जाये तो गोलक दा ने मुझे हाथ पकड़कर कलम चलाना सिखाया था। मैं जब ऑफिस में नया–नया आया था, उस समय मैं काम–काज के मामले में बिलकुल कोरा था।

उसी गोलक दा ने ही मुझसे कहा था–मन लगाकर काम करना भाई। काम ही है लक्ष्मी। यह आज मुझे देख रहे हो न! हरेक काम में साहब मुझे ही बुलाते हैं। कारण यह है कि मैं काम जानता हूँ। बड़े बाबू हैं तथा और भी दूसरे लोग हैं। फिर भी मेरे सिवाय और किसी को भी साहब बुलायेंगे नहीं। देख लेना...।

सचमुच गोलक दा काम में बहुत पक्का था।

सो उस दिन शाम के पाँच बज गये। और सभी दफ्तर से चले गये।

दो-एक लोगों ने पूछा-क्यों जी, तुम अब तक बैठे हुए ही हो?

मैंने कहा-मैं गोलक दा का काम कर रहा हूँ।

एक ने कहा-तो तुम गोलक के चक्कर में पड़े हो? देखना, यह गोलक तुम्हें ले डूबेगा!

न जाने क्यों, ऑफिस के लोगों में से किसी को भी गोलक मजूमदार के बारे में अच्छी धारणा नहीं थी।

मैंने रात नौ बजे तक ऑफिस में काम करते-करते स्टेटमेण्ट तैयार कर डाला। उसके बाद कागज-पत्तर दराज में रखकर चाबी लगाकर मैं अपने घर लौट आया।

दूसरे दिन मैं ठीक साढ़े दस बजे ऑफिस में जा पहुँचा। किन्तु गोलक दा तब तक वहाँ कहीं भी दिखायी नहीं पड़ा। आधे घण्टे के बाद जब दौड़ते-दौड़ते वह आया, तब मैंने देखा कि उसका चेहरा-मोहरा बिलकुल भूत की तरह हो गया था।

मैंने पूछा-यह क्या गोलक दा? यह तुमने कैसी सूरत बना रखी है?

गोलक दा ने कहा-तुम्हारी भाभी की तबीयत बहुत खराब है भाई। कल रात-भर उसकी देख-भाल करने के कारण एक मिनट के लिए भी नहीं सो सका। पूरी रात आँखों में कटी है।

मैंने पूछा-भाभीजी को क्या हो गया था?

-अरे भाई, तुम्हारी भाभी जो-सो चीजें खायेगी और उसका नतीजा भुगतना होगा मुझे। आधी रात में दौड़कर डॉक्टर के पास गया और उन्हें बुलाकर लाया। उसके बाद दवा खाने पर दर्द कुछ कम हुआ। जब रात के चार बज गये, उस समय ज़रा आँखें लग गयीं। सो ऐसी नींद आयी कि जब नींद टूटी, उस समय दिन के दस बज चुके थे। तो फिर न तो नहाने का समय मिला और न ही भात खाने का। बिछौने से उठकर सीधे ऑफिस चला आया हूँ।

-क्या बिलकुल ही खाये बिना चले आये हो?

गोलक दा ने कहा-आता नहीं क्या? साहब ने बारह बजे तक स्टेटमेण्ट माँगा था। यह बात याद आ गयी। इसीलिए दौड़ा आया हूँ।

-तो फिर आज पूरे दिन का उपवास रहेगा क्या?

-अरे, नहीं रे। उपवास क्यों होगा? कैण्टीन में जाकर कचौड़ी और समोसे खा लूँगा।

-और घर पर? घर पर खाना कौन बनायेगा?

गोलक दा ने कहा-आज घर में खाना नहीं बनेगा।

मैंने कहा–खाना नहीं बनने पर काम कैसे चलेगा? भाभीजी क्या खायेंगी?

गोलक दा ने कहा–मैं शाम को जब घर जाऊँगा, तब मैं खुद ही खाना पकाऊँगा।

–क्या तुम खाना पका सकते हो?

गोलक दा ने कहा–अरे, महीने में पन्द्रह दिन तो मैं ही खाना पकाता हूँ। मैं दाल-भात-तरकारी और मांस-मछली सभी-कुछ पका सकता हूँ। मेरे हाथ का बना खाना खाने पर कोई भी उसे भूल नहीं सकेगा। तुम्हें भी मैं एक दिन खिलाऊँगा। उस समय तुम देख पाओगे मेरे हाथ की करामात...

इस बीच मानो उसे काम की बात याद आ गयी।

उसने कहा–छोड़ो भी। अच्छा, मेरे स्टेटमेण्ट का क्या हुआ?

मैंने स्टेटमेण्ट बाहर निकाल दिया। स्टेटमेण्ट देखकर गोलक खिल उठा। उसने पूछा–फिनिश्ड?

मैंने कहा–हाँ, कल रात नौ बजे ही मैंने पूरा स्टेटमेण्ट तैयार कर लिया था।

गोलक दा ने मेरी पीठ थपथपा दी।

उसने कहा–भाई, तुम बहादुर लड़के हो। तुमने मेरी लाज रख ली।

तब तक रोबिन्सन साहब का चपरासी आ धमका। उसने आते ही कहा–गोलक बाबू को बड़े साहब ने सलाम दिया है।

गोलक दा ने मेरे हाथ से स्टेटमेण्ट झपटकर ले लिया और कहा– दो, जल्दी दो न! कोई भूल-चूक तो नहीं है? देखो, आखिर में मुसीबत में न पड़ना पड़े।

मैंने कहा–नहीं, नहीं, भूल नहीं है। मैंने दो बार इस स्टेटमेण्ट को चेक कर लिया है।

मेरी बातें पूरी होने के पहले ही वह स्टेटमेण्ट के साथ रोबिन्सन साहब के चैम्बर में घुस गया।

रोबिन्सन साहब ने पूछा–क्यों गोलक, मेरा स्टेटमेण्ट तैयार है क्या?

गोलक दा ने कहा–यस सर...। आपका स्टेटमेण्ट तैयार है।

साहब ने स्टेटमेण्ट को देखते हुए कहा–वाह, वेरी गुड! तुमने इतना बड़ा स्टेटमेण्ट कब तैयार किया?

गोलक दा ने छूटते ही कह दिया–सर, मैं कल रात नौ बजे तक ऑफिस में काम करता रहा। उसके बाद कागज-पत्तर मैं अपने घर पर ले गया। घर पर होल नाइट जाग-जागकर यह स्टेटमेण्ट मैंने पूरा किया है। कल रात मैं एक मिनट के लिए भी सो नहीं सका सर...!

–तुमने होल नाइट काम किया है?

गोलक दा ने कहा–हाँ सर, होल नाइट जाग–जागकर मैंने यह स्टेटमेण्ट बनाया है। और फिर मैंने इसे चेक भी कर लिया है। पीछे अगर कोई भूल रह जाये तो...।

साहब ने कहा–ठीक है...। थैंक्यू गोलक, मैं देखूँगा कि तुम्हारे लिए क्या कर पाता हूँ!

उसके बाद गोलक दा हँसते–हँसते साहब के चैम्बर से बाहर निकल आया।

मैंने पूछा–क्या हुआ?

गोलक दा ने कहा–रोबिन्सन साहब बहुत ही खुश हुए हैं। मैंने साहब से कहा कि मेरे असिस्टेण्ट मित्तिर ने यह स्टेटमेण्ट तैयार किया है। तुम्हारा नाम भी मैंने साहब को बता दिया है।

मैंने कहा–तुम मेरे नाम का जिक्र करने क्यों गये?

–जिक्र क्यों नहीं करूँगा? मैं ऐसा नमकहराम नहीं हूँ। जिसका जो पावना है, वह उसे देना ही होगा। सब–कुछ किया तुमने और क्रेडिट लूँगा मैं। भाई, मैं बड़े बाबू की तरह नहीं हूँ...। साहब ने मुझसे पूछा–कौन मित्तिर? मैंने तुम्हारा नाम बता दिया। मैंने कहा–उसका नाम है बी० के० मित्तिर। खूब ही काम का लड़का है वह। वह अभी भी पाँच वर्षों से बी ग्रेड में पड़ा हुआ है। उसकी तरफ कोई भी नजर नहीं डालता। उसे प्रोमोशन जरूर दिया जाना चाहिए।...साहब थोड़ी देर तक न जाने क्या सोचते रहे! उसके बाद बोले–आल राइट, आइ शैल सी टु इट। असल में वह अंग्रेज का बच्चा जो ठहरा! तुम देख लेना, इस बार वे तुम्हें ठीक अगली ग्रेड में प्रोमोट कर देंगे।

मारे कृतज्ञता के मेरे मुँह से एक शब्द भी नहीं निकला।

मैंने पूछा–क्या तुमने सचमुच साहब से यही बात कही?

गोलक मजूमदार ने कहा–कहता कैसे नहीं भाई? क्या मैं नमकहराम आदमी हूँ? काम किया तुमने और क्रेडिट लूँगा मैं? मैं भी असल बाप का बेटा हूँ, किसी की परवाह नहीं मुझे...

लेकिन ताज्जुब! रोबिन्सन साहब के चपरासी लोचन के मुँह से मैंने कुछ दूसरी बात सुनी।

मैंने लोचन को एक ओर बुलाकर चुपचाप पूछा–तुम तो साहब के पास ही थे लोचन। जरा बताओ तो सही, साहब ने क्या कहा?

लोचन ने जवाब दिया–मित्तिर बाबू, गोलक बाबू की सभी बातें झूठी हैं।

मैंने पूछा–क्यों? क्या गोलक बाबू ने रोबिन्सन साहब से मेरे बारे में कुछ नहीं कहा?

लोचन ने कहा–नहीं बाबू, गोलक बाबू तो आपका नाम तक अपनी जुबान पर नहीं लाये। साहब के पास जाकर गोलक बाबू ने कहा–सर, मैंने सारी रात जागकर अपना काम पूरा कर दिया है।

मैंने कहा–छोड़ो लोचन इन सब बातों को। सभी दफ्तरों में ऐसा ही होता है।

लोचन ने कहा–नहीं बाबू, मैंने खुद अपनी आँखों से देखा है कि कल रात साढ़े नौ बजे तक इसी कुर्सी पर बैठे-बैठे आपने काम किया है। कल साहब काफी देर तक ऑफिस में थे, इसीलिए मुझे भी रुकना पड़ा था।

फिर भी गोलक मजूमदार को मैं खूब चाहता था। गोलक दिल का बड़ा साफ था। बीच-बीच में मुझसे कहता–कल रात में थोड़ा माल खाया है भाई।

–माल? माल माने?

गोलक दा हँसते-हँसते कहता–तुम तो बिलकुल अनाड़ी रह गये भाई। माल का मतलब भी नहीं समझते? माल का मतलब दारू...। दारू यानी शराब! आयी बात समझ में?

मैं पूछता–तो हठात् शराब पीने की क्या जरूरत पड़ गयी? शराब पीना क्या अच्छी बात है?

गोलक दा कहता–मैं तो भाई अक्सर पीता हूँ। थोड़ी-सी शराब पी लेने पर नींद बढ़िया आती है।

मैं कहता–लेकिन आखिरकार यदि शराब पीने की लत पड़ गयी तो? तब क्या होगा?

गोलक दा कहता–लत पड़ भी जाये तो बुरा क्या है? शराब तो अब मेरे लिये दाल-भात हो गयी है।

–लेकिन इस तरह अगर लीवर सड़ गया तो? सुना है कि ज्यादा शराब पोने पर लीवर में घाव हो जाता है।

गोलक दा कहता–सो तो अरवा चावल का भात खाने पर भी लीवर में घाव हो जाता है, ऐसा बहुत-से लोगों का कहना है। जो लोग फल ज्यादा खाते हैं और प्रोटीन नहीं खाते, उनका लीवर भी खराब हो जाता है। और फिर भाई एक दिन तो सभी को मरना होगा ही। उसके पहले जितने दिनों तक जिन्दा हूँ, तब तक थोड़ी मौज-मस्ती कर लूँ!

मैं कहता–लेकिन रुपये? शराब का तो, सुना है, दाम भी बहुत होता है।

गोलक दा कहता–सो मैं ज्यादा शराब थोड़े ही पीता हूँ पगले? ज्यादा शराब पीने पर ही तो ज्यादा रुपये खर्च होंगे। और फिर मैं क्या भला विलायती शराब पीता हूँ? नहीं, मैं तो देशी पीता हूँ। देशी दारू सस्ती होती है।

मैं फिर भी उसे सावधान कर देता। कहता–नहीं–नहीं गोलक दा, शराब क्या होती है, जानते हो? जहर, बिलकुल जहर! इसे न पीना ही बेहतर है। शराब पीने पर अपना स्वास्थ्य तो चौपट होता ही है, पैसे भी पानी की तरह बह जाते हैं।

गोलक दा कहता–तू तो खूब उपदेश झाड़ रहा है रे आज! तो फिर रोबिन्सन साहब क्यों पीते हैं? साहब लोग शराब पियें तो कोई दोष नहीं और हम किरानी लोग जरा-सी अगर पी लें तो बस आसमान टूट पड़े। क्यों, यही न?

मैं कहता–उन लोगों की बात छोड़ दो भाई। वे लोग तो गऊ का मांस खाते हैं। उनका पेट सब–कुछ पचा सकता है। लेकिन क्या हम बंगालियों का पेट भी उनकी तरह है?

सो उसी गोलक दा की तस्वीर मासीमाँ के होटल में देखकर मैं हैरत में पड़ गया। और फिर तस्वीर पर टँगी फूल–माला को देखकर मैं और भी हैरान रह गया। गोलक दा की फोटो आखिर मासीमाँ के होटल में कैसे आयी?

मुझे अच्छी तरह याद है कि हठात् एक दिन गोलक मजूमदार दफ्तर में गैरहाजिर था।

साधारणतः गोलक दा खूब ज्यादा गैरहाजिर नहीं रहा करता। वह ऑफिस में कभी–कभी लेट जरूर आता, लेकिन गैरहाजिर नहीं होता।

उसके बादवाले दिन भी गोलक गैरहाजिर था!

रोबिन्सन साहब ने उस दिन गोलक दा को बुलवाया। लोचन आकर खबर दे गया–साहब ने गोलक बाबू को सलाम दिया है!

मैं तो बड़ी मुश्किल में पड़ा। बड़े बाबू के पास जाकर मैंने कहा– रोबिन्सन साहब ने गोलक दा को बुलवाया है।

बड़े बाबू ने कहा–सो गोलक बाबू तो ऑफिस में आये ही नहीं हैं। उनके बदले तुम्हीं चले जाओ न।

मैं उस समय तक ऑफिस में नया था। इसके पहले कभी साहब के चैम्बर में मैं गया नहीं था।

डर के मारे काँपते–काँपते मैं लोचन के पीछे–पीछे चलने लगा। आखिरकार मैं साहब के चैम्बर के भीतर घुसा।

बिलकुल लाल चेहरेवाले रोबिन्सन साहब बैठे हुए थे।

मेरे जाते ही रोबिन्सन साहब ने मुँह बिगाड़कर पूछा–ह्वेयर इज गोलक? गोलक कहाँ है?

मैंने कहा–ही हैज नॉट कम टु ऑफिस, सर। गोलक बाबू आज दफ्तर में नहीं आये हैं।

साहब बिगड़ पड़े!

उन्होंने पूछा–हू आर यू? तुम कौन हो?

मैंने कहा–आइ एम हिज असिस्टेण्ट सर। मैं उनका असिस्टेण्ट हूँ, सर।

साहब खुश नहीं हुए। मानो गोलक दा को सामने नहीं पाकर वे बहुत ही विरक्त हो उठे थे। उन्होंने मुझसे कहा–यू मे गो। तुम जा सकते हो।

मैं साहब के चैम्बर से चला आया। मेरी बला टली।

गोलक दा ने जो गैरहाजिर रहना शुरू किया, उसके बाद तीन दिन बीत गये। फिर भी गोलक दा ऑफिस में आया नहीं।

इसी तरह जब सात दिन बीत गये, तब रोबिन्सन साहब भी बहुत परेशान हो उठे। ऑफिस के सारे लोग भी परेशान थे। यह देखकर ऐसा लगने लगा कि गोलक मजूमदार के न आने पर मानो रेल का चक्का बन्द हो जायेगा।

आखिरकार उस दिन घर लौटते वक्त बीच ही में मैं उतर पड़ा। मैंने सोचा–चलूँ, जरा गोलक दा की खोज–खबर तो ले लूँ!

गोलक दा के घर का पता मुझे मालूम नहीं था। फिर भी उसके घर का एक अन्दाज जरूर था मुझे। गली के भीतर जाकर और एक पतली गली में उसका मकान था।

एक–एक मकान के सामने जाकर मैं दरवाजा खटखटाता और पूछता–क्या इस मकान में गोलक मजूमदार रहते हैं?

वे सब कहते–कौन गोलक मजूमदार?

इसके बाद और कुछ पूछने को बचा नहीं रहता मेरे लिये।

फिर एक मकान के सामने जाकर मैंने वही सवाल दुहराया। लेकिन कोई भी गोलक के बारे में बता नहीं पाया। पूरी गली के सभी मकानों में पूछताछ करते–करते काफी अँधेरा घिर आया। कारपोरेशन के गैसवाले गली की गैस–बत्तियों को जलाकर चले गये।

मैं सोच रहा था कि अब लौट चलूँ। किन्तु फिर मैं पास के एक मकान के पास जाकर दरवाजे पर दस्तक देने लगा।

मैंने तय किया कि बस, यही आखिरी कोशिश है। इसके बाद और किसी मकान का दरवाजा नहीं खटखटाऊँगा!

एक छोटे–से बच्चे ने दरवाजा खोल दिया। उसकी उम्र होगी मुश्किल से पाँच साल की। दरवाजा खोलते ही मैंने पूछा–मुन्ने, क्या तुम्हारे पिताजी का नाम गोलक मजूमदार है?

वह लड़का मेरी बात का कोई भी जवाब दिये बिना चिल्लाता-चिल्लाता भीतर चला गया। जाते-जाते वह कहने लगा-माँ, ओ माँ। एक आदमी पिताजी को खोजने आया है।

उसकी बात सुनकर और एक लड़का बाहर निकल आया। उसकी उम्र कुछ ज्यादा थी।

मेरी तरफ देखकर उसने पूछा-आप किसे खोज रहे हैं?

मैंने कहा-गोलक मजूमदार तुम्हारे क्या लगते हैं?

वह लड़का भी मेरी बात का जवाब दिये बिना अपनी माँ को बुलाने भीतर चला गया।

तब तक मैली साड़ी पहने हुए एक महिला दरवाजे पर चली आयी।

उसने कहा-मैं तुमसे कह चुकी हूँ कि बाबू घर पर नहीं हैं। फिर भी बार-बार रुपयों का तगादा करने क्यों आ जाते हो? बाबू जब तक नहीं आयेंगे, तब तक रुपये मिलेंगे कैसे?

मैं समझ गया कि अँधेरे के कारण उस भद्र महिला ने मुझे कोई पावनादार समझ लिया है।

मैंने कहा-आप भूल कर रही हैं। मैं कोई पावनादार नहीं हूँ।

वह महिला मेरी बात खत्म होने के पहले ही बोल उठी-सभी ऐसा ही कहते हैं। बाबू ने किसके पास से कितने रुपये उधार लिये हैं, उसके बारे में मैं भला क्या जानूँगी? जिसने रुपये उधार लिये हैं, उसी के पास जाओ।

मैं तो उस महिला की बातें सुनकर अवाक् रह गया।

उस महिला ने मेरी कोई बात सुनने के पहले ही मेरे सामने ही धड़ाम से दरवाजा बन्द कर दिया।

मैं क्या करूँ, यह समझ ही नहीं पाया। कुछ क्षणों के लिए मैं बुद्धू बना वहीं खड़ा रहा।

मैं सोचने लगा कि अब मुझे कुछ जरूरत नहीं, बस लौट चलूँ। मुझे क्या जरूरत पड़ी है कि गोलक मजूमदार की खोज-खबर लेता फिरूँ? मैंने सोचा था कि शायद गोलक दा बीमार होगा, इसीलिए मिजाजपुरसी के लिए चला आया। जब गोलक घर पर नहीं है, तब यही समझना होगा कि उसकी तबीयत ठीक ही है।

किन्तु उसके बाद मैंने फिर सोचा कि जब आया हूँ, तब उसकी खबर लेकर ही जाऊँ! गोलक दा बीमार है या और कहीं गया हुआ है, इसका पता तो चले। और यह भी पता चल जाये कि अगर उसकी तबीयत ठीक है तो वह इतने दिनों से ऑफिस में गैरहाजिर क्यों हो रहा है .

हठात् भीतर से एक लड़के की आवाज सुनायी पड़ी–ओ माँ, वह आदमी अभी तक दरवाजे के पास खड़ा है।

भीतर और क्या बातें हुईं, यह मैं सुन नहीं पाया।

बहरहाल मैं फिर दरवाजा खटखटाने लगा।

इस बार फिर खटाक से दरवाजे के खुलने की आवाज हुई। सामने वही महिला खड़ी थी। उसकी मुख–मुद्रा ऐसी थी मानो बिन्दी मुझे मार बैठेगी।

उसने कहा–बार-बार तुम दरवाजा क्यों पीट रहे हो? मैं तो कह ही चुकी हूँ कि बाबू घर पर नहीं है। फिर क्यों बार–बार परेशान कर रहे हो!

मैंने कहा–देखिए, आप मुझे गलत समझ रही हैं। मैं रुपयों का तगादा करने नहीं आया हूँ।

वह महिला तब तक मानो होश में आ चुकी थी।

उसने पूछा–तो फिर तुम कौन हो?

मैंने कहा–मैं गोलक बाबू के ऑफिस से आया हूँ।

उस महिला ने कहा–ओह, मैं तो यह बात समझ नहीं पायी थी।

मैंने कहा–गोलक दा सात दिनों से ऑफ़िस नहीं आ रहे हैं। उन्होंने कोई खबर भी नहीं दी। इसीलिए मैंने सोचा कि एक बार चलकर गोलक दा को देख आऊँ।

उस महिला ने कहा–सात दिनों से वे घर पर भी नहीं आये हैं।

मैंने कहा–वे सात दिनों से घर पर भी नहीं आये और दफ्तर में भी नहीं गये। तो फिर वे हैं कहाँ? और फिर आप लोगों का गुजारा किस तरह हो रहा है?

उस महिला ने कहा–गुजारा कहाँ हो रहा है? वे कहाँ चले गये, यह कुछ भी समझ में नहीं आ रहा है।

मैंने कहा–जीता–जागता आदमी हवा होकर उड़ तो नहीं जायेगा!

उस महिला ने कहा–यदि वे आप लोगों के ऑफिस में आयें तो एक बार उनसे कहियेगा कि हमारे दिन बड़ी मुश्किल से कट रहे हैं। बाल–बच्चों को लेकर मैं तो बेहद तंग आ गयी हूँ।

मैंने पूछा–तो फिर आपके लिए बाजार से सौदा कौन लाता है? आप लोगों का खाना-पीना किस तरह चल रहा है?

वह महिला बोली–किसी तरह जो कुछ जुटा पाती हूँ, वही बच्चों को खिला रही हूँ। गाँठ में एक रुपल्ली भी नहीं कि राशन की दुकान से राशन उठा सकूँ! कैसी मुसीबत में पड़ी हूँ मैं!

मेरी जेब में कुल बीस रुपये थे। वे रुपये निकालकर मैंने उस महिला के हाथ पर रख दिये।

मैंने कहा–आप ये बीस रुपये रख लीजिये। किसी तरह का संकोच करने की जरूरत नहीं।

उस महिला ने दस रुपये के दो नोट मेरे पास से ले लिये। उसने कहा–आपके रुपये कब आपको लौटा पाऊँगी, कह नहीं पा रही हूँ। और पाँच रुपये अगर मुझे मिलते तो बड़ी सहूलियत होती।

मैंने कहा–इस समय तो मेरी जेब में और रुपये नहीं हैं। अगर कहें तो कल इसी समय आकर पाँच रुपये दे जाऊँगा।

यह कहकर मैं चला आया। मुझे यह काण्ड देखकर बड़ा ताज्जुब हुआ। खुद गोलक दा की गृहिणी को ही पता नहीं था कि गृहस्वामी कहाँ गये हुए हैं! तो फिर ऑफिस के लोगों के जानने का प्रश्न कहाँ उठता है...?

दूसरे दिन ऑफिस जाते ही मेरे जिम्मे और भी बहुत-से काम आ गये।

मेरा खुद का काम तो था ही, उस पर गोलक दा के हिस्से का काम भी मुझे ही करना पड़ा।

हम लोगों के बड़े बाबू का नाम था–काशीनाथ बाबू! उन्होंने मुझसे कहा–मित्तिर बाबू, आज दो आदमियों का काम आपको ही करना होगा। रोबिन्सन साहब का यही आर्डर है।

मैं था एक मामूली-सा किरानी। साहब का हुक्म बजाना ही मेरा काम था। किसी भी अपराध में नौकरी जा सकती थी। डर-डरकर सारे काम पूरे करते-करते रात के सात बज गये। उन दिनों ओवरटाइम का सिस्टम तो था नहीं। ओवरटाइम का सिस्टम शुरू हुआ है आजादी के बाद से। सो पाँच बजे ही बाकी लोग अपने-अपने घर चले गये थे। पूरे ऑफिस में मैं ही अकेला रह गया था। काम करते-करते कब शाम हो गयी, कब अँधेरा घिर आया और कब रात के सात बज गये, इसका ख्याल ही नहीं रहा।

काम पूरा कर जब मैंने अपना सिर उठाया और घड़ी की तरफ देखा, तब पता चला कि रात के सात बज चुके थे।

गोलक दा के घर पर जाकर पाँच रुपये दे आने का वायदा कर आया था। इसीलिए ऑफिस से निकलते ही मैंने बस पकड़ी। उस बस से खिदिरपुर में उतरकर फिर दूसरी बस पकड़नी होगी। तब जाकर कहीं मैं गोलक दा के घर पहुँच पाऊँगा।

गोपालनगर के मोड़ पर उतरकर करीब पन्द्रह मिनट तक पैदल चलने के बाद गोलक दा के घर पर पहुँचा जा सकता है। गोलक दा के घर के पास ही एक बाजार है। बाजार को एक तरफ छोड़कर जब मैं गोलक दा के मुहल्ले में घुसा, तब तक अँधेरा काफी गहरा हो चुका था।

गोलक दा के घर के सामने पहुँचते ही मैंने देखा कि वहाँ भारी गोलमाल मची हुई थी। एक तरफ़ एक आदमी जोरों से बक-झक कर रहा था तो दूसरी तरफ का मोर्चा सम्हाल रखा था गोलक दा की घरवाली ने।

वह आदमी शायद कोई पावनादार था। वह बार-बार रुपये का तगादा कर रहा था और गोलक दा की घरवाली बड़ी ही क्षीण आवाज में उसका विरोध कर रही थी।

उस आदमी ने कहा-आज जब तक मुझे रुपये नहीं मिलेंगे, तब तक मैं टलूँगा नहीं।

और गोलक दा की घरवाली कह रही थी-मेरे पास अगर रुपये होंगे, तब न मैं रुपये दूँगी। बाबू के घर आने पर तुम अपने रुपये पा जाओगे।

-सो बाबू आयेंगे कब?

गोलक दा की घरवाली ने कहा-बाबू कब घर आयेंगे, यह मैं कैसे कह सकती हूँ? ऑफिस के काम से बाबू कलकत्ते से बाहर गये हैं। कलकत्ता से वापस लौटते ही वे तुम्हारा पाई-पाई चुका देंगे।

उस आदमी ने पूछा-सो बाबू अगर नहीं लौटेंगे, तब क्या मैं अपने बकाया रुपये नहीं पाऊँगा?

गोलक दा की घरवाली ने कहा-मैं ठहरी औरत की जात! मैं रुपये कहाँ से लाकर दूँगी?

-दूध पीते वक्त क्या आपको यह बात याद नहीं थी?

उस आदमी की आवाज कठोर हो उठी...।

ठीक उसी समय मैं वहाँ जा धमका।

मैंने पूछा-इतनी चीख-पुकार क्यों मची हुई है? क्या हुआ है? एक भली औरत के साथ इस तरह लड़-झगड़ क्यों रहे हो?

मुझे देखकर वह आदमी मानो कुछ नरम पड़ा।

उसने कहा-देखिये न बाबू साहब, माँजी ने मुझसे दूध खरीदा है और अब जब मैं दाम माँगने आया हूँ तो माँजी कहती हैं कि बाबू घर पर नहीं हैं।

मैंने कहा-बाबू घर पर नहीं हैं, यह बात तो ठीक ही है। तुम्हारे कितने रुपये बाकी हैं?

उस आदमी ने कहा-तीस रुपये...। अगर रुपये नहीं जुटते तो फिर दूध पीने का इतना शौक ही क्यों है?

मैंने तब अपनी जेब से दस रुपये का एक नोट निकालकर उस आदमी की तरफ बढ़ाया...

मैंने कहा-दस रुपये अभी ले लो। बाद में जब बाबू आ जायेंगे, तब तुम्हें तुम्हारे पूरे रुपये मिल जायेंगे।

वह ग्वाला मुझसे दस रुपये लेने ही वाला था कि हठात् पीछे से गोलक दा का स्वर सुनायी पड़ा।

मैं गोलक दा को देखते ही हैरान रह गया।

गोलक दा ने गम्भीर स्वर में कहा–यहाँ हल्ला किस बात का हो रहा है? क्या हुआ है यहाँ?

उसके बाद मेरी तरफ देखते ही गोलक ने मुझे पहचान लिया।

उसने पूछा–अरे मित्तिर तुम यहाँ?

मैंने कहा–हाँ, तुम्हारी ही तलाश में आया हूँ।

गोलक दा ने कहा–भाई, मैं आउटडोर ड्यूटी में खड़गपुर चला गया था। रोबिन्सन साहब ने मुझे वहाँ वैगन चेक करने के लिए भेजा था।

मैंने पूछा–सो घर पर बोलकर क्यों नहीं गये? सभी फिकर कर रहे थे। तुम्हें ऑफिस में सात दिनों तक गैरहाजिर देखकर मैं कल तुम्हारी खोज-खबर लेने के लिए तुम्हारे घर पर आया था। यहाँ आकर मैंने देखा कि भाभी के पास राशन उठाने तक के पैसे नहीं थे। इसलिए मैं कल भाभी के हाथ में बीस रुपये दे गया था।

तब तक गोलक दा की नजर ग्वाले पर पड़ी...।

ग्वाले ने कहा–मैं रुपये लेने आया हूँ।

–कितने रुपये बाकी हैं, बताओ तो?

ग्वाले ने कहा–तीस रुपये।

गोलक दा ने कहा–तो तीस रुपयों के लिए तुमने हमला बोल दिया है?

यह कहकर गोलक दा ने जेब से दस रुपये के तीन नोट निकालकर ग्वाले के सामने फेंक दिये।

नोट हवा में लहरा रहे थे। ग्वाले ने लपककर वे रुपये उठा लिये और उन्हें अपनी टेंट में दबाकर वह चुपचाप वहाँ से खिसक गया।

ग्वाले के चले जाने पर गोलक दा ने पूछा–तुमने मेरी पत्नी को कितने रुपये दिये थे, बताओ तो?

मैंने कहा–भाभी के पास राशन उठाने के रुपये नहीं थे। उन्हें पचीस रुपयों की जरूरत थी। मैं कल बीस रुपये दे चुका था। बाकी पाँच रुपये देने के लिए मैं आज आया था।

गोलक दा ने झटपट जेब से बीस रुपये निकालकर मेरे हाथ पर रख दिये। उसने कहा–ले भइया, तेरे रुपये ले!

पल दो पल की चुप्पी के बाद उसने कहा–रुपया ही सारे नाश का मूल है, समझे? सारी दुनिया सिर्फ रुपयों के लिए ही पागल होकर घूम रही है। मानो रुपया ही इस दुनिया में सब-कुछ है।

कुछ रुककर गोलक दा ने मुझसे पुनः कहा–तू जब आया ही है, तो मैं तुझे खाये बिना जाने नहीं दूँगा।

यह कहकर गोलक दा ने अपनी पत्नी को बुलाया और उससे कहा–आज मांस पकाना होगा। मित्तिर बाबू भी हमारे साथ खायेंगे। तुम रसोई की तैयारी करो, मैं अभी बाजार से मांस खरीदकर लाता हूँ।

उसके बाद मेरी तरफ देखते हुए गोलक दा ने कहा–चल, मेरे साथ तू भी बाजार चल। चल, बाजार से मांस खरीदकर लाते हैं।

यह कहकर फिर गोलक दा मेरे साथ बाहर निकल पड़ा। उसके बाद उसने बाजार से डेढ़ सेर बकरे का मांस खरीदा। उसके बाद उसने कहा– बहुत दिनों से मांस खाया नहीं है, इसीलिए मैंने आज मांस खरीदा है।

घर आकर गोलक दा ने अपनी पत्नी से कहा–खूब अच्छी तरह मांस पकाना। मित्तिर बाबू भी खायेंगे। खूब मिर्च-मसाले डालना।

मैं काफी देर से गोलक से एक सवाल पूछने के लिए उतावला हो रहा था। कमरे में मेरे और गोलक के सिवाय और कोई नहीं था।

मैंने कहा–अच्छा, गोलक दा...

गोलक दा ने कहा–बोल न, क्या कहना चाहता है? संकोच किस बात का कर रहा है तू?

मैंने धीमी आवाज में पूछा–अच्छा, गोलक दा! तुम तो कह रहे थे कि तुम दफ्तर के काम से खड़गपुर गये थे। लेकिन रोबिन्सन साहब को तो कुछ भी मालूम नहीं है। कई दिनों से साहब तुम्हारे बारे में पूछ-ताछ कर रहे हैं...।

–मेरे बारे में पूछ-ताछ कर रहे हैं? लेकिन बड़े बाबू तो सब-कुछ जानते हैं। क्या बड़े बाबू ने नहीं कहा कि गोलक मजूमदार खड़गपुर गया हुआ है?

मैंने कहा–लेकिन काशीराम बाबू ने तो साहब से कह दिया है कि तुम बगैर कोई नोटिस दिये गैरहाजिर हो रहे हो। तुम्हारी तो छुट्टियाँ भी बची हुई नहीं हैं। तुम्हारी सात दिनों की तनख्वाह काट ली जायेगी।

गोलक दा ने कहा–यह क्या कह रहा है तू?

मैंने कहा–हाँ...। तुम्हारे ऑफिस न आने के कारण ऑफिस में खूब हल्ला मच गया है।

गोलक दा ने कहा–इस समय चुप रह। अगर मेरी पत्नी ने सुन लिया तो फिर घर में महाभारत शुरू हो जायेगा।

–लेकिन तुम ऑफिस जाओगे कब? मैं तो अकेला काम चला नहीं पा रहा हूँ।

गोलक दा ने कहा–तू फिक्र न कर। मैं कल ही ऑफिस जाऊँगा।

यह कहकर गोलक दा घर के भीतर की ओर लक्ष्य कर पुकारने लगा–सुनती हो...? मांस पक गया है क्या?

मुझे याद है कि उस दिन पेट-भर मांस खाकर मैं घर लौट आया था। सिर्फ मांस...। गरम-गरम मांस और पूरियाँ। मुझे बड़ा ताज्जुब हुआ था। आखिर इतने रुपये गोलक दा को कहाँ से मिले। गोलक दा की तनख्वाह तो है–सिर्फ डेढ़ सौ रुपये।

डेढ़ सौ रुपये उस जमाने में वैसे बहुत होते थे। फिर भी चीज-बस्त का दाम बढ़ना शुरू हो गया था। एकाएक गोलक दा ने महीने के आखिर में मांस खरीदने में इतने रुपये खर्च कर दिये। यह मेरे लिये सचमुच बड़े ताज्जुब की बात थी...।

सिर्फ यही नहीं, उसने ग्वाले के तीस रुपये भी एक ही बार में चुका दिये थे। साथ ही मेरे बीस रुपये भी उसने लौटा दिये थे। आखिर यह कैसे मुमकिन हुआ।

घर में उस समय खूब ही धूम-धड़क्का मच गया। घर में मांस बना था, इसलिए छोटे-छोटे बच्चे खुशी के मारे नाच रहे थे। मुझे ऐसा लगा कि काफी दिनों से घर के सभी लोग भर-पेट खा नहीं पाये थे, इसीलिए वे आज इतने खुश थे।

खाना-पीना खत्म होने पर गोलक दा मुझे बस स्टाप तक छोड़ने आये।

मैंने कहा–रोबिन्सन साहब और बड़े बाबू दोनों ही तुम पर खार खाये बैठे हैं। समझे गोलक दा?

गोलक दा ने कहा–खार खाये हैं तो खाने दो...। मैं कल ऑफिस जाकर सब ठीक-ठाक कर लूँगा।

उसके बाद बस आने पर मैं लपककर बस में सवार हो गया।

दूसरे दिन ऑफिस जाने पर मैंने देखा कि गोलक दा मन लगाकर अपना काम कर रहा था।

मैंने हाजिरी खाते में अपना दस्तखत मारा और अपनी कुर्सी पर जाकर मैं चुपचाप बैठ गया। गोलक दा अपने काम में इतना मशगूल था कि वह मुझे देख ही नहीं पाया।

यह सब काण्ड देखकर मैं तो अवाक् रह गया। ऐसा कैसे हो सकता है? बड़े बाबू तो गोलक दा से कुछ भी नहीं कह रहे थे।

पंचानन बाबू ने आकर कहा–क्यों रे गोलक, तुम इतने दिनों तक कहाँ गायब थे? तुम्हें तो बड़े बाबू बहुत खोज रहे थे। तुम तो इतने दिनों तक बगैर कोई खबर दिये ऑफिस से गोल हो गये थे।

गोलक दा बिगड़ गया। उसने कहा–कौन कहता है कि मैं बिना खबर दिये गैरहाजिर था? मैं तो ड्यूटी में खड़गपुर गया था।

पंचानन बाबू भी आसानी से पिण्ड छोड़नेवाले नहीं थे। वे सीधे बड़े बाबू के पास गये। वहाँ जाकर उन्होंने कहा–अच्छा, बड़े बाबू! आप तो कह रहे थे कि गोलक मजूमदार बगैर खबर दिये गैरहाजिर हो रहा था।

काशीनाथ बाबू बोले–नहीं भाई, नहीं। मैंने गोलक को वैगनों का फिगर लाने के लिए खड़गपुर भेजा था। खड़गपुर की साइडिंग में सभी वैगन अटके पड़े हुए हैं। वे लोग कोई भी जवाब नहीं दे रहे थे। इसीलिए मुझे गोलक को खड़गपुर भेजना पड़ा।

टिफिन के वक्त मैं अपनी चाय के साथ-साथ गोलक की चाय भी ले आया।

मैंने कहा–एक बात बताओ तो गोलक दा...।

–क्या बात?

मैंने कहा–बड़े बाबू तो कल तक तुम पर कितने नाराज थे और रोबिन्सन साहब भी बहुत बिगड़े हुए थे। लेकिन आज तो तुमसे कोई कुछ नहीं कह रहा है। यहाँ तक कि भाभी को भी कुछ पता नहीं था कि तुम खड़गपुर गये हुए हो। आखिर माजरा क्या है?

गोलक दा ने कहा–तेरी भाभी की बात छोड़ दे रे। तेरी भाभी ठहरी औरत की जात। उसे जो-सो कुछ भी समझा देने पर ही काम हो जायेगा।

–लेकिन बड़े बाबू? तुम्हारे ऑफिस आने के पहले तो बड़े बाबू तुम्हारे ऊपर बेहद नाराज हो गये थे। और अब तुम्हारे आने पर वे कुछ भी नहीं कह रहे हैं।

गोलक दा ने कहा–बड़े बाबू किस मुँह से मुझे कुछ भी कहेंगे।

मैंने कहा–यह कैसे?

गोलक दा ने कहा–अच्छा, ठीक है। मैं तुझे चुपचाप बता देता हूँ। तू किसी के सामने भी यह बात मत कहना। मैं तो खड़गपुर गया ही नहीं रे!

मैंने पूछा–यह क्या? बड़े बाबू ने तो कुछ देर पहले ही पंचानन बाबू से कहा था कि उन्होंने ही तुम्हें वैगन का फिगर लाने के लिए खड़गपुर भेजा था।

गोलक दा ने कहा–वे तो अब बोलेंगे ही। रुपयों के वश में सभी हैं। बाप बड़ा न भइया, सबसे बड़ा रुपइया...।

मैंने कहा–इसका क्या मतलब हुआ? तुम क्या बड़े बाबू को घूस दे आये हो?

गोलक दा ने कहा–नहीं रे, मैंने आज सुबह ही एक काम किया है। बाजार से खरीदकर मैंने दो सेर की एक हिलसा मछली बड़े बाबू के घर पहुँचा दी है।

गोलक की बातें सुनकर मैं तो हैरान रह गया। तो फिर बड़े बाबू ने घूस ले ली...।

मैंने पूछा–दो सेर की एक हिलसा मछली दे देने पर ही क्या तुम्हारे सात खून माफ हो गये।

गोलक दा ने कहा–और नहीं तो क्या? दस रुपये की गंगा की हिलसा मछली क्या मामूली बात है?

उस जमाने में दस रुपयों की कीमत भी कम नहीं होती थी। सचमुच उस दिन के बाद से गोलक दा पर कोई कार्रवाई नहीं की गयी। गोलक कितना गैरहाजिर रहता, इसका कोई हिसाब नहीं था। लेकिन हममें से कोई अगर गैरहाजिर होता तो उसे चार्जशीट मिल जाती।

इसीलिए इतने दिनों के बाद आज मासीमाँ की होटल में उसी गोलक दा की तस्वीर देखकर मैं हैरत में पड़ गया। इस मासीमाँ से आखिर गोलक दा का क्या सम्बन्ध है?

और भी बहुत-सी बातें याद हैं। मसलन उस दिन शनिवार का दिन था। ऑफिस की छुट्टी होने ही वाली थी। तभी बड़े बाबू ने मुझसे पूछा–कल तो इतवार है। क्या तुम कल एक बार ऑफिस आ सकोगे? एक जरूरी काम है।

मैंने कहा–यदि आप कहते हैं तो आना ही पड़ेगा।

बड़े बाबू ने कहा–तो फिर तुम घर जाते वक्त जरा गोलक को भी खबर दे देना कि वह भी कल ऑफिस चला आयेगा। इतवार के दिन काम करने के बदले में मैं साहब से कहकर तुम दोनों को किसी दिन छुट्टी दिलवा दूँगा।

मैं नया आदमी था। बड़े बाबू का हुक्म मुझे मजबूर होकर मानना ही पड़ता।

तो फिर ठीक है, यही सही। घर जाने के वक्त उस दिन भी मैं ठीक जगह पर बस से उतर पड़ा। उसके बाद पैदल चलते-चलते बाजार पार कर मैं गोलक दा के घर पहुँचा।

उस दिन की तरह ही मैं दरवाजा खटखटाने लगा। एक छोटे लड़के के बोलने की आवाज कानों में आयी–ओ माँ, फिर वही आदमी आया है।

–कौन आदमी, रे?

उस लड़के ने कहा–वही आदमी, जो हमारे घर पर मांस-पूरी खाकर गया था।

उसके बाद दरवाजा खोलते ही गोलक दा की पत्नी ने घूँघट ठीक करते हुए पूछा–फिर आप आये हैं? क्या बात है?

मैंने पूछा–क्या गोलक दा घर पर आये हैं?

गोलक दा की पत्नी ने कहा–क्यों? क्या वे ऑफिस नहीं गये? आज तो शनिवार है...।

मैंने कहा–वे ऑफिस आये तो थे, लेकिन छुट्टी होने के पहले ही चले गये। कल इतवार की छुट्टी है, फिर भी उन्हें एक बार ऑफिस जाना होगा। यही खबर देने के लिए आया हूँ।

गोलक दा की पत्नी ने कहा–आज तो शनिवार है। आज रात क्या वे घर लौटेंगे? वे घर पर नहीं भी आ सकते हैं।

मैं तो अवाक् रह गया।

मैंने पूछा–घर पर नहीं आयेंगे वे?

गोलक दा की पत्नी ने कहा–नहीं आना ही सम्भव है।

मैंने पूछा–तो रात में वे कहाँ रहेंगे?

गोलक दा की पत्नी बोली–रात में उनका न आना ही मुमकिन है। महीने में पन्द्रह दिन वे घर के बाहर ही रात बिताते हैं।

मैं और भी चक्कर में पड़ गया। घर का आदमी रात में घर नहीं लौटेगा तो भला जायेगा कहाँ?

गोलक दा की पत्नी ने फिर कहा–रेस में अगर उन्होंने अधिक रुपये जीते होगे तो वे सीधे श्यामबाजार चले जायेंगे।

–श्यामबाजार? श्यामबाजार में गोलक दा का कौन है?

गोलक दा की पत्नी बोली–क्यों, आप लोग कुछ नहीं जानते क्या?

मैंने कहा–नहीं, हम लोग तो कुछ भी नहीं जानते। श्यामबाजार का तो कभी गोलक दा ने मुझसे जिक्र तक नहीं किया...।

गोलक दा की पत्नी ने कहा–अगर उन्होंने कभी भी जिक्र नहीं किया तो फिर मुझे भी कुछ कहने की जरूरत नहीं। आपके गोलक दा क्या आदमी हैं? वे आदमी नहीं, जानवर हैं, जानवर...। या फिर जानवर से भी गये बीते। ऐसे आदमी के पल्ले पड़ी हूँ, इसीलिए मेरी ऐसी दुर्गति हो रही है। यह देखिये मेरे हाथ...।

यह कहकर उसने अपने दोनों हाथ मेरे आगे कर दिये। उसने कहा– देख क्या रहे हैं? क्या मेरी कलाइयों में एक भी सोने की चूड़ी है?

मैंने देखा कि उस भद्र महिला की कलाइयों में सिर्फ शंख की चूड़ियाँ थीं। जेवर वग़ैरह कुछ भी नहीं थे बदन पर।

गोलक दा की पत्नी कहने लगी–वैसे मेरे पिताजी ने मेरी शादी के वक्त मुझे पाँच भरी सोने की चूड़ियाँ दी थीं, दस भरी सोने का एक हार दिया था। और भी कितना कुछ दिया था...। चाँदी के गिलास, कटोरियाँ और थालियाँ दी थीं। अपना मकान बन्धक रखकर उन्होंने आपके भैया के साथ मेरी शादी की थी। लेकिन आपके भैया रेस खेलकर सब-कुछ स्वाहा कर चुके हैं और...।

कहते-कहते भाभी मेरे सामने ही रो पड़ी। साड़ी के आँचल से आँखें पोंछते-पोंछते वह फिर कहने लगी–आप अपने बड़े साहब से क्या जरा कह नहीं सकते कि आपके भैया का वेतन उनके हाथों में न देकर मेरे हाथों में दिया जाय। ऐसा करने पर

फिर भी बच्चों को कुछ खिला-पिला सकूँगी। क्या आप बड़े साहब से नहीं कह सकते?

मैं इस बात का क्या जवाब देता? चुप ही रहा।

उसके बाद वह फिर कहने लगी-जानते हैं, आज दो दिनों से घर में चूल्हा नहीं जला है!

मैंने पूछा-तो फिर आप लोग खा क्या रहे हैं?

-कुछ भी नहीं।

मैंने पूछा-कुछ भी नहीं का मतलब? बच्चों के मुँह में तो कुछ देना पड़ता ही होगा!

-हम क्या खा रहे हैं, देखेंगे क्या? तो आइये फिर मेरे साथ...।

मैं विरोध करना चाहता था। कहना चाहता था कि भला मैं भीतर जाकर क्या देखूँगा?

किन्तु तब तक गोलक दा की पत्नी मेरा हाथ पकड़कर मुझे खींचते-खींचते घर के भीतर ले गयी। घर के भीतर का दृश्य देखकर खुद मेरी आँखें भर आयीं। इस तरह की निर्लज्ज दरिद्रता इसके पहले मैंने कभी भी किसी मध्यवित्त परिवार में नहीं देखी थी। और फिर गोलक दा को देखकर तो इसकी कल्पना भी नहीं की जा सकती। गोलक दा तो हमेशा साफ-सुथरा कोट-पैण्ट पहनता था। उसके जूते हमेशा पॉलिश से चक-मक रहते। कपड़ों से बहुधा इत्र की खुशबू आती। गोलक दा को देखकर कौन कह सकता है कि उसी के भीतर ऐसे घोर दारिद्र्य का साम्राज्य छिपा हुआ है? गोलक दा ऑफिस की कैण्टीन में जाकर रोज मांस-चप-कटलेट उड़ाया करता और उसी के घर संसार की ऐसी दुर्दशा? हम लोग होते तो इसके विपरीत करते। खुद भूखे रहकर पहले पत्नी और बच्चों को खिलाते। हम लोगों के लिए पहले परिवार होता है, बाद में होते हैं हम खुद। और फिर कुछ ही दिनों पहले की तो बात है। इसी घर में मैंने भर-पेट मांस-पूरी खाया था। तो फिर वे रुपये कहाँ से आये थे? अपनी जेब से पटा-पट रुपये निकालकर गोलक दा ने ग्वाले के रुपये कैसे चुका दिये?

यह देखिये, दो दिनों से हमने क्या खाया है!

यह कहकर गोलक दा की पत्नी ने उँगली से एक तरफ इशारा किया। मैंने देखा कि काँसे की एक कटोरी में थोड़ा-सा सना हुआ सत्तू पड़ा था। उस समय भी मानो मुझे अपनी आँखों पर भरोसा नहीं हो रहा था।

मैंने पूछा-यह सत्तू है क्या?

गोलक दा की पत्नी ने कहा-सत्तू छोड़कर हमारे लिये खाने को बचा ही क्या है? बच्चों को तो कुछ खिलाना पड़ेगा ही। वे लोग तो मेरी बात सुनेंगे नहीं। कल

दोनों शाम और आज भी उन्हें सिर्फ सत्तू दिया है मैंने। सत्तू खाकर क्या बच्चे रह सकते हैं? वे लोग भात खाना चाहते हैं, मछली खाना चाहते हैं। उनके लिए मछली-भात कहाँ से लाऊँ!

मैंने कहा-यह सब बातें तो मैं जानता नहीं था। तो फिर गोलक दा इतना बढ़िया कोट-पैण्ट कैसे सिला पाते हैं? गोलक दा को देखकर तो कोई भी यह अन्दाज नहीं लगा सकता है कि उसके घर की ऐसी हालत होगी।

गोलक दा की पत्नी ने पूछा-आपके भैया को वेतन में कितने रुपये मिलते हैं, क्या आप बता सकते हैं?

मैंने कहा-सब-कुछ काटने के बाद करीब डेढ़ सौ रुपये उन्हें मिलते हैं।

-लेकिन मुझे तो उन्होंने बताया है कि उनका वेतन है सिर्फ अस्सी रुपये। सो उनका वेतन अस्सी रुपये ही हो या फिर डेढ़ सौ रुपये। यदि वे मेरे हाथ में पचास रुपये भी दें, तो मैं अपने बच्चों के मुँह में थोड़ा-सा भात दे सकूँगी।

मैंने कहा-आप एक काम कीजिये। आप पहली तारीख को बारह बजे ही हम लोगों के ऑफिस में चले आइये। मैं रोबिन्सन साहब से कहकर गोलक दा का पूरा वेतन आपके हाथ में देने की व्यवस्था करा दूँगा। हम लोगों के साहब बहुत ही अच्छे हैं। सारी बात समझने के बाद साहब 'ना' नहीं करेंगे।

गोलक दा की पत्नी ने मेरी बातें सुनने के बाद पूछा-क्या मैं आप लोगों के ऑफिस में जाऊँ?

मैंने पूछा-क्यों, इसमें क्या हर्ज है?

-आपके भैया अगर नाराज हुए तो? इस समय तो वे ऐसे ही घर पर नहीं आते। इसके बाद अगर उन्होंने घर आना बिलकुल छोड़ दिया तो?

मैंने कहा-मैं बड़े साहब से कह दूँगा। वे गोलक दा को सावधान कर देंगे...

-किन्तु आखिरकार अगर उनकी नौकरी चली गयी तो? उस समय तो मैं न घर की रहूँगी और न घाट की।

मैंने कहा-नहीं, रेलवे में किसी की नौकरी नहीं जाती।

गोलक दा की पत्नी ने कहा-मैं तो आपके ऑफिस का पता-ठिकाना भी नहीं जानती!

मैंने कहा-मैं आपको बता देता हूँ। आप यहाँ से निकलकर तीन नम्बर की बस पकड़ियेगा। वह बस खिदिरपुर तक जायेगी। वहाँ से बारह नम्बर की बस पकड़कर आप बिलकुल गार्डेनरीच तक चली जाइयेगा। वहाँ आप एक तीन-तल्ला मकान देखेंगी। वही हम लोगों का ऑफिस है। आप वहीं उतर जाइयेगा।

-क्या मुझे भीतर घुसने दिया जायेगा?

–हाँ, आप सामने एक गोरखा दरबान को खड़ा देखेंगी। वह आपसे कुछ भी नहीं कहेगा। आप सीधे भीतर जाकर सिर्फ कहेंगी–ट्राफिक डिपार्टमेण्ट। उसके बाद कोई भी आपको वहाँ तक पहुँचा देगा! लेकिन हाँ, आप बारह बजे के पहले ही जाइयेगा। उसी समय हम लोगों की तनख्वाह बँटती है।

गोलक दा की पत्नी थोड़ी देर तक न जाने क्या सोचती रही!

उसके बाद उसने कहा–ठीक है, पहली तारीख को मैं जरूर आपके ऑफिस में आऊँगी।

इसके बाद मैं सीधा अपने घर लौट आया।

इतवार के दिन मैं स्पेशल ड्यूटी करने के लिए ऑफिस गया था।

बड़े बाबू वहाँ पहुँचे हुए थे। उन्होंने पूछा–तुम अकेले कैसे आये हो? गोलक मजूमदार कहाँ गया? कल शाम के वक्त उसके घर पर खबर देकर नहीं आये क्या?

मैंने कहा–वह घर पर होता, तब तो खबर देता। गोलक दा तो घर पर था ही नहीं।

बड़े बाबू ने कहा–तो फिर उसकी पत्नी से कहकर क्यों नहीं आये?

मैंने कहा–गोलक दा तो रात में अपने घर पर रहता ही नहीं।

बड़े बाबू ने कहा–यह क्या? गोलक घर पर रात नहीं बिताता है तो फिर कहाँ बिताता है?

मैंने कहा–बड़े बाबू, इसकी राम-कहानी बड़ी लम्बी है। गोलक दा की पत्नी के मुँह से मैंने जो कुछ सुना, उससे तो मेरी आँखें फटी-की-फटी रह गयी थीं।

कैसे?

मैंने बड़े बाबू को सारी बातें खोलकर बतायीं। सुनकर बड़े बाबू अवाक् रह गये।

उन्होंने कहा–तुमने गोलक की पत्नी को पहली तारीख को ऑफिस में आने के लिए कहकर ठीक ही किया है। मैं खुद जाकर रोबिन्सन साहब को सब-कुछ बता दूँगा।...और फिर गोलक के कपड़ों की जैसी बहार है, वैसी कहीं नहीं देखी जाती। वेतन में तो मिलते हैं सिर्फ डेढ़ सौ रुपये! फिर इतनी बाबूगिरी कहाँ से चल रही है, बताओ तो?

मैंने कहा–मैं भी तो यह देखकर हैरान हूँ।

–तो गोलक की पत्नी ने क्या कहा?

मैंने कहा–गोलक दा की पत्नी ने कहा कि श्यामबाजार की कोई चुड़ैल ही उसके लिए रुपयों का इन्तजाम करती है।

यहीं तक बात हुई। उसके बाद मैंने काम करना शुरू कर दिया।

रविवार के बाद सोमवार को गोलक दा ऑफिस आया।

मैं गोलक दा के कपड़े-लत्तों की बहार देखकर दंग रह गया। उसने एक सूट बनवाया था। उन दिनों चीजें सस्ती थीं। फिर भी मैंने महसूस किया कि कम-से-कम डेढ़ सौ रुपये तो लगे ही होंगे। उसे देखकर ऑफिस के सभी लोग चकित रह गये।

पहले पंचानन बाबू आगे आये। उन्होंने पूछा-क्यों गोलक भाई सूट तैयार करवाने में कितना खर्च पड़ा?

गोलक दा ने कहा-यही, करीब डेढ़ सौ रुपये।

पंचानन बाबू ने फिर पूछा-सो हठात् सूट कैसे बनवाया तुमने?

गोलक दा ने कहा-यूँ ही, इच्छा हो गयी।

पंचानन बाबू ने पूछा-उधार किस्तों में खरीदा है कि नकद?

गोलक दा ने कहा-मैं कोई भी चीज उधार नहीं खरीदता। उधार का कारोबार नहीं करता मैं। मैं तो नकद नारायण में ही विश्वास करता हूँ।

सबों के चले जाने के बाद थोड़ा एकान्त मिलते ही मैंने चुपचाप गोलक दा से पूछा-अच्छा गोलक दा, शनिवार की रात को तुम कहाँ गये थे?

मेरी बात सुनते ही गोलक चौंक उठा। उसके बाद उसने पूछा-क्यों, तू मेरे घर पर गया था क्या?

मैंने कहा-हाँ।

-क्यों?

मैंने कहा-बड़े बाबू ने रविवार के दिन मुझे और तुम्हें ऑफिस आने के लिए कहा था। शनिवार के दिन तुम जल्दी ही ऑफिस से चले गये थे। इसीलिए तुम्हें खबर देने के लिए मैं तुम्हारे घर पर गया था। रविवार के काम के बदले बड़े बाबू ने एक दिन की छुट्टी देने की बात कही थी।

गोलक दा ने कहा-मैं तो ऑफिस से घर गया ही नहीं।

मैंने कहा-अच्छा, बताओ तो...। आखिर तुम कहाँ गये थे? मैं किसी से कुछ भी नहीं कहूँगा। लेकिन सच्ची बात कहना, झूठी नहीं...।

गोलक दा ने कहा-टिफिन के वक्त मैं तुम्हें सब-कुछ बताऊँगा।

मैंने कहा-इसी वक्त बताओ न! यहाँ भला कौन आयेगा?

गोलक दा ने जवाब दिया-यह एक लम्बी कहानी है। यहाँ कुछ भी कहना ठीक नहीं होगा। कैण्टीन में जाकर पराँठे और मांस करी खाते-खाते मैं तुम्हें सारा किस्सा सुनाऊँगा।

सो उस दिन सचमुच मेरे मन में बड़ी उत्सुकता जाग गयी थी। भला ऐसी कौन-सी अनोखी कहानी है, जिसे ऑफिस में नहीं सुनाया जा सकता है?

उस दिन टिफिन-पीरियड मानो किसी तरह आ ही नहीं रहा था। जब किसी तरह डेढ़ बजे, उस समय रोबिन्सन साहब खाने के लिए अपने बँगले में चले गये। इसी बीच हम लोग भी बाहर चले आये।

एक बड़े बगीचे के भीतर थी हमारी ऑफिस-कैण्टीन। हम लोग वहाँ एक एकान्त कोने में बैठ गये। उसके बाद गोलक दा के आर्डर के मुताबिक दो-दो पराँठे और मांस करी के दो प्लेट हमारी टेबुल पर आ गये।

उसके बाद गोलक दा ने कहानी सुनाना शुरू किया...।

गोलक दा ने कहा-पहले वादा करो कि तुम किसी से कुछ भी न कहोगे।

मैंने कहा-मैं किसी से भी नहीं कहूँगा। कुछ भी नहीं कहूँगा। मैं वादा करता हूँ...।

-मैंने कहा मैं माँ काली की कसम खाकर कहता हूँ कि किसी से भी कुछ नहीं कहूँगा।

गोलक दा ने कहना शुरू किया-देखो, शायद तू नहीं जानता कि मैं बचपन से ही फिजिकल एक्सरसाइज किया करता था। मैं दण्ड-बैठक करता और बारबेल भाँजा करता। मुग्दर घुमाया करता...। हमारे मुहल्ले में फिजिकल एक्सरसाइज का एक क्लब था। मुझे तीन बार वहाँ पुरस्कार भी मिले थे। पैरेलल बार पर तो मेरे जोड़ का कोई भी नहीं था। मेरे मसल्स अभी भी इतने कड़े हैं कि तुम इन्हें दबाकर नरम नहीं कर सकते।

उसके बाद जब मैं कुछ सयाना हुआ, तब मेरे सिर से मेरे पिता का साया उठ गया। मैं अपनी विधवा माँ के साथ अकेला पड़ गया। मैंने रुपये कमाने की जरूरत महसूस की। लेकिन नौकरी कहाँ मिलती? कौन मुझे रुपये देता? मैं मुहल्ले की पब्लिक लाइब्रेरी में जाकर समाचार-पत्रों में 'नौकरी चाहिए?' के लिए विज्ञापन देखकर रोज दस-बारह दरख्वास्त भेजने लगा।

लेकिन हर जगह से जवाब आने लगा-नो वैकेन्सी, हमें अफसोस है...।

उसी समय माँ की भी तबीयत खराब हो गयी। माँ फिर तो हिल-डुल भी नहीं पाती थीं।

उसी समय माँ ने मेरी शादी कर दी।

मैंने कहा-वैसी हालत में तुमने शादी कर डाली?

गोलक ने कहा-आखिर करता क्या? घर में उस समय घर बुहारने के लिए, बर्तन माँजने के लिए और खाना-वाना पकाने के लिए बिना पैसे की एक नौकरानी

की जरूरत तो थी न। बस, इसीलिए शादी कर डाली। बंगाल के सिवाय और कहीं तो इतनी सस्ती नौकरानी नहीं मिलती है न! मैंने शादी तो कर ली, लेकिन उसे खिलाता क्या? मेरे पिताजी तो बैंक में रुपये नहीं छोड़ गये थे कि रुपये निकालता और उसे खिलाता!

आखिरकार मैं नौकरी की तलाश में दरवाजे-दरवाजे पर भटकने लगा। कम-से-कम महीने में तीस रुपये ही मिल जाते! लेकिन किसी ने भी नौकरी नहीं दी। नौकरी देता कौन? मैट्रिक पास गरीब लड़के के ऊपर कौन दया दिखाता? भला इससे उसके कौन-से स्वार्थ की सिद्धि होती?

आखिर एक काम मिल ही गया। बीस रुपये महीने के वेतन पर एक सज्जन ने मुझे नौकरी पर रख लिया।

–कैसी नौकरी थी वह?

–नहीं, लिखने-पढ़ने का कोई झमेला नहीं था उस नौकरी में। सिर्फ उस सज्जन के बदन में रोज मालिश कर देनी थी। सो उस वक्त बीस रुपयों की नौकरी भला मेरे लिये कम थी क्या?

मैं रोज सवेरे जाकर एक घण्टे तक उस सज्जन का बदन दबाता और मालिश करता। उसके बदले में मुझे महीने में बीस रुपये मिलने लगे।

वे बीस रुपये ही उस समय मेरे लिये बीस हजार रुपयों के बराबर थे।

उस सज्जन को दिल का दौरा पड़ चुका था। मालिश शुरू करने के बाद वे कुछ स्वस्थ हो उठे।

उन्होंने खुश होकर एक दिन मुझसे पूछा–क्या तुम और एक जगह काम करोगे?

मैंने कहा–वे कितने रुपये देंगे?

उन्होंने कहा–वे बहुत ही बड़े आदमी हैं। वे तुम्हें महीने में पचीस रुपये देंगे। तुम मेरी मालिश सुबह कर दिया करना और उनकी शाम को।

उसके बाद से मैं सुबह-शाम दो जगह काम करने लगा। दोनों वक्त काम करने पर मुझे बीस और पचीस मिलाकर कुल पैंतालीस रुपये मिलने लगे। उस जमाने में पैंतालीस रुपये कमाना भी मामूली बात नहीं थी। उन दिनों तीन रुपये मन चावल था, आने सेर आलू था और सेर भर सरसों का तेल मिलता था पाँच आने में। होटल में एक प्याली चाय की कीमत थी सिर्फ दो पैसे।

महीने में पैंतालीस रुपये हाथ में पाकर मुझे ऐसे लगता मानो मैंने हथेली में चाँद पा लिया हो।

मालिश करने के मामले में धीरे-धीरे मेरा नाम चारों तरफ फैलने लगा। एक आदमी दूसरे आदमी के पास मेरी सिफारिश करता। सभी थे भाई बड़े-बड़े लोग।

रुपयों का पहाड़ लगा था उनके पास। किसी तरह का शारीरिक परिश्रम नहीं करते थे वे लोग। वे सिर्फ खाते और रुपयों के ढेर के ऊपर सोते। उस तरह के आदमियों की संख्या आज भी जिस तरह बहुत है, उसी तरह उन दिनों भी कम न थी। भविष्य में भी उसी तरह के लोगों की संख्या कम होनेवाली नहीं।

उसी तरह के एक सज्जन मिल गये श्यामबाजार में।

उनका नाम था नन्दकिशोर दत्त। सभी उन्हें नन्दू बाबू कहा करते थे।

एक दिन उन्होंने मुझे बुलवाया।

उन्हें न जाने क्या रोग था, कह नहीं सकता। मेरा काम था रोज रात साढ़े नौ बजे उनके घर पर जाकर उनकी मालिश करना और उन्हें सुला देना!

मैं उनके साथ मुलाकात करने के लिए श्यामबाजार गया। गोरे रंग के सज्जन थे वे, खूब ही मोटे-सोटे। चेहरा भरा हुआ था। कपड़े के थोक व्यापार में उन्होंने बेशुमार रुपये कमाये थे। लेकिन उनकी तबीयत बहुत खराब रहती थी। खूब घी खाया करते थे वे, खाँटी घी। उनके लिए चलना-फिरना भी मुश्किल था। वे किसी तरह गद्दी में जाकर बैठते और फिर रात में घर आकर खा-पीकर लेट जाते। बदन में खूब चर्बी जम गयी थी। उम्र लगती थी पचास-पचपन की। लेकिन दरअसल उनकी उम्र चालीस-एकतालीस से ज्यादा नहीं थी।

मुझे देखकर नन्दू बाबू ने पूछा–क्या आप मुझे बिना कोई दवा खिलाये सुला सकेंगे? क्या मुझे नींद आ पायेगी?

मैंने कहा–बेशक नींद आयेगी। लेकिन आपको मेरे कहने के मुताबिक चलना पड़ेगा।

–आप क्या करेंगे?

मैंने कहा–अपना तो धन्धा ही यही है। जिनका काम दिन-भर बैठे रहने का है, उन्हें मैं मालिश करके तन्दुरुस्त कर देता हूँ।

नन्दू बाबू ने पूछा–मुझे कोई हाई ब्लड-प्रेशर की शिकायत है। क्या आप मेरा ब्लड-प्रेशर कम कर सकेंगे? लेकिन बिना किसी दवा के...।

मैंने कहा–लेकिन आपको एक काम करना होगा।

–क्या काम?

मैंने कहा–आपको घी खाना छोड़ना होगा।

नन्दू बाबू कुछ डर गये। उन्होंने कहा–मैं तो जयपुर-राजस्थान से शुद्ध घी मँगवाकर खाता हूँ। मैं कलकत्ते के बाजार का मिलावटी घी नहीं खाता।

मैंने कहा–मिलावटी घी खाने पर भी कोई हर्ज नहीं। लेकिन राजस्थान का विशुद्ध घी बिलकुल भी नहीं चलेगा। उससे चर्बी और भी बढ़ेगी और ब्लड-प्रेशर

और भी ज्यादा हो जायेगा। तो फिर मैं आपको सुला नहीं पाऊँगा। आप अपने महाराज से कह दें कि वह आपके खाने में घी का व्यवहार बिलकुल भी न करे।

नन्दू बाबू ने मेरे ही सामने महाराज को बुलवाया। महाराज आकर हाजिर हुआ...।

नन्दू बाबू ने कहा–महाराज, देखो कल से मेरे खाने में घी बिलकुल भी नहीं देना। यही मेरा हुक्म है...।

महाराज तो हक्का-बक्का रह गया। उसने पूछा–तो घी के बदले क्या देकर खाना बनाया करूँगा?

मैंने कहा–सिर्फ उबाली हुई सब्जी और बिना घी के फुलके...।

महाराज ने पूछा–लेकिन दाल में घी नहीं डालने पर दाल जायकेदार कैसे बन पायेगी?

मैंने कहा–जरूरत पड़ने पर सरसों का तेल डालना।

–लेकिन क्या सरसों का तेल डालने पर खाना बढ़िया बन सकेगा?

मैंने कहा–शुरू-शुरू में थोड़ी तकलीफ होगी। लेकिन बाद में आदत पड़ जायेगी। अगर ऐसा नहीं करेंगे तो मैं फिर आपको नहीं सुला पाऊँगा। यह मैं आपको साफ-साफ बता देना चाहता हूँ...।

आखिरकार महाराज मान गया।

नन्दू बाबू ने मुझसे कहा–आप कितने रुपये लेंगे?

मैंने कहा–इस समय कुछ भी नहीं देना होगा। जिस दिन से आपको नींद आने लगे, उसी दिन से रुपये दीजियेगा।

नन्दू बाबू ने कहा–अगर मुझे नींद आने लगेगी तो फिर आप जो कुछ चाहेंगे, वही दूँगा। मैं रोज इंजेक्शन लगवाता हूँ, तब जाकर मुझे नींद आती है। समझे?

मैंने कहा–इस तरह तो आपका हार्ट कमजोर हो जायेगा।

नन्दू बाबू ने कहा–इसी डर की वजह से तो मैंने आपको बुलवाया है। मैंने सुना है कि आपने बहुतों की नींद न आने की बीमारी ठीक कर दी है।

मैंने तो भाई बचपन से ही मुहल्ले के क्लब में एक्सरसाइज करना शुरू कर दिया था। मैं मुग्दर भाँजता था, दण्ड-बैठक करता था और कुश्ती लड़ता था। मेरे मसल्स देखकर मेरे गुरु भी हैरत में पड़ जाते थे। मेरे शरीर में कोई खराबी नहीं थी। अगर कोई कमी थी तो सिर्फ रुपयों की। इतने भी रुपये मेरे हाथ में नहीं थे कि दो महीनों में अपनी पत्नी के लिए एक साड़ी खरीद पाता!

नन्दू बाबू के साथ जिस समय मेरी बातचीत चल रही थी, उस समय मैंने लक्ष्य किया कि नन्दू बाबू की पत्नी पास के कमरे के दरवाजे की ओट से रह-रहकर मेरी तरफ निहार रही थी।

आँखें मिलते ही मैंने नजरें नीची कर ली थीं। किसी भले आदमी के अन्त:पुर में ताक-झाँक करना कोई अच्छी बात तो है नहीं।

तभी नन्दू बाबू ने पुकारा-सुनती हो...!

यानी उन्होंने अपनी पत्नी को आवाज दी।

मैंने देखा कि पास के कमरे का दरवाजा खुला और एक सुन्दर स्त्री घूँघट निकाले भीतर चली आयी। मैं समझ गया कि वही नन्दू बाबू की पत्नी थी। नन्दू बाबू तो बहुत मोटे-सोटे थे, परन्तु उनकी पत्नी बड़ी छरहरी थी। दोहरा चेहरा था। बदन गोरा था, मानो दूध में आलता मिला दिया गया हो।

पत्नी के आते ही नन्दू बाबू ने कहा-यह देखो, यह कहते हैं कि ये मुझे सुला सकेंगे। ये मेरी नींद न आने की बीमारी ठीक कर सकेंगे। आज से मुझे डाक्टरों का बताया हुआ जहर मत खिलाना। न तो मैं अब वे दवाएँ लूँगा और न ही पेथिड्रिन के इंजेक्शन लगवाऊँगा। दिनोंदिन मेरी तन्दुरुस्ती खराब ही होती जा रही है। कोई फायदा नहीं हो रहा है। ये कह रहे हैं कि रोज रात में साढ़े नौ बजे ये आयेंगे और मेरे बदन की मालिश करेंगे, जिससे कि मुझे नींद आ जाया करेगी।

नन्दू बाबू की पत्नी ने कहा-सो तो ठीक ही है। तो फिर यही शुरू कीजिये।

नन्दू बाबू ने कहा-और एक बात है। यह कह रहे हैं कि मुझे और अब घी खाना नहीं होगा। मैंने महाराज को बुलाकर कह दिया है कि अब सब्जी में घी नहीं डालना है। अगर जरूरी हो तो सरसों के तेल का व्यवहार किया जा सकता है।

नन्दू बाबू की पत्नी ने कहा-ठीक है। मैं ही महाराज को मना कर दूँगी कि घी का व्यवहार हर्गिज नहीं किया जाय...।

नन्दू बाबू बोले-हाँ, तुम भी महाराज को मना कर देना। या फिर घी का टीन ही छिपाकर रख देना। ये साले मुझे घी खिला-खिलाकर मार डालना चाहते हैं। मेरे मरने पर ही तो इनकी पौ बारह होगी...

उसके बाद मेरी तरफ देखकर नन्दू बाबू ने कहा-आप कब से आना शुरू करेंगे?

मैंने कहा-मैं आज रात से ही शुरू कर सकता हूँ।

-तो क्या आज मुझे नींद आयेगी?

मैंने कहा-दो-तीन दिनों के बाद से ही नींद आने लगेगी।

-क्या आप गारण्टी दे रहे हैं?

मैंने कहा-हाँ, मैं गारण्टी दे रहा हूँ।

नन्दू बाबू ने कहा-तो फिर ठीक है। आज रात से ही आप शुरू कर दीजिये।...रोज कितनी देर तक आप मालिश करेंगे?

मैंने कहा–आप रात में नौ बजे खा-पीकर तैयार रहियेगा। मैं ठीक घड़ी देखकर साढ़े नौ बजे हाजिर हो जाऊँगा।

–कितना समय लगेगा?

मैंने कहा–करीब एक घण्टे का समय काफी होगा। रात साढ़े नौ बजे से साढ़े दस बजे तक...। उसके बाद मैं अपने घर लौट जाऊँगा। हाँ, आपको नींद आ जायेगी, तभी जाऊँगा...।

–ठीक है...। तो फिर इस वक्त आप जा सकते हैं।

उसके बाद नन्दू बाबू ने अपनी पत्नी की तरफ देखते हुए कहा–सुनो, इन्हें कुछ एडवान्स दे दो।

नन्दू बाबू की पत्नी ने पूछा–कितने रुपये दूँ?

–यही, करीब दस रुपये।

मैंने कहा–नहीं, इस समय मुझे एडवान्स की जरूरत नहीं। पहले मैं आपकी अनिद्रा का इलाज कर लूँ, उसके बाद एडवान्स लूँगा।

हठात् पंचानन बाबू ने आकर कहा–अरे तुम लोग कैण्टीन में बैठे-बैठे गप्पें लड़ा रहे हो और उधर साहब गोलक दा को बुलाने के लिए दो बार चपरासी को भेज चुके हैं।

घड़ी की तरफ नजर डाली तो पता चला कि ढाई बज चुके थे। कहानी सुनते-सुनते कितना समय निकल गया था, इसका हमें ख्याल ही नहीं रहा।

मैं बाकी कहानी सुनने के लिए छट-पट करने लगा। गोलक दा साहब के पास से एक फाइल ले आया और उसी काम में डूब गया।

मैंने एक बार पूछा भी–उसके बाद क्या हुआ गोलक दा?

गोलक दा ने कहा–रुको न भाई। पहले साहब का काम पूरा कर लूँ...। साली पाँच चवन्नियों की इस नौकरी पर लात मारता हूँ, लात...। इस बार यह नौकरी छोड़ दूँगा। सच, माँ कसम...।

यह कहकर गोलक दा फिर उसी फाइल के कागज-पत्तर में डूब गया।

उसके बादवाले दिन भी कहानी सुनने का मौका नहीं मिला। साहब की उसी फाइल का काम गोलक दा तब तक नहीं निपटा सका था।

लगातार कई दिनों तक फिर वह कहानी सुनने का सुयोग नहीं मिला।

उस दिन तनख्वाह बँटने का दिन था। यानी पहली तारीख...। सुबह से ही हम सभी इस इन्तजार में थे कि कब पे-क्लर्क आये और हमें हमारी तनख्वाहें मिलें। तभी मैंने देखा कि गोलक दा की पत्नी ऑफिस के भीतर चली आयी थी।

किसी ने शायद उन्हें हम लोगों का सेक्शन दिखला दिया था।

अपनी जिन्दगी में कभी भी गोलक दा की पत्नी ऑफिस के भीतर नहीं आयी थी। ऑफिस के भीतर आकर वह घबड़ा-सी गयी। बेचारी गृहस्थ नारी जो थी!

मुझे देखकर मानो उसे आशा की हल्की-सी किरण दिखायी पड़ी।

उसने मुझसे पूछा–आपके भैया कहाँ हैं?

मैंने कहा–वे रहे...। उस कुर्सी पर बैठे हुए हैं।

यह कहकर मैं दौड़ा हुआ गोलक दा की कुर्सी के पास गया। मैंने कहा–गोलक दा, वह देखो, कौन आयी हैं...।

गोलक दा ने फाइलों के बीच से सिर उठाया। अपनी पत्नी को ऑफिस में देखकर वह ताज्जुब में पड़ गया।

उसने पूछा–तुम? तुम यहाँ क्यों आयी हो?

भाभी ने कहा–आज तुम्हें तनख्वाह मिलनेवाली है। इसीलिए मैं आयी हूँ। बच्चों के मुँह में मैं क्या दूँ? तुम्हीं बताओ?

गोलक दा ने कहा–तो क्या इसीलिए तुम ऑफिस में आ धमकोगी? कुछ भी लाज-शरम नहीं रही क्या? आज रात को तो मैं घर पर आता ही...।

गोलक दा की पत्नी ने कहा–तुम ख़ाक घर पर आते! तुम्हारी बातों पर अब मुझे रत्ती भर भी विश्वास नहीं रहा।

तब तक सेक्शन के सभी आदमी आकर वहाँ जमा हो गये।

सभी की जुबान पर एक ही सवाल था–क्या हुआ है? यहाँ क्या है? ये कौन हैं?

काशीनाथ बाबू भी सामने आये। वे सेक्शन के बड़े बाबू थे।

उन्होंने पूछा–यहाँ इतनी गोलमाल क्यों मची हुई है? ये कौन हैं?

जवाब मैंने ही दिया। मैंने कहा–ये गोलक दा की गृहिणी हैं।

कशीनाथ बाबू ने पूछा–सो यहाँ ऑफिस में ये क्यों आयी हैं?

मैंने कहा–आज वेतन मिलने का दिन है न! इसीलिए ये गोलक दा का वेतन अपने हाथ में लेने के लिए आयी हैं।

मेरी बात सुनकर गोलक दा शर्म से गड़ गया।

बड़े बाबू ने पूछा–सो क्या गोलक, तुम अपनी गृहिणी को रुपये नहीं देते?

जवाब दिया गोलक दा की पत्नी ने ही। उसने कहा–ये वेतन के रुपये लेकर जाने कहाँ चले जाते हैं। घर की तरफ ताकते भी नहीं। मैं बच्चों को क्या खिलाऊँ, आप ही बताइये तो? आप लोग अगर कह-सुनकर उनका वेतन मेरे हाथ में दें, तो बच्चे कुछ खा-पी सकेंगे और जिन्दा रह सकेंगे...।

बड़े बाबू ने गोलक दा की तरफ देखते हुए पूछा–क्यों गोलक, यह सब मैं क्या सुन रहा हूँ? तुम घर पर रुपये नहीं देते क्या? तो फिर रुपयों का क्या करते हो? रेस खेलकर और शराब पीकर रुपये उड़ा देते हो क्या?

गोलक दा ने बड़े बाबू के प्रश्न का उत्तर दिये बिना अपनी पत्नी की तरफ देखते हुए पूछा–तुम आखिर ऑफिस में आयी क्यों? क्या तुम्हें मेरे ऊपर भरोसा नहीं? मैं तनख्वाह के रुपये और किसी को दे आऊँगा?

गोलक दा की पत्नी ने कहा–क्या किसी भी दिन आपने अपने वेतन के रुपये मेरे हाथ में दिये हैं? क्या आपने कभी भी इस बात का ख्याल किया है कि हम खा पा रहे हैं या नहीं? आपने भला कितनी रातें घर पर बितायी हैं?

एक साथ इतनी बातें कहती–कहती बेचारी रो पड़ी।

काशीनाथ बाबू ने इस बार गोलक दा की तरफ देखकर कहा–तुम ऐसा क्यों करते हो, बताओ तो? तुम रात में कहाँ रहते हो? अपना वेतन तुम किसे दे आते हो?

गोलक दा तो भारी मुश्किल में पड़ा।

उसने आखिरकार कहा–आप लोगों की जो मर्जी हो सो कीजिये। मैं भी अपनी जो मर्जी होगी, वही करूँगा।

बड़े बाबू ने कहा–तो फिर आज तुम अपना वेतन खुद अपने हाथ में नहीं ले पाओगे।

गोलक दा ने कहा–अपना वेतन मैं अलबत्ता लूँगा। देखता हूँ कि कौन क्या करता है! मेरी घरवाली आप लोगों को जो कुछ समझा देगी, वही आप मान लेंगे? मेरे पारिवारिक मामले में दखल देने का आपको क्या हक है?

काशीनाथ बाबू ने कहा–तो फिर मैं तुम्हारी गृहिणी को लेकर रोबिन्सन साहब के पास जाता हूँ।

गोलक दा की पत्नी की तरफ देखते हुए बड़े बाबू ने कहा–आप जरा चलिये तो...। आपको एक बार हम लोगों के साहब के पास चलना होगा।

बड़े बाबू के पीछे-पीछे गोलक दा की पत्नी जाने लगी।

पंचानन बाबू ने कहा–राम–राम, यह सब क्या हो रहा है। गोलक? तुम्हारी कहीं दो पत्नियाँ तो नहीं हैं? वाह भई वाह...। तुम तो छुपे रुस्तम निकले। खूब डूब-डूबकर पानी पी रहे हो।

ऑफिस के सभी लोग गोलक दा के बारे में कानाफूसी करने लगे। ऐसी घटना ऑफिस में पहले कभी भी नहीं घटी। ऐसी मजेदार घटना के बारे में पहले कभी किसी ने सुना भी नहीं था। किसी की पर्दानशीन बीबी ने इसके पहले कभी ऑफिस में आकर अपने पति के तनख्वाह की माँग नहीं की थी।

अगर साहब हों तो रोबिन्सन साहब जैसे। उन्होंने गोलक दा की पत्नी की पूरी बातें ध्यान से सुनीं।

उन्होंने पूछा–क्या गोलक रात में घर नहीं जाता?

बड़े बाबू ने जवाब दिया–इनका तो यही कहना है सर।

साहब ने कहा–फिर जरा गोलक मजूमदार को बुलवाइये तो...।

चपरासी गोलक मजूमदार को बुलाने चला गया।

उसने कहा–साहब ने आपको सलाम दिया है।

गोलक दा रोबिन्सन साहब के पास हाजिर हुआ। उसने कहा–गुड मार्निंग सर...।

–गुड मार्निंग! इज दिस योर वाइफ? क्या यह तुम्हारी बीबी है?

गोलक दा ने कहा–यस सर...।

–यह जो कुछ कह रही है, क्या सच है? क्या तुम अपनी तनख्वाह में से एक पैसा भी घर पर नहीं देते?

गोलक दा ने कहा–नहीं सर...। पैसे देता तो हूँ!

साहब ने पूछा–तो क्या तुम कहना चाहते हो कि तुम्हारी घरवाली झूठ बोल रही है? इज शी टेलिंग लाइ?

बड़े बाबू ने गोलक दा की पत्नी से बँगला में पूछा–क्या आपके पति आपके हाथ में अपनी तनख्वाह नहीं देते?

गोलक दा की पत्नी ने जवाब दिया–कभी-कभी वे बाजार से सौदा ला देते हैं और दूधवाले के रुपये देते हैं। कभी-कभी राशन के लिए भी रुपये देते हैं...।

बड़े बाबू ने फिर अंग्रेजी में अनुवाद कर साहब को सारी बातें समझायीं।

साहब ने पूछा–और रात में किसी भी दिन तुम घर पर क्यों नहीं रहते?

गोलक दा ने कहा–रात के वक्त मैं बहुत-से लोगों की मालिश करता हूँ। मालिश करके उन्हें सुला दिया करता हूँ। इसीलिए बहुत बार मैं रात में घर लौट नहीं पाता हूँ, वहीं सो जाया करता हूँ...।

साहब ने दोनों पक्ष की बातें सुनीं। उसके बाद उन्होंने कहा–नहीं, अब से गोलक का वेतन उसकी पत्नी के हाथ में दिया जायेगा। यही मेरा आर्डर है...।

गोलक दा की पत्नी ने कहा–लेकिन यदि वे मेरे हाथ से रुपये छीन लेंगे, तब?

साहब ने कहा–आप मेरे पास आकर कम्प्लेन कीजियेगा। मैं गोलक की नौकरी खा जाऊँगा...।

उसके बाद साहब गोलक दा पर बुरी तरह बरस पड़े–तुम इतने बड़े पाखण्डी हो। तुम अपनी बेकसूर बीबी को इतनी तकलीफ देते हो? यदि हमारे समाज में तुम होते तो तुम्हारी बीबी तुम्हें डायवोर्स कर देती। और यही नहीं, उसके साथ-साथ तुम्हें हर्जाना भी देना पड़ता।

गोलक दा सिर झुकाये खड़ा रहा।

साहब की बातों का उसने कोई जवाब नहीं दिया।

साहब ने कहा–जाओ, अपने सेक्शन में जाओ।

सभी लोग सेक्शन में चले आये।

थोड़ी ही देर के बाद पे-क्लर्क हाजिर हुआ।

एक-एक आदमी का नाम पुकारा जाता और वह आकर अपना वेतन ले जाता।

आखिरकार पे-क्लर्क ने गोलक मजूमदार का नाम पुकारा।

गोलक दा माथा नीचा किये पे-शीट पर ठीक जगह पर दस्तखत करके अपना वेतन लेने जा रहा था।

बड़े बाबू ने कहा–उहूँ, उसे वेतन नहीं देना है। वेतन उसकी पत्नी को देना होगा...।

यह कहकर बड़े बाबू ने गोलक दा की पत्नी से कहा–आप रुपये लीजिये।

गोलक दा की पत्नी भारी दुविधा में पड़ गयी।

लेकिन बड़े बाबू ने कहा–डरने की क्या बात है? तनख्वाह के रुपये आप ले लीजिये। रुपये गिनकर देख लीजिये ठीक डेढ़ सौ रुपये हैं तो?

गोलक दा की पत्नी ने रुपये गिने और सिर हिलाते हुए कहा–हाँ, पूरे डेढ़ सौ रुपये हैं।

बड़े बाबू ने कहा–ठीक है। अब आप अपने घर जाइये। अगर गोलक मजूमदार जबर्दस्ती आपसे रुपये छीन ले तो आप ऑफिस आकर मुझे बता दीजियेगा। मैं फिर आपको रोबिन्सन साहब के पास ले जाऊँगा। साहब गोलक को नौकरी से बर्खास्त कर देंगे।

गोलक दा की पत्नी ने कहा–आप उन्हें जरा समझा दीजियेगा कि वे रात में घर पर रहें। दिन के वक्त वे जहाँ भी चाहें, रहें, पर रात के वक्त घर पर जरूर चले आयें। और उन्हें यह भी समझा दें कि रेस न खेला करें...।

बड़े बाबू ने कहा–मैं साहब से सब-कुछ कह दूँगा। साहब सब ठीक कर देंगे। हम लोगों के रोबिन्सन साहब बहुत भले आदमी हैं। रात में घर पर नहीं रहने पर साहब गोलक को नौकरी से निकाल बाहर करेंगे।

गोलक दा की पत्नी कुछ डर गयी।

उसने कहा–नहीं–नहीं, उन्हें नौकरी से निकाल मत दीजियेगा। अगर उनकी नौकरी चली गयी तो भला हम क्या खायेंगे?

उस दिन तनख्वाह के रुपये लेकर गोलक दा की पत्नी घर चली आयी।

ऑफिस का काम फिर से शुरू हो गया। फिर भी वेतन के दिन ऑफिस के काम में किसी का भी मन नहीं लगता।

मैंने मौका पाकर गोलक दा से पूछा–तो फिर तुम्हारा क्या होगा गोलक दा? वेतन के रुपये तो तुम्हारे हाथ लगे नहीं।

गोलक दा ने कहा–रुपये नहीं मिले तो नहीं सही...। मुझे इसकी परवाह नहीं।

–तो फिर महीने भर तुम्हारा खर्च कैसे चलेगा?

गोलक दा ने कहा–नन्दू बाबू की नेक नजर जब तक मेरे ऊपर है, तब तक मुझे रुपयों की क्या कमी है रे! यह देख मेरे पास कितने रुपये हैं...!

यह कहकर गोलक दा ने जेब में से मनी बैग निकाली और उसमें से एक गड्डी नोट बाहर निकालकर मुझे दिखाये।

उसने कहा–यह देख ले, मेरे पास कितने रुपये हैं...।

मैंने नोटों की गड्डी देखी। गोलक दा ने कहा–प्राय: पाँच सौ रुपये होंगे।

मैंने पूछा–इतने रुपये तुम्हें कहाँ से मिले?

गोलक दा ने कहा–नन्दू बाबू की पत्नी ने दिये हैं।

–नन्दू बाबू की पत्नी ने? सो उन्होंने इतने रुपये दिये क्यों हैं?

गोलक दा ने कहा–मैं जो नन्दू बाबू को रोज सुला देता हूँ...।

मैंने कहा–क्या इसी बात के तुम्हें इतने रुपये मिले हैं? क्या तुम्हें इसके लिए महीने में पाँच सौ रुपये मिलते हैं?

गोलक दा ने कहा–भाई मालिश करने के लिए तो महीने में सिर्फ पचास रुपये मिलते हैं। लेकिन नन्दू बाबू की पत्नी मेरे ऊपर बहुत मेहरबान हैं। इसीलिए मैं जब भी जो कुछ माँगता हूँ, मुझे वे दे देती हैं।

मैं तो भारी ताज्जुब में पड़ गया।

मैंने पूछा–क्यों?

गोलक दा ने कहा–नन्दू बाबू को नींद आ जाने पर ही तो नन्दू बाबू की पत्नी को सुविधा होती है।

–यह कैसे? नन्दू बाबू के सो जाने पर भला उनकी पत्नी को क्या सुविधा हो सकती है?

गोलक दा ने कहा–अरे भैया, सुविधा जरूर है। यह सब बड़ी लम्बी कहानी है। तुझे और किसी दिन मैं पूरा किस्सा सुनाऊँगा।

मैंने पूछा–आज तो तुम घर जाकर भाभी से खूब झगड़ा करोगे न?

गोलक दा ने कहा–आज रात मैं घर जाऊँगा ही नहीं।

मैंने पूछा–अगर रात में घर नहीं लौटोगे तो सोओगे कहाँ और खाओगे कहाँ?

गोलक दा ने जवाब दिया–नन्दू बाबू के घर पर ही खाऊँगा और सोऊँगा भी वहीं।

कहते-कहते गोलक दा हँसने लगा। एक रहस्यमय हँसी...।

मेरा कौतूहल और भी बढ़ गया। आखिर गोलक इस तरह हँस क्यों रहा था...।

मैंने कहा–ऑफिस की छुट्टी होने के बाद मैं तुम्हारी बाकी कहानी जरूर सुनूँगा, गोलक दा!

गोलक दा ने कहा–आज वक्त नहीं मिलेगा रे। आज छुट्टी होते ही मुझे टैक्सी पकड़नी होगी। बहुत ही हड़बड़ी है आज...।

–हड़बड़ी कैसी, भाई?

गोलक दा ने जवाब दिया–नन्दू बाबू की पत्नी को एक सिनेमा दिखाने के लिए ले जाना होगा।

घोर आश्चर्य! मैं गोलक दा की बातें सुनकर घोर आश्चर्य में डूब गया। इतने बड़े आदमी की पत्नी गोलक दा को साथ लेकर सिनेमा देखने जायेगी!

मैंने पूछा–जब तुम्हें वहाँ इतने रुपये मिलते ही हैं, तब भला तुम रेलवे की इस नौकरी से क्यों चिपके हुए हो? यह नौकरी तो तुम छोड़ भी सकते हो!

गोलक दा ने कहा–देख भाई, नन्दू बाबू की नौकरी कब है, कब नहीं; इसका कुछ ठीक नहीं! नन्दू बाबू को अगर किसी दिन मालूम पड़ गया तो वे मुझे तुरन्त खदेड़ देंगे। किन्तु यह है सरकारी नौकरी। इस नौकरी की कोई तुलना नहीं। इस नौकरी में पेन्शन है, ग्रैच्यूटी है...। फ्री रेलवे पास है। यह तो सुहागिन की माँग का सिन्दूर है रे! सही मायने में यही मेरी लक्ष्मी है। यह क्या छोड़ने की चीज है पगले?

मैंने पूछा–नन्दू बाबू की पत्नी कैसी हैं?

गोलक दा ने कहा–खूब ही सुन्दर...। वे सुन्दर तो हैं ही, साथ-ही-साथ कोई सन्तान न होने के कारण उनका शरीर भी बड़ा ही सुडौल है।

–सो वे तुम्हारे साथ सिनेमा क्यों जायेंगी? क्या और कोई नहीं है?

गोलक दा ने कहा–और होगा भी कौन? घर में तो बस नौकर-नौकरानियाँ हैं। उनको साथ लेकर तो सिनेमा देखा नहीं जा सकता। एक विश्वासी पुरुष का साथ तो जरूरी है ही।

मैंने पूछा–तुम जो नन्दू बाबू की पत्नी को साथ लेकर सिनेमा जाते हो, क्या यह नन्दू बाबू को मालूम है?

गोलक दा ने कहा–उन्हें मालूम क्यों नहीं होगा? नन्दू बाबू तो सिर्फ मुझ पर ही विश्वास करते हैं। मेरे सिवाय और किसी पर भी उनको भरोसा नहीं।

–क्यों?

गोलक दा ने जवाब दिया–मेरी वजह से ही तो नन्दू बाबू अभी तक जिन्दा हैं। मेरे आने के पहले वे कितनी दवाएँ खाते थे और कितनी इंजेक्शनें लगवाकर सो पाते थे। अब न तो उन्हें दवाओं की जरूरत पड़ती है और न ही इंजेक्शनों की। इस तरह उनके कितने रुपयों की बचत हुई है! कह सकते हो कि मैंने उन्हें नयी जिन्दगी दी है। इसीलिए वे मेरे प्रति बड़े कृतज्ञ हैं। इसलिए वे मुझे अपनी आँखों से पल-भर के लिए भी ओझल होने नहीं देते। ऑफिस से सीधा मैं वहीं चला जाऊँगा। उसके बाद सिनेमा देखकर जब मैं नन्दू बाबू की पत्नी के साथ लौटूँगा तो खाना खाने के लिए हम तीनों ही साथ बैठेंगे। मेरे लिये रोज मुर्गी आती है। मेरा स्वास्थ्य अच्छा रहे, इसका नन्दू बाबू पूरा ध्यान रखते हैं।

–उसके बाद?

–उसके बाद साढ़े नौ बजे नन्दू बाबू बिछौने पर लेट जायेंगे। तब मैं उनकी मालिश शुरू करूँगा। रात के साढ़े दस बजे तक मालिश करने पर उन्हें नींद आ जायेगी। नींद आने के पहले वे मुझसे कहेंगे गोलक, अब इतनी रात में तुम भला क्या घर जाओगे! तुम यहीं सो जाओ आज। नहीं तो इतनी रात में तुम्हें काफी दूर जाना पड़ेगा...।

कुछ देर रुककर गोलक दा ने फिर कहना शुरू किया–इस समय तक नन्दू बाबू की पत्नी के साथ मैं खूब हिल-मिल गया था। एक साथ सिनेमा देखना, एक साथ भोजन करना और एक साथ...।

नन्दू बाबू अपनी पत्नी से कहते–इसे जरा अच्छी तरह खिलाना-पिलाना...।

नन्दू बाबू की पत्नी को यह कहने की जरूरत नहीं थी! कह सकते हो कि पहले तो घर पर खानेवाला कोई आदमी ही नहीं था। घर पर कुल मिलाकर दो ही तो प्राणी थे–मियाँ और बीबी! नन्दू बाबू तो हमेशा बीमार ही चलते थे। अधिक खा लेना उनके लिए असह्य था। अकेली औरत भला कितना खाती? इसी वजह से खाने-पीने की वैसी झंझट नहीं।

गोलक दा के आ जाने के बाद से ही नन्दू बाबू का घर-संसार फिर से चहक उठा। विशेष रूप से उनकी पत्नी को बातचीत करनेवाला एक साथी मिला। दूसरे दिन

भात खाकर गोलक दा ऑफिस चला जाता। नौ–साढ़े नौ बजे तक महाराज खाना तैयार कर देता।

उसी वक्त भात खाकर गोलक ऑफिस की तरफ दौड़ पड़ता।

जाने के समय बहू जी कहतीं–आज तुम जरा जल्दी लौट आना। सिनेमा देखने चलेंगे...।

गोलक दा कहता–मुझे क्यों खींच रही हैं आप? नन्दू भैया को साथ लेकर सिनेमा जाइये न...।

नन्दू बाबू कहते–नहीं-नहीं, मैं सिनेमा देखने नहीं जाऊँगा। मुझे सिनेमा-विनेमा पसन्द नहीं भई। बल्कि तुम्हीं अपनी भाभी को साथ लेकर सिनेमा देखने चले जाओ...।

और क्या सिर्फ यही? कपड़े–लत्तों की खरीदारी भी कभी–कभी करनी ही पड़ती है। और फिर बहूजी के साथ कौन जायेगा। गोलक ही तो! गोलक मजूमदार तो मौजूद है ही! काली मन्दिर में जाकर पूजा करनी है। साथ कौन जायेगा? वही गोलक...।

एक दिन अचानक गोलक दा के कपड़े–लत्तों पर नन्दू बाबू की नजर पड़ी।

उन्होंने पूछा–क्यों गोलक, तुम्हारे पैण्ट–शर्ट की यह क्या हालत हुई है?

गोलक दा ने कहा–क्या करूँ भैया? पैण्ट–शर्ट बनवाने के पैसे पाऊँगा कहाँ से?

नन्दू बाबू अवाक् रह गये। उन्होंने कहा–यह क्या? तुम्हारे पास अगर पैसे नहीं तो क्या हुआ? मेरे पास तो हैं...। तुम अपनी भाभी के साथ जाकर नये पैण्ट–शर्ट का आर्डर दे आओ।

खाने–पहनने का हर तरह का पर्याप्त बन्दोबस्त हाथों–हाथ हो गया।

उस घर में गोलक दा का प्रवेश हुआ था गृहस्वामी के हाथ–पैर दबा देने के लिए, उन्हें सुला देने के लिए! लेकिन आखिरकार गृहस्वामी को नींद आने लगी और गोलक दा बन गया घर का मैनेजर। और फिर मैनेजर से मालिक...! घर के मालिक से भी अधिक धाक थी गोलक मजूमदार की।

घर के नौकर–चाकर और महाराज–सभी गोलक दा का हुक्म मानते।

महाराज आकर गृहिणी से पूछता–माँजी, आज क्या खाना बनेगा?

गृहिणी जवाब देती–मुझसे क्यों पूछ रहे हो? मैनेजर बाबू हैं न, उन्हीं से पूछ लो...

मैनेजर बाबू यानी गोलक दा!

एक–एक दिन समय मिलने पर गोलक दा नौकर को साथ लेकर बाजार भी जाता। मुर्गी, मछली, आलू और परवल सहित सारी चीजें खरीदकर लाता गोलक दा।

खाना खाकर नन्दू बाबू खुश होते। कहते–आज तो महाराज ने बहुत बढ़िया खाना बनाया है।

गृहिणी कहती–महाराज ने खाक बढ़िया खाना बनाया है! बाजार से आज खरीदारी किसने की है, यह तो पूछिये...!

नन्दू बाबू पूछते–क्यों? कौन गया था आज बाजार?

–आपका गोलक, और कौन?

–ओह, तो फिर यह बात है! ठीक है, आज से रोज गोलक ही बाजार जाया करेगा।

ऑफिस से लौटने पर नन्दू बाबू गोलक को बुलवाते और उससे कहते–आज से तुम्हीं बाजार जाया करोगे, समझे? ये साले सब चोर हैं। मेरे रुपये भी खायेंगे और मेरे साथ ही नमकहरामी भी करेंगे...।

उसी दिन से गोलक दा का दूसरा परिवार शुरू हो गया, दूसरा ही जीवन। उस दिन से नन्दू बाबू का घर-संसार ही गोलक दा का घर-संसार बन गया। अपनी गृहस्थी की देख-भाल करने का उसे वक्त ही नहीं मिलता। उस समय से ही उसके खुद के लड़के-बच्चे और अपनी पत्नी सभी पराये हो गये।

इसी समय गोलक दा बीच-बीच में बिना कुछ कहे-सुने ऑफिस से गायब रहने लगा।

उसी समय मैं पहले-पहल गोलक दा के घर पर जाकर यह जान पाया कि गोलक दा अपने घर पर नहीं आता। वह रात-दिन श्यामबाजार में ही पड़ा रहता है। उसी समय पहले-पहल मुझे मालूम हुआ कि गोलक दा के सूट तैयार करवाने के रुपये कौन देता है!

मैंने पूछा–उसके बाद?

गोलक दा ने कहा–तुझे सारी कहानी सुना रहा हूँ। लेकिन तू किसी से भी इसका जिक्र नहीं करना...।

मैंने कहा–नहीं, मैं किसी से भी नहीं कहूँगा।

गोलक दा ने कहा–हाँ, किसी से भी मत कहना। भाई, मेरी जिन्दगी भी अजीब जिन्दगी है। सभी लोग जिस तरह अपने घर-संसार में मस्त रहते हैं, वह मेरी किस्मत में लिखा ही नहीं है। इसकी वजह है वही–नन्दू बाबू की पत्नी। पति के जीवित रहते हुए भी उसके पति नहीं हैं और एक नारी होते हुए भी वह माँ नहीं बन सकी है। कह सकते हो कि मैं ही उसका सब-कुछ बन गया। यह सब कैसे हो गया,

क्यों हो गया, इसकी खुद मैंने भी कभी कल्पना नहीं की थी। और वैसे देखा जाये तो मेरी पत्नी बिलकुल बेकसूर है। अपने बच्चों के मौजूद रहने पर भी मैं उनके प्रति पिता का कर्त्तव्य निभा नहीं पाया। बीच-बीच में उनके लिए मेरे मन में बहुत तकलीफ होती है भाई...। लेकिन मैं क्या करूँ, तू ही बता? मैं अगर श्यामबाजार के नन्दू बाबू के घर पर नहीं जाऊँ, तो उनका काम चल ही नहीं सकता। उनके घर पर हर काम में मेरी ही राय ली जाती है। रेणु भाभी रात में मुझे किसी भी तरह अपने घर वापस नहीं आने देती।

मैंने पूछा–रेणु भाभी? रेणु किसका नाम है?

गोलक दा ने कहा–उन्हीं नन्दू बाबू की पत्नी का ही नाम है रेणु। मैं उन्हें रेणु भाभी कहकर पुकारता हूँ। सो कितनी बड़ी हवेली है उनकी! मेरे जाने से पहले उस घर में कितना सूनापन था। मेरे जाने के बाद से ही उस घर का चेहरा ही बदल गया।

रेणु भाभी कहा करती–तुम्हारे आने के पहले इस घर में किसी तरह भी मेरा मन नहीं लगता था। अब भी जब तक तुम दफ्तर में रहते हो, तब तक बहुत खराब लगता है। ऑफिस से तुम्हारे लौटने के बाद मुझे फिर सभी-कुछ अच्छा लगने लगता है। तुम अब वह नौकरी छोड़ भी दो...। सिर्फ डेढ़ सौ रुपये ही तो मिलते हैं! उस नौकरी से तुम्हें आखिर फायदा क्या है?

मैं कहता–नौकरी नहीं रहने पर मेरी पत्नी और मेरे बाल-बच्चे खायेंगे क्या? घर का किराया देना पड़ता है और बच्चों के स्कूल की फीस भी चुकानी होती है। मेरी पत्नी हरेक महीने की पहली तारीख ऑफिस में आकर मेरा वेतन ले जाती है। साहब ने यही आर्डर दे रखा है।

मैं गोलक दा को टोकते हुए कहता–सो तुम अपनी पत्नी और बच्चों को श्यामबाजार में उनके घर पर भी तो ले जा सकते हो। इस तरह घर का किराया भी नहीं लगेगा और अलग रहने का तथा खाने-पीने का खर्च भी बच जायेगा।

गोलक दा कहता–नहीं भाई, ऐसा करना मुमकिन नहीं है।

मैं कहता–तुम्हारे ऊपर तुम्हारी पत्नी और तुम्हारे बच्चों का भी तो कोई अधिकार है आखिर!

गोलक दा जवाब देता–नहीं रे...। औरतें सब-कुछ बर्दाश्त कर सकती हैं, पर अपनी सौत हर्गिज नहीं...। और फिर श्यामबाजार के नन्दू बाबू के पास अपार सम्पत्ति है। उस तरफ भी मेरी नजर न हो, ऐसी बात नहीं। एक तरफ रेणु भाभी है, बेशुमार धन-दौलत है और दूसरी तरफ है मेरी पत्नी...। अब तू ही बता, मैं किसे अपनाऊँ और किसे ठुकराऊँ...?

मैं भला और क्या कहता! गोलक दा जो कुछ ठीक समझेगा, वही करेगा। मेरी बात वह क्यों सुनने जायेगा?

गोलक दा कहने लगा–वहाँ मेरी कितनी खातिर होती है, यह तुझे कैसे बताऊँ? मैं मांस खाना पसन्द करता हूँ, इसलिए मेरे लिये रोज मांस मँगाया जाता है। मेरा अपना घर तो तुम देख ही चुके हो। चारों ओर गन्दी झोपड़ियाँ हैं और बाजार की दुर्गन्ध! और श्यामबाजारवाला घर? वाह, कितने आराम की जगह है वह। कैसे गद्दीदार बिछौने हैं–उन पर सोने में कितना आराम मिलता है। वहाँ का वह आराम छोड़कर मैं अपने उस घर में कैसे चला आऊँ, तू ही बता? मुझे तो नन्दू बाबू छोड़ना चाहते ही नहीं। रेणु भाभी भी कहा करती है–तुम चले मत जाना गोलक। तुम्हारे चले जाने पर फिर उनको नींद नहीं आयेगी, तब क्या होगा?

मैंने कहा–गोलक दा, तब तो तुम बड़े स्वार्थी निकले!

गोलक दा ने कहा–मुझे तू स्वार्थी कह रहा है? अच्छा, देख नन्दू बाबू के तो बाल-बच्चे हैं नहीं। अगर इस समय नन्दू बाबू चल बसें, तब? तब तो मुझे ही उनकी सारी सम्पत्ति मिलेगी! नन्दू बाबू तो ठहरे रोगी आदमी, और कितने दिनों तक भला वे जिन्दा रहेंगे? जिन्दगी भर बड़ा बाजार की गद्दी में बैठे-बैठे उन्होंने अपनी तन्दुरुस्ती खराब की है! नन्दू बाबू की मौत के बाद तो रेणु भाभी और मुझे छोड़कर और कोई रहेगा नहीं। उस समय उन्हीं रुपयों से मैं अपने बच्चों को काबिल बनाऊँगा। वे सब रुपयों के अभाव के कारण ही तो इतनी तकलीफ पा रहे हैं। उसके बाद फिर उन्हें तकलीफें नहीं झेलनी पड़ेंगी।

मैंने कहा–नन्दू बाबू को तो अब नींद आने लगी है। ऐसी हालत में तो वे जल्दी टलनेवाले हैं नहीं।

गोलक दा ने कहा–वे जल्दी नहीं मरेंगे तो न सही। लेकिन उनकी उम्र तो बढ़ती जा रही है। रेणु भाभी और उनकी उम्र में बीस साल का अन्तर है। नन्दू बाबू तो रात के साढ़े दस बजते न बजते खर्राटे भरने लगते हैं। तो फिर अगर मैं नहीं रहता तो रेणु भाभी को रातें किस तरह कटतीं?

गोलक दा की बातें सुनकर मैं अवाक् रह गया। अपनी जिन्दगी में मैंने कितनी ही तरह के चरित्र देखे हैं। किन्तु ऐसा चरित्र कभी भी देखा हो, ऐसा याद नहीं आया। उसके बाद से हरेक महीने की पहली तारीख को गोलक दा की पत्नी ऑफिस आकर तनख्वाह खुद ले लेतीं। लेकिन इससे गोलक दा को कोई भी मुश्किल नहीं होती। दिन-ब-दिन बढ़िया पैण्ट-शर्ट पहनकर गोलक दा दफ्तर में आया करता। टिफिन रूप में जाकर गोलक दा कभी मुझे मांस खिलाता तो कभी चप और कटलेट।

मैं पूछ बैठता–अच्छा गोलक दा, तुम्हारी रेणु भाभी जो तुम्हें इतने रुपये देती है, क्या नन्दू बाबू को इसका पता है?

गोलक दा मेरे सवाल पर हँसने लगता।

कहता–नहीं। नन्दू बाबू कुछ भी नहीं जान पाते हैं। नन्दू बाबू के

सारे रुपये तो रेणु भाभी के हाथ में ही रहते हैं। मैं जितने रुपये माँगूँगा, वह उतने रुपये ही मुझे दे देगी। मुझे रुपयों की कोई कमी नहीं है रे! यह देख...!

यह कहकर गोलक दा मुझे अपना मनी बैग खोलकर दिखाता।

गोलक दा कहता–यह देख..., गिनकर देख कितने रुपये हैं!

मैं रुपये गिनता। कभी तीन सौ रुपये होते, कभी डेढ़ सौ, तो कभी–कभी पाँच सौ भी।

मैं तो भारी ताज्जुब में पड़ जाता।

मैं कहता–जब तुम्हें इतने रुपये मिलते ही हैं, तो क्यों झूठ–मूठ नौकरी कर रहे हो तुम? नौकरी छोड़ भी सकते हो...।

गोलक दा कहता–दुर् पागल, ऐसी भूल कभी मैं कर सकता हूँ क्या? नौकरी होती है लक्ष्मी! और ये रुपये तो मुफ्त के हैं, मुफ्त के। ये रुपये कब हैं और कब नहीं, इसका क्या ठिकाना? नन्दू बाबू को अगर कभी भी पता चल गया तो वे मुझे तुरत अपने घर से निकाल बाहर करेंगे।

–नन्दू बाबू को क्या पता चलेगा? और फिर तुम तो कोई अन्याय नहीं कर रहे हो।

गोलक दा कहता–मैं जो रेणु भाभी के साथ एक ही बिछौने पर सोता हूँ, इसका पता नन्दू बाबू को तो नहीं है। नन्दू बाबू तो उस समय खर्राटे भरते रहते हैं...।

मैं और क्या कहता! यह बात सुनने के बाद मेरे पास कहने के लिए और बचा ही क्या था?

अपनी जिन्दगी में मैं करोड़पतियों से भी मिला हूँ और भिखारियों से भी मुझे घनिष्ठता करनी पड़ी है। उनमें से बहुतों की बातें मैं अपनी कहानियों और उपन्यासों में लिख चुका हूँ। राजा, जमींदार और नवाबों के बारे में जिस तरह मैंने बहुत–कुछ लिखा है, उसी तरह गुण्डों, शराबियों और चोर–डकैतों के सम्बन्ध में भी मुझे लिखना पड़ा है।

लेकिन गोलक दा सरीखे चरित्र को लेकर पहले कभी भी कुछ लिखने का अवसर मुझे नहीं मिला। इस बार पुरी में 'मासीमाँ का होटल' में ठहरने का सुयोग अगर मुझे नहीं मिला होता तो शायद गोलक दा की कहानी अनकही ही रह जाती।

मुझे याद है कि हठात् एक दिन गोलक दा ने नौकरी छोड़ दी।

यह देखकर दफ्तर के सभी लोग घोर आश्चर्य में पड़ गये। बंगाली का लड़का होकर कोई नौकरी छोड़ दे, यह घटना अस्वाभाविक थी ही।

दफ्तर में अपने आखिरी दिन गोलक दा ने मुझे एक तरफ बुलाया।

मैंने पूछा–तुम नौकरी छोड़ने क्यों गये गोलक दा? सब ठीक ही तो चल रहा था। इसी तरह बराबर निभा सकते थे।

गोलक दा ने मुझे अपना श्यामबाजार का ठिकाना दिया।

मैंने अपनी नोट-बुक में उसका ठिकाना लिख लिया।

उसने कहा–समय मिलने पर अगर तुम कभी इस पते पर आकर मुझसे मिलोगे, तब मैं तुम्हें पूरी कहानी सुनाऊँगा।

मैंने कहा–ठीक है।

गोलक दा को उस दिन सबों ने भाव-भीनी विदाई दी। गोलक दा का चरित्र सभी जानते थे। कोई-कोई गोलक दा की निन्दा करने लगा तो किसी-किसी को गोलक दा के भाग्य से ईर्ष्या भी होने लगी।

पंचानन बाबू ने कहा–हम लोगों के भाग्य में ऐसी औरत मिलना कहाँ लिखा है रे? हम लोग तो फूटी किस्मत लेकर पैदा हुए हैं।

गोलक मजूमदार के भाग्य पर पूरे ऑफिस के लोगों को ईर्ष्या होने लगी। लेकिन कुछ लोग गोलक दा के नाम पर छि: छि: भी करने लगे। कहाँ डेढ़ सौ रुपये तनख्वाह पानेवाला एक मामूली किरानी और कहाँ एकदम लखपती आदमी का चहेता!...उन दिनों लखपती इने-गिने ही हुआ करते थे। करोड़ों-करोड़ों आदमियों में ढूँढ़ने से दो-एक लखपती मिलते!

इस तरह के एक लखपती आदमी का प्रियपात्र बन सका था गोलक मजूमदार। इस बात पर ईर्ष्या होना तो स्वाभाविक ही था। चाहे वह आदमी चरित्रहीन ही क्यों न हो, चाहे वह अपने घर-संसार की देख-भाल नहीं ही करता हो, पर खुद तो उसे सोलह आने आराम मिल गया था। नन्दकिशोर दत्त के बाल-बच्चे थे ही नहीं। बाल-बच्चे अगर होते, तो भी कुछ बात होती। उस पर गोलक ने उनकी बीमारी ठीक की थी, इसलिए कृतज्ञता बोध होना तो स्वाभाविक था ही। इसी वजह से उस घर में उसकी इतनी खातिर थी, इतना मान-सम्मान था!

भला इतना सौभाग्य कितनों को होता है?

काशीनाथ बाबू बूढ़े आदमी थे। गोलक मजूमदार के नौकरी छोड़ देने पर कुछ क्षणों के लिए वे भी विचलित-से हो गये थे।

उन्होंने कहा था–यह गोलक जहन्नुम में जायेगा, ठीक जहन्नुम में! तुम सब देख लेना...। पाप का घड़ा एक दिन फूटेगा ही। उसके बीबी-बच्चे यदि भूखें मरेंगे तो क्या सोचते हो कि उनका अभिशाप नहीं लगेगा?

गोलक दा के चले जाने पर मुझे भी कुछ मुश्किलें हुईं। गोलक दा के साथ ही मैं गप्पे लड़ाया करता था। टिफिन-रूम में ले जाकर गोलक दा ही मुझे चप-कटलेट

खिलाया करता था। वह मेरा जिगरी दोस्त बन गया था, नहीं तो अपनी जिन्दगी की गुप्त बातें सिर्फ मुझे ही वह क्यों बताता?

इसके बाद एक दिन रविवार को मैं श्यामबाजार की तरफ गया था। सो भी काफी दिनों के बाद...!

पता लगाते-लगाते मैं उसी नन्दकिशोर दत्त के घर पर जा पहुँचा। सोचा कि अगर गोलक दा से भेंट ही हो जाये तो...।

घर का सदर दरवाजा खटखटाते ही एक आदमी ने आकर दरवाजा खोल दिया।

मैंने पूछा–क्या गोलक मजूमदार घर पर हैं?

उस आदमी ने पूछा–आप कहाँ से आ रहे हैं?

मैंने कहा–तुम जाकर जरा बताओ कि बी० एन० आर० ऑफिस से मित्तिर आया है। इतना कहने पर ही वे मुझे समझ जायेंगे।

वह आदमी खबर देने के लिए भीतर चला गया।

और फिर थोड़ी ही देर के बाद गोलक दा दौड़ता-दौड़ता दरवाजे के पास चला आया। आते ही उसने मुझे दोनों हाथों से जकड़ लिया। उसके बाद वह मुझे खींचते-खींचते भीतर ले गया। चलते-चलते वह कहने लगा–अभी तक तुमने मुझे याद रखा है?

मैंने कहा–याद नहीं रखूँगा? तुमने मुझे कितना चप-कटलेट खिलाया है! तुम्हें क्या मैं कभी भूल सकता हूँ?

गोलक दा ने मुझे एक कमरे में बैठाया! खूब सजा-धजा था वह कमरा। चारों तरफ आधुनिक डिजाइन के सोफा-सेट लगे हुए थे।

गोलक दा ने कहा–कितने साल के बाद तू आया है? कहाँ काम कर रहा है तू आजकल?

मैंने कहा–उसी कुर्सी और उसी टेबुल पर...।

गोलक दा ने पूछा–और क्या वही काशी बाबू ही बड़े बाबू हैं?

मैंने कहा–वे तो रिटायर कर गये हैं। उनकी जगह पर अब पंचानन बाबू बड़े बाबू बने हैं।

–और रोबिन्सन साहब?

–रोबिन्सन साहब तो विलायत चले गये हैं। उनकी जगह पर अब आये हैं बी० के० मुखर्जी साहब...।

सबों का कुशल-क्षेम पूछ लेने के बाद मैंने गोलक दा से पूछा-अब यह बताओ कि तुम कैसे हो?

-अच्छा ही हूँ।

मैंने पूछा-और तुम्हारे वे नन्दकिशोर दत्त? नन्दू बाबू?

गोलक दा ने कहा-नन्दू बाबू तो अब नहीं रहे! करीब एक साल हो गया है...।

मैंने कहा-यह क्या? तुम तो अपनी कोशिशों से उनकी अनिद्रा के रोग का इलाज कर चुके थे। फिर उन्हें आखिर क्या बीमारी हो गयी?

गोलक दा ने कहा-होता भला क्या? कुछ भी नहीं हुआ। अचानक हार्ट-फेल होने के कारण ही उनकी मौत हो गयी। खूब धूम-धाम से मैंने उनका श्राद्ध किया। बहुत-से लोगों को खिलाया...। शुद्धि के दिन करीब डेढ़ हजार आदमी खाकर गये थे।

-और तुम्हारी वह भाभी?

-भाभी उसी तरह है!

मैंने फिर प्रश्न किया-दिन भर तुम्हारा समय किस तरह बीतता है?

गोलक दा ने जवाब दिया-मामला-मुकदमा करके।

-मामला-मुकदमा? किसके साथ मामला-मुकदमा? किस बात का मामला-मुकदमा?

गोलक दा ने कहा-मामला और किनके साथ होगा? सम्बन्धियों के साथ ही चल रहा है। वे सब दूर के रिश्तेदार हैं। उन्होंने हाईकोर्ट में मुकदमा ठोक दिया है। मैं दिन भर कोर्ट में जाकर वकील-अटर्नी और बैरिस्टरों के साथ माथा खपाता रहता हूँ। कोशिश-पैरवी किये बिना क्या मुकदमा जीता जा सकता है? मुकदमे में असल चीज होती है कोशिश-पैरवी...।

मैंने पूछा-और तुम्हारे बीबी-बच्चे?

गोलक ने कहा-मैंने अपनी पत्नी को तलाक दे दिया है...।

मैं यह सुनते ही चौंक उठा।

मैंने कहा-यह क्या? क्यों...?

गोलक दा ने कहा-तलाक के सिवाय और कोई उपाय भी नहीं था।

-क्यों?

गोलक दा ने कहा-वकील-बैरिस्टरों ने मुझे अपनी पत्नी को तलाक दे देने का परामर्श दिया। नहीं तो मैं रेणु भाभी के साथ, जिसके बारे में तुम जानते ही हो, विवाह नहीं कर पाता।

गोलक दा की बातें सुनकर मैं मानो आकाश से गिर पड़ा।

मैंने पूछा–तो तुमने रेणु भाभी के साथ विवाह कर लिया है क्या?

गोलक दा ने कहा–विवाह करने के सिवाय और कोई उपाय भी नहीं था। वकील–बैरिस्टरों ने मुझे यही सलाह दी थी। ऐसा नहीं करने पर विधवा की सम्पत्ति वे भूत–पिशाच लूटकर खा जाते!

–तो फिर तुम अब इस मकान के मालिक हो?

गोलक दा ने कहा–उसी ताकत के बदौलत ही तो मैं मुकदमा लड़ रहा हूँ। नहीं तो दत्त बाबू के रिश्तेदार सब–कुछ हजम कर जाते!

मैंने पूछा–तो तुम्हारी पहली पत्नी और बच्चे क्या कर रहे हैं? उनकी कैसी हालत है? उनका गुजारा कैसे होता है?

गोलक दा ने कहा–वे सब तो मजे में ही हैं। मैं उन्हें गुजारे के लिए महीने में पाँच सौ रुपये देता हूँ। उनको तो मैंने किसी तरह की कमी रहने नहीं दी है।

बातचीत चल रही थी। इसी बीच भीतर से मेरे लिये जलपान आ गया। बड़े–बड़े चार राजभोग, दो कटलेट और एक प्याली चाय...।

मैंने सकुचाते हुए कहा–तुमने यह सब क्यों मँगाया है?

गोलक दा ने कहा–यार, मुफ्त का माल है; खा ले न! ये रुपये कौन से मेरे कमाये हुए रुपये हैं? यह सब तो मुझे मुफ्त में मिला है। मैं अगर इस घर में मौजूद नहीं रहता, तो नन्दू बाबू के रिश्तेदार ही इस सम्पत्ति का भोग करते!

मैंने पूछा–यह मुकदमा कब तक चलेगा?

गोलक दा ने कहा–अनन्त काल तक...। हाईकोर्ट में दीवानी मुकदमे का क्या फैसला जल्दी होता है? यह मुकदमा अनादि–अनन्त काल तक चलता रहेगा।

यह सब सुनकर मैं खुद अपने मन में सोचने लगा कि गोलक दा की किस्मत भी कैसी अजीब है! रेलवे का जो एक मामूली–सा किरानी था, वह अब लखपती बन गया। सिर्फ यही नहीं, उसने परायी औरत भी हथिया ली।

उस दिन और अधिक देर तक वहाँ मैं रुका नहीं। काफी समय हो चुका था। मैं उठ खड़ा हुआ।

लौटते वक्त गोलक दा ने कहा–और एक दिन आना। छुट्टी का दिन देखकर आना, तब तुम मुझे घर पर ही पाओगे। दूसरे दिन मुझे हाईकोर्ट जाना पड़ता है। अब तो होईकोर्ट ही मेरा बसेरा बन गया है।

मैं वहाँ और रुका नहीं।

रास्ते–भर बस में मुझे गोलक दा की बातें ही याद आती रहीं।

सचमुच आदमी का भाग्य उसे कब, किस तरह कहाँ ले जायेगा, इसके बारे में कोई भी कुछ कह नहीं सकता। अपनी पत्नी और अपने बच्चे तो एक तरफ पड़े रह

गये और किस विचित्र घटनाक्रम के माध्यम से वह इतने रुपयों का मालिक बन बैठा। गोलक दा का तो चेहरा ही बदल गया था। पहले वह दुबला-पतला था, लेकिन अब घी, मांस और मछली खा-खाकर वह काफी मोटा हो गया था।

इसके बाद फिर बहुत दिनों तक मैं श्यामबाजार की तरफ नहीं जा सका।

और तब तक मैं खुद ही बहुत-सी समस्याओं के बीच घिर गया था।

उस बार न जाने किस वजह से मुझे फिर श्यामबाजार जाने की जरूरत पड़ी। मैंने सोचा-चलूँ, एक बार गोलक दा के साथ मुलाकात कर आऊँ। वह दिन छुट्टी का दिन था। छुट्टी के दिन तो कोर्ट खुला नहीं रहता, इसलिए गोलक दा जरूर ही घर पर मिलेगा। फिर पहले की तरह ही चार राजभोग, दो कटलेट और एक प्याली चाय के साथ मेरा स्वागत होगा।

गोलक दा के घर की तरफ जाते-जाते मैं सोच रहा था-वाह, क्या किस्मत पायी है गोलक दा ने! रातोंरात इतनी बड़ी सम्पत्ति का मालिक बन बैठा! साथ-ही-साथ मिली सुन्दर पत्नी भी। ऐसा सौभाग्य भला कितनों को होता है।

घर के सामने जाकर मैं दरवाजा खटखटाने लगा।

भीतर से किसी ने पूछा-कौन है?

मैंने कहा-मैं गोलक मजूमदार के साथ मुलाकात करने आया हूँ।

दरवाजा तुरन्त खुला। मैंने देखा कि सामने मकान का एक कर्मचारी खड़ा था। मेरी तरफ देखते हुए उसने पूछा-आप कौन हैं?

मैंने कहा-तुम उनसे जाकर कह दो कि मैं बी० एन० आर० में नौकरी करता हूँ।

उस कर्मचारी ने कहा-वे तो नहीं हैं।

-नहीं हैं? क्या मतलब? शायद वे हाईकोर्ट गये हैं? लेकिन आज तो कोर्ट बन्द है।

उस कर्मचारी ने कहा-नहीं, वे तो अब इस दुनिया में नहीं रहे...!

कुछ पलों के लिए मैं गूँगा-सा खड़ा रहा...!

फिर मैंने पूछा-उनकी मौत कब हुई?

उस कर्मचारी ने कहा-यही, करीब पन्द्रह दिनों पहले!

-क्या हुआ था उनको?

उस कर्मचारी ने कहा–वे हाईकोर्ट गये थे। वहाँ सीढ़ी से गिरकर वे बेहोश हो गये। उसके बाद उन्हें अस्पताल ले जाया गया। एक दिन के बाद ही वहीं अस्पताल में उनका देहान्त हो गया...!

इसके बाद की घटना सामान्य ही है।

हरेक दिन पृथ्वी पर कितने ही आदमी पैदा होते हैं। और फिर हरेक दिन कितने ही आदमी मृत्यु को प्राप्त होते हैं। इस बात को लेकर अपने आत्मीय-स्वजनों के सिवाय और कोई सरदर्द मोल नहीं लेता।

किन्तु मुझे याद है कि गोलक दा की इस अकाल मृत्यु ने मुझे बेहद विचलित कर दिया था। इस बात को लेकर दफ्तर में भी काफी चर्चा हुई थी।

लेकिन हरेक मौत के बाद जो होता है, गोलक दा की मौत के बाद भी वही हुआ। दूसरी घटनाओं के बीच गोलक दा की अकाल मृत्यु की घटना न जाने कहाँ दब गयी। फिर इस घटना को लेकर लोगों ने माथापच्ची करना छोड़ दिया।

सच पूछिये तो खुद मैं भी गोलक दा की बातें भूल गया था।

लेकिन इतने वर्षों के बाद पुरी में मासीमाँ की होटल में दीवार पर टँगी गोलक दा की तस्वीर को देखकर मैं हैरान रह गया था।

मैं सोच रहा था–यह तस्वीर यहाँ कैसे आयी?

किन्तु भला मैं पूछता भी किससे?

उस दिन मुझे पुरी से वापस लौटना था। रात के दस बजे मुझे जगन्नाथ एक्सप्रेस से कलकत्ता लौट आना था।

सुबह ही मैंने मासीमाँ से कहा–मासीमाँ, आज मैं चला जाऊँगा।

मासीमाँ ने कहा–आज ही चले जाओगे भैया! और दो-एक दिन रुक जाते! जगन्नाथ स्वामी की कृपा सहज ही नहीं मिलती। जब एक बार आये ही हो तो और दो-चार दिन रुक जाते...।

मैंने कहा–मेरी छुट्टी खत्म हो गयी है। और रुक पाना सम्भव नहीं है। आज मुझे लौटना ही होगा।

उसके बाद मैंने फिर कहा–आपकी मेहरबानी से ये कुछेक दिन बहुत आराम से बीत गये।

मासीमाँ ने कहा–फिर कभी यदि तुम पुरी आओ तो यहीं ठहरना। तुम्हारी खुशी में ही मेरी खुशी है। तुम लोगों की सेवा करते-करते ही मेरी जिन्दगी बीत

जाये, यही चाहती हूँ। इसीलिए तो जीवन के आखिरी दिनों में मैंने जगन्नाथ स्वामी के चरणों में शरण ली है।

मैंने कहा–सचमुच आपकी होटल बहुत बढ़िया है। इस तरह की सेवा और देख-भाल और कहीं नहीं मिलती। होटल का किराया भी कम है। मैं कलकत्ता लौटकर सबों से आपके होटल में ठहरने के लिए कहूँगा।

मासीमाँ ने कहा–मेरे पास तो अधिक रुपये-पैसे नहीं हैं भाई, नहीं तो मैं समुद्र के किनारे एक होटल बनवाती। मेरा बड़ा लड़का बहुत कोशिश कर रहा है कि वह समुद्र के किनारे एक मकान बनवा सके।

मैं तो भारी ताज्जुब में पड़ गया।

मैंने पूछा–आपका बड़ा लड़का?

–हाँ, उसे तुमने देखा नहीं भाई। वह मेरा बड़ा ही प्यारा लड़का है। मुझे 'माँ' कहते ही वह अपनी सुध-बुध बिसरा बैठता है।

मैंने कहा–उसे तो मैंने एक दिन भी नहीं देखा।

मासीमाँ ने कहा–उसे तुम कैसे देखते भाई? उसका मछलियों का कारोबार है। मुँह अँधेरे ही वह समुद्र के किनारे चला जाता है। वह मछलियों का कारोबार करता है। मछुओं के साथ उसका बन्दोबस्त है। मछुओं को वह अग्रिम रुपये देकर रखता है। मछलियाँ खरीदकर वह बड़ी-बड़ी कम्पनियों को मछलियाँ बेच देता है। उसके बाद ये मछलियाँ विदेशों में एक्सपोर्ट कर दी जाती हैं।

–आपके कितने लड़के हैं?

–दो...। बड़ा लड़का मछलियों का कारोबार करता है और छोटा लड़का कॉलेज में पढ़ाता है। वह शनिवार की रात को आता है, इतवार को यहीं रहता है और सोमवार को सुबह ही ट्रेन से भुवनेश्वर चला जाता है। ये दोनों ही लड़के बहुत मातृभक्त हैं। दोनों ही मुझे खूब मानते हैं।

मैंने पूछा–आज तो शनिवार है। क्या वह आज आयेगा?

मासीमाँ ने कहा–हाँ, आज ही शाम को छह बजे वह आ जायेगा और सोमवार को भोर चार बजे वह फिर चला जायेगा।

मैंने कहा–तब तो मेरे साथ उसकी मुलाकात आज ही होगी।

हाँ, बड़े लड़के के साथ भी मुलाकात हो सकती है।

उसके बाद मैं वहाँ और रुका नहीं।

सुबह ही चाय-जलपान के बाद मैं जगन्नाथ-दर्शन के लिए चला गया। जितने भी दिनों तक मैं पुरी में था, रोज ही दो बार मैं जगन्नाथ-दर्शन के लिए मन्दिर जाया

करता। मन्दिर मुझे खूब ही बढ़िया लगता। पौ फटते ही मैं समुद्र के किनारे चला जाता और वहाँ सूर्योदय देखा करता। उसके बाद होटल में आकर मैं जलपान करता और फिर चला जाता मन्दिर की तरफ। वहाँ मन्दिर में काफी समय तक रुककर मैं लगभग बारह बजे होटल चला आता और भोजन करता। उसके बाद करीब चार बजे फिर मैं समुद्र के किनारे टहलने निकल जाता। और रात के सात बजे ही मैं समुद्र के किनारे से सीधा मन्दिर चला जाता। मन्दिर में अगणित लोगों की भीड़ में धूप-धूने की सुगन्ध में तथा घी के दीपक के प्रकाश के प्रभाव में मैं मानो अपने-आपको भूल जाता।

उस दिन पुरी में मेरा आखिरी दिन था।

मन्दिर से जब मैं उठा, उस समय रात के लगभग आठ बज गये थे। नहीं, अब और देर नहीं करनी है। होटल पहुँचकर भोजन करना है। अपना बिस्तर समेटना है, सूटकेस सजानी है। बहुत-से काम करने हैं। इसीलिए मैं झट-पट होटल लौट आया।

मासीमाँ ने तुरन्त मेरा खाना परोस दिया।

मेरे सामने बैठकर मासीमाँ कहने लगी-एक चपाती और लो न भाई! इतनी हड़बड़ी किस बात की है?

उन्होंने मुझे जबर्दस्ती भरपेट खाना खिला दिया।

उसके बाद मासीमाँ ने कहा-फिर आना भैया...। देखो, अपनी मासीमाँ को कहीं भूल न जाना! तुम जब भी पुरी आओ, मेरे ही होटल में रुकना...।

मैंने जवाब दिया-जरूर मासीमाँ...।

यह कहकर मैंने होटल के बकाया रुपये चुकता कर दिये। एक रिक्शावाले से पहले ही कहा हुआ था। वह भी आ गया।

अचानक एक तेईस-चौबीस साल का नौजवान वहाँ आया।

आते ही उसने कहा-माँ, मैं आ गया हूँ...।

यह कहकर उसने अपनी माँ के पैर छूकर उन्हें प्रणाम किया।

मासीमाँ ने कहा-यही मेरा छोटा लड़का है भाई। हर शनिवार को वह यहाँ आता है और उसके बाद सोमवार को तड़के वह भुवनेश्वर लौट जाता है।

बाहर से हठात् किसी की आवाज सुनायी पड़ी। उस आवाज को सुनकर मासीमाँ ने कहा-यह लो, प्रशान्त भी चला आया। प्रशान्त, आओ बेटे... ।

एक और युवक पास आकर खड़ा हो गया।

मासीमाँ ने कहा–यही है मेरा बड़ा लड़का। भाई, मेरे दो ही लड़के हैं। दोनों बड़े ही मातृभक्त हैं। दोनों मुझे बेहद चाहते हैं। लड़कों के मामले में मेरी किस्मत बड़ी अच्छी है।

उसके बाद मासीमाँ कहने लगी–कलकत्ते में मेरी विराट् सम्पत्ति थी। रिश्तेदारों के साथ हुए मुकदमे में सब-कुछ स्वाहा हो गया। श्यामबाजार में हमारा खूब ही बड़ा दोमंजिला मकान था। सभी-कुछ वकील-बैरिस्टरों के पीछे बर्बाद हो गया। इस समय उस मकान का भोग कर रहे हैं मेरे रिश्तेदार लोग। उन्होंने मुझे घर से निकाल दिया है। इसीलिए मैं भगवान् जगन्नाथ के चरणों में चली आयी हूँ। अब मुझे इन दो लड़कों पर ही भरोसा है। अगर ये न होते तो मैं कभी की मर चुकी होती।

मैंने कहा–लेकिन आपके चेहरे से तो आपके लड़कों के चेहरे मिलते नहीं हैं...।

मासीमाँ ने कहा–ये मेरे अपने लड़के नहीं हैं, मेरी सौत के लड़के हैं।

–आपकी सौत के लड़के? तो क्या मौसाजी ने दो विवाह किये थे?

मासीमाँ ने कहा–हाँ भाई, हाँ,...। वह बहुत ही लम्बी रामकहानी है इस बार जब तुम फिर आओगे, तब मैं तुम्हें पूरा किस्सा सुनाऊँगी। किस्मत ने मुझे बहुत-सी तकलीफें दी हैं। अब भी मैं जो जिन्दा हूँ, यही जगन्नाथ स्वामी की कृपा है।

उसके बाद मेरी तरफ देखते हुए उन्होंने कहा–मेरे बड़े लड़के का नाम प्रशान्त है और छोटे का जयन्त...।

उसके बाद दीवार पर टँगी तस्वीर की तरफ देखकर मासीमाँ ने कहा–और वे हैं इनके पिता। वैसा इन्सान मैंने अपनी जिन्दगी में कभी देखा नहीं। वे देवता थे, देवता। साक्षात् देवता...।

मैंने बड़े लड़के की तरफ देखते हुए पूछा–तुम्हारे पिताजी का क्या नाम है?

प्रशान्त ने कहा–श्री गोलकचन्द्र मजूमदार।

मैं आश्चर्य में डूबा हुआ उस तस्वीर को देखता रहा। वही गोलक दा...। मुझे शुरू से सारी बातें याद आने लगीं। तो क्या यह मासीमाँ ही श्यामबाजारवाले नन्दकिशोर दत्त की पत्नी हैं।

हठात् मासीमाँ की आवाज सुनकर मानो मैं अपने होश में आया। मासीमाँ ने कहा–भैया, कलकत्ते जाकर चिट्ठी जरूर लिखना। अपनी मासीमाँ को भूल न जाना...।

मैंने पूछा–किस नाम पर चिट्ठी लिखूँगा?

मासीमाँ ने कहा–मेरे नाम पर ही चिट्ठी लिखना।

मैंने जेब से कलम और नोट-बुक निकाली।

मासीमाँ ने कहा–लिखो, रेणु मजूमदार, मासीमाँ की होटल, स्वर्गद्वार, पुरी।

मुझे याद है कि रिक्शे पर बैठकर जब मैं स्टेशन की तरफ जा रहा था, उस समय मेरी नजर और कहीं भी नहीं पड़ रही थी। मैं सिर्फ सोच रहा था कि ऐसा कैसे हो सकता है? यह कैसे सम्भव है? रेणु दत्त रेणु मजूमदार कैसे बन सकती है? सम्भवतः हृदय की गहन आन्तरिकता के बदौलत ही...। रिक्शे पर चलते-चलते उस समय भी मासी माँ के शब्द मेरे कानों में गूँज रहे थे–भैया, कलकत्ते जाकर चिट्ठी जरूर लिखना...। लिखो, रेणु मजूमदार, मासीमाँ की होटल, स्वर्गद्वार, पुरी...। अपनी मासीमाँ को भूल न जाना...।

•

पति-पत्नी संवाद : 2

मेरा एक मित्र ज्योतिषशास्त्र की बड़ी चर्चा करता था। कोई भी मिल जाता तो वह उसकी जन्मतिथि वगैरह का पता लगाकर भविष्यवाणी करने लगता था। उसकी सभी भविष्यवाणियाँ सही निकलती थीं, ऐसी बात नहीं है। कुछ भविष्यवाणियाँ सही निकलती थीं तो कुछ गलत हो जाती थीं, लेकिन उससे उसकी ज्योतिषशास्त्र-चर्चा में कोई कमी नहीं आयी।

एक दिन उसने मुझको ही पकड़ लिया।

मेरी जन्म-तिथि तथा जन्म-समय का पता चलते ही वह कागज-पेन्सिल लेकर न जाने क्या हिसाब लगाने बैठ गया। वह सब हिसाब बड़ा लम्बा था और गणित बड़ा जटिल। खैर, उसने अपना काम पूरा करने में लगभग एक घण्टा लगा दिया। फिर उसका परिणाम निकला।

जब परिणाम सामने आया तब उसने कहा-तुम्हारा तो विपरीत राजयोग है भाई!

विपरीत राजयोग का क्या मतलब होता है, यह मुझे पता नहीं था। जब मैंने उसका अर्थ पूछा तब उसने उसकी जो व्याख्या की वह और भी कठिन थी। पाठ्य-पुस्तक से अगर कुंजी मुश्किल हो तो छात्र की जो दशा होती है, वह व्याख्या सुनकर मेरी दशा भी वही हुई।

मैंने कहा-यह सब तो मैं कुछ भी नहीं समझ सका, तुम और खुलासा करो।

इस पर मेरे मित्र ने कहा-देखो, हमारे गाँव-देहात में एक कहावत है कि जुलाहा अपनी रोजी करघा चलाकर कमा लेता था, लेकिन वह साँड़ खरीदकर परेशानी में फँस गया। तुम्हारी हालत भी वही हुई है। मजे में नौकरी कर रहे थे। उस नौकरी में प्रॉविडेण्ट फण्ड था, पेन्शन थी, और क्या चाहिए-विडो पेन्शन का भी पक्का इन्तजाम था। फिर जिन्दगी भर मुफ्त में ट्रेन के फर्स्ट क्लास से सारा इण्डिया घूम सकते थे। तुमने वह सब नहीं किया, एकाएक बेवकूफ की तरह नौकरी छोड़ दी। फिर तुमने जो किया वह और भी अजूबा है। साहित्य-रचना करने लग गये। बोलो, क्या इससे तुम्हें चारों पुरुषार्थ मिल गये? फिर तुम इन मूर्खों की टोली में क्यों शामिल हो गये?

मुझे गुस्सा आ गया।

मैंने कहा-बिना मतलब के तुम मुझे मूर्ख क्यों कह रहे हो?

मित्र ने कहा–क्यों नहीं कहूँगा? हर साल एक ही लेखक मासिक पत्रिकाओं के दुर्गा–पूजा विशेषांकों में चार–पाँच उपन्यास लिखेगा, भला यह किसी भले आदमी का काम है? फिर, वे सब क्या उपन्यास होते हैं? क्या उनको लोग दस–बीस साल भी याद रखेंगे? वेश्याएँ रुपये के लिए जो कुछ करती हैं, तुम लोग भी वही करते हो। फिर भी वेश्याएँ अच्छी हैं, क्योंकि वे अपने को बाजारू औरत मानती हैं, लेकिन तुम लोग? तुम लोग करते हो वेश्या का काम और बनते हो साहित्यकार। तुम लोग जो कुछ लिखे जा रहे हो क्या वही साहित्य है? क्या तुम समझते हो कि इस हालत में हमारे देश में अगले पचास साल में भी कोई सच्चा साहित्यकार पैदा हो सकेगा?

बात चली थी ज्योतिषशास्त्र को लेकर और आ पहुँची साहित्य तक। अचानक ही साहित्य का प्रसंग आ गया और तिस पर साहित्यकारों की निन्दा! आत्म–निन्दा कोई कब तक बरदाश्त कर सकता है। मैं वहाँ से जाने लगा।

मित्र बोला–चाहे तुम नाराज हो और चाहे खुश, मैंने तो सही बात कह दी। तुम अपने को आधुनिक साहित्यकार मानते हो, इसलिए बात तुम्हें लग ही गयी। लेकिन देखो भाई, हम लोग पाठक ठहरे, जैसे तुम लोगों को जैसा चाहो वैसा लिखने का अख्तियार है तो हमें भी जो मन में आया कहने का अधिकार है। इसलिए हम अपनी बात क्यों नहीं कहेंगे?

बगैर कुछ कहे मैं अपने मित्र के घर से चला आ रहा था, लेकिन उस मित्र ने मेरा साथ नहीं छोड़ा। वह मेरे साथ दरवाजे तक आया।

उसने कहा–बहुत–सी कड़ी बातें कह दीं इसलिए नाराज मत होना भाई। तुम्हारी जन्मपत्रिका में विपरीत राजयोग है, इसीलिए इतनी बातें कहनी पड़ीं। ऐसा योग तुम्हारी ही जन्मपत्रिका में है, ऐसी बात नहीं, मैंने कई दूसरे लेखकों की जन्मपत्रिका में यही योग देखा है। लगता है कि इधर पचीस–तीस साल में जो लेखक पैदा हुए हैं, सबका यही हाल है। तुम लोगों की आयु बस पाँच–दस साल है या पन्द्रह–बीस साल। देखोगे कि तुम लोगों के मरने से पहले ही लोग तुम्हारे नाम भूल जायेंगे। फिर कोई तुम लोगों की किताबें नहीं खरीदेगा और न कोई पब्लिशर तुम लोगों की किताबें छापना चाहेगा। कोई सम्पादक भी तुम्हारे दरवाजे इस तरह धरना नहीं देगा, जिस तरह आज दे रहा है। फिर उस समय जो नये लेखक पैदा होंगे वे आधुनिक कहलायेंगे और सम्पादक लोग उन्हीं के दरवाजे जायेंगे। उस समय तुम लोग पुराने लेखक कहलाओगे याने जिनकी जरूरत खत्म हो चुकी है। आधुनिक साहित्यकारों के भाग्य में यही बदा है।

मित्र का लेक्चर सुनते–सुनते मैं ऊबने लगा था।

मैंने कहा–बस करो, बस करो, ये सब बातें मैं तुमसे सुनने को तैयार नहीं हूँ।

मित्र बोला–अरे, मैं तुम्हारी जन्मपत्रिका के आधार पर यह सब बता रहा हूँ। उसमें विपरीत राजयोग है न। अगर ऐसा न होता तो क्यों मैं इतनी बातें कहता? फिर ये सब तो मेरी अपनी बातें नहीं हैं। हमारे देश में एक लेखक पैदा हो चुके हैं रवीन्द्रनाथ, उनका तो नाम सुना है। पता है, उन्होंने क्या कहा था?

मैंने पूछा–क्या?

मित्र ने कहा–फिर सुनो, तुम्हें सावधान करने के लिए ही कह रहा हूँ। अगर वह बात याद रखोगे तो तुम्हारा ही भला होगा। हाँ, तो रवीन्द्रनाथजी की उम्र जब पैंसठ साल हो गयी तब नये साहित्यकारों का एक झुण्ड पैदा हो गया। नया-नया लिखना शुरू करते ही उन लोगों ने अपना अलग गोल बना लिया। देखते-देखते उन लोगों की एक मासिक पत्रिका भी निकल आयी। उसी मासिक पत्रिका में वे लिखने लगे कि वे ही आधुनिक साहित्यकार हैं और रवीन्द्रनाथ ठाकुर नाम के जो सज्जन हैं वे पुराने लेखक हैं। इस 'पुराने' शब्द को जरा ढंग से कहा गया 'वरिष्ठ', लेकिन मतलब यही हुआ कि जिनका जमाना गुजर चुका है। जमाना गुजरने का माने जो बेकार हो चुके हैं। यह सब सुनकर रवीन्द्रनाथ ने क्या कहा था पता है? उन्होंने कहा था कि चलो, खुशी की बात यह है कि आधुनिक साहित्य हमेशा आधुनिक रहेगा, इतना दीर्घजीवी वह नहीं है। उनके कथन का मतलब समझ गये न? हर साल जो पंचांग छपकर निकलता है उस पर लिखा रहता है कि नये वर्ष का पंचांग, लेकिन एक ही वर्ष बाद वह पंचांग पुराना हो जाता है। तब फिर नया पंचांग छपकर बाजार में आता है। वही हाल आधुनिक साहित्यकारों का है। वे सब आधुनिक साहित्यकार आज कहाँ हैं? क्या उनमें से किसी का नाम सुनायी पड़ता है? लेकिन वह पुराने रवीन्द्रनाथ आज भी जिन्दा हैं!

भाड़ में जाय साहित्य। असली चीज है विपरीत राजयोग।

लेकिन यह बहुत पहले की बात है। मेरा ज्योतिषी मित्र आधा पागल किस्म का आदमी था। वह खुद अपनी जिन्दगी में कुछ नहीं कर सका। दूसरे के भविष्य के बारे में सोचते-सोचते एक दिन सड़क पार करते समय वह किसी कार के नीचे आ गया और चल बसा। इस जिन्दगी में ऐसे कितने ही विचित्र लोगों से मेरा विचित्र ढंग से परिचय हुआ और एक दिन वे सब न जाने कहाँ चले गये उसका हिसाब भी मैं नहीं रखता। अब वे विस्मृति के गर्भ में समा चुके हैं।

लेकिन वह जो विपरीत राजयोग है न, उसे मैं भूल नहीं सका।

उस बार बिहार के एक शहर में एक मित्र के घर जाकर मुझे उसी विपरीत राजयोग का उदाहरण अपनी आँखों से देखने को मिला। अब वही कहानी सुनाता हूँ।

मेरा यह मित्र डाक्टर है। डाक्टर अवनी सरकार। कलकत्ते के कालेज में ही उसने डाक्टरी पढ़ी थी। डाक्टर बनने के बाद उसने नौकरी के लिए बड़ी दौड़-धूप की थी, लेकिन कोई फायदा नहीं हुआ था। उन दिनों डाक्टर बनने के बाद दवाखाना खोलने में कम-से-कम दस हजार रुपये लगते थे। उतने रुपये उसके पास नहीं थे।

फिर प्रेक्टिस जमते-जमते अगर साल-दो साल लग गये तो उस समय तक खर्च कैसे चले? इसलिए उन दिनों अनेक नये डाक्टर शादी के बाद ससुर के पैसे से दवाखाना खोल लेते थे। लेकिन मालदार ससुर भी तो सबको नहीं मिल पाता था। जिनका भाग्य अच्छा रहता उन्हीं को दहेज में दस-पन्द्रह हजार रुपये मिल जाते थे और वे ही मौका देखकर किसी मुहल्ले में दवाखाना खोल लेते थे। जिनका भाग्य इतना अच्छा नहीं रहता, वे नौकरी के लिए मारे-मारे फिरते थे।

उन दिनों भी नौकरी का हाल आज जैसा ही था। उस समय भी बड़ी मुश्किल से नौकरी मिलती थी। लोग समझते हैं कि इस समय ही नौकरी मिलना मुश्किल हो गया है, लेकिन ऐसी बात नहीं है। मैंने तो देखा कि नौकरी का हाल बराबर ही ऐसा है। मैंने अपने दादा को कहते सुना कि जमाना बुरा आ गया है, सोच-समझकर चलो। फिर मेरे बाप ने भी यही कहा कि जमाना बुरा आ गया है, समझकर चलो। अब मैं बाप बन गया हूँ तो अपने बेटे से कहता हूँ कि जमाना बुरा आ गया है।

असल में हमेशा ऐसा ही होता आ रहा है।

अवनी सरकार ने पहले कलकत्ते में ही नौकरी पाने की कोशिश की। घर-घुसना बंगाली को अगर घर में रहने का मौका मिला तो उसने कभी बाहर निकलना नहीं चाहा।

लेकिन लाख कोशिश करने के बाद भी जब कलकत्ते में नौकरी नहीं मिली तब अवनी बाहर नौकरी पाने की कोशिश करने लगा।

बहुत-से लोग शौक से घर छोड़ते हैं और बहुत-से लोग परेशान होकर, जल-भुनकर। चाहे कोई घर शौक से छोड़े या मजबूर होकर, जिसका भला होना होता है उसका घर में ही भला होता है और बाहर भी।

अवनी का वही हुआ था।

परेशान होकर अवनी ने घर छोड़ा तो दुर्भाग्य ने भी उसका साथ छोड़ा। उसका कोई दूर का रिश्तेदार बिहार की मधुबनी में रहता था। नौकरी की तलाश में घूमता अवनी वहीं पहुँच गया और वहीं उसका भाग्य खुला।

भाग्य भी ऐसा खुला कि अवनी मालामाल हो गया।

साल-दो-साल में वह मधुबनी का नामी-गिरामी आदमी बन गया।

याने उसने कार खरीदी, मकान बनवाया, शादी की और वह बेटे का बाप बना। धन उसे मिलना था तो रातोंरात छप्पर फाड़कर मिला और जिसे फूलकर कुप्पा हो जाना कहते हैं, वह वही हुआ।

दुबला-पतला अवनी सचमुच कुप्पा बन गया।

जब मधुबनी में उससे मेरी मुलाकात हुई तब मैं उसे पहचान ही न सका।

मैंने देखा कि उसकी डिस्पेन्सरी में कुम्भमेला-जैसी भीड़ लगी है।

उन दिनों बिहार में यों ही डाक्टरों की कमी थी। नीम हकीम वैद्यों, होमियोपैथों और हकीमों का बोलबाला था। उनकी निगाह रोगियों की टेंट पर जितनी रहती थी उतनी रोगियों पर नहीं। उनको सिर्फ पैसा ऐंठने से मतलब था।

ठीक उसी वक्त वहाँ कलकत्ते से असली एम० बी० पास डाक्टर पहुँच गया तो लोगों ने उसे धन्वन्तरि का अवतार मान लिया।

मधुबनी में मुझे देखकर अवनी आश्चर्य में पड़ गया।

पूछा-अरे तू यहाँ?

मैं बोला-ट्रेन से उतरकर स्टेशन से सीधे शहर का चक्कर लगाने चला आया तो अचानक तेरे दवाखाने के साइनबोर्ड पर निगाह पड़ गयी, फिर तेरा नाम पढ़कर अन्दर चला आया। अगर साइनबोर्ड पर तेरा नाम न देखता तो मैं तुझे पहचान भी न पाता। यह तूने अपने को क्या बना लिया है?

अवनी हँसने लगा।

बोला-यहाँ की आबोहवा अच्छी है, इसलिए सिलवर टॉनिक ने जल्दी असर दिखाया।

मैंने पूछा-क्या यह कुम्भमेला यहाँ रोज लगता है?

अवनी ने गर्व से कहा-हरद्वार या प्रयाग का कुम्भमेला तो एक दिन खत्म होता है लेकिन मेरे दवाखाने में वह कभी खत्म नहीं होता। सिलसिला बना रहता है।

-लेकिन इनके कपड़े बड़े मामूली हैं, ये कितने रुपये देते होंगे?

अवनी बोला-ये लोग देखने में ऐसे हैं, लेकिन हैं मालदार। इनमें कई तो लखपती हैं।

-कैसे?

-अरे, ये लोग किसान हैं, इनको इनकम टैक्स देना नहीं पड़ता और ये लोग बंगालियों की तरह बाबूगीरी भी नहीं करते। इसलिए इनका रुपया सिर्फ आता ही है, जाने का नाम नहीं लेता। इसलिए इनकी पूरी-की-पूरी आय है, उसमें व्यय नाम की कोई मद नहीं है। फिर भी इनका जो कुछ खर्च होता है, वह सिर्फ दवा और डाक्टर पर।

अवनी के कहने पर मैं उसके घर दो-चार दिन के लिए रुक गया। मैं उसका आग्रह टाल नहीं सका। फिर मैं भी एक नयी जगह, एक नया समाज देखना चाहता था।

फिर अवनी के घर मेरे रहने, खाने और रात को सोने का इन्तजाम हो गया।

खास-खास रोगी की चिकित्सा की अच्छी व्यवस्था के लिए उसके यहीं ठहरने का प्रबन्ध था। जैसा कि अस्पतालों में इनडोर वार्ड होता है। कतारों में कमरे बने थे। रोगी को लेकर उसके घर के लोग आते थे और वहीं रहते थे। हर कमरे के साथ जो आँगन था, वहाँ वे अपने लिये खाना पका सकते थे। इससे रोगी का इलाज भी ठीक से होता था और उसके साथ आये लोगों को अपने लिये खर्च कम करना पड़ता था।

कई दिन अवनी के घर रहकर मैंने जो रंग-ढंग देखा, उससे मेरे आश्चर्य का ठिकाना न रहा। मैंने सोचा कि कलकत्ते में उतने सारे डाक्टर एक जगह क्यों धक्कम-धक्का करते रहते हैं, अवनी की तरह वे भी तो बाहर जा सकते हैं।

शाम को जब अवनी मरीज देखता था तब मैं उसके पास बैठा रहता था और सब-कुछ देखता था।

किसी को पेट की शिकायत है तो कोई खाँसता है, किसी के बेटे को बुखार है तो किसी के बहू के बच्चा होनेवाला है।

अवनी सरकार भी हरफन मौला डाक्टर है। वह आँख का इलाज करता है तो दाँत का भी, और चीरफाड़ भी हर तरह की कर लेता है। एक दिन देखा कि वह चाकू लेकर एक मरीज का पेट भी चीरने लगा। उसमें इतना गुण है, इसका मुझे पता ही नहीं था। जब वह छोटा था तब स्कूल-कालेज में बहुत मामूली छात्र था। कभी-कभी वह इम्तहान में फेल हो जाता था। लेकिन अब?

पता नहीं, किसका भाग्य कब और कैसे खुलता है। इसके बारे में पहले से कुछ भी नहीं बताया जा सकता।

यह जो अवनी है, क्या इसने भी कभी सोचा था कि डाक्टरी से इतना पैसा कमायेगा?

अवनी की पत्नी को भी एक मिनट बैठने की फुर्सत नहीं थी। परिवार छोटा होने से क्या होता! घर में काम-काज इतना था कि उसी में वह रात-दिन लगी रहती थी।

एक दिन खाना खाते समय मैंने अवनी की पत्नी से पूछा—आपका समय कैसे कटता है मिसेज सरकार? अवनी तो चौबीस घण्टे रोगियों को लेकर व्यस्त रहता है, घर में नौकर-चाकर भी कई हैं, आप दिन-भर क्या करती हैं?

अवनी की पत्नी ने कहा–क्या कह रहे हैं, क्या मेरे पास काम की कमी है? वह जो आप आये हैं, आप क्या खायेंगे और क्या नहीं, यह सब मुझको देखना नहीं पड़ेगा? नौकर-चाकर रसोइये से घर का इन्तजाम नहीं होता, वे क्या करेंगे और क्या नहीं, यह उनको बताना पड़ता है। हर तरफ मुझे देखना पड़ता है, जिधर नहीं देखूँगी उधर काम चौपट होगा।

यह अवनी का कहना था–देख, बचपन से मैं पैसे के लिए परेशान रहा। पिताजी बड़े भले आदमी थे, कभी उन्होंने एक पैसा घूस में नहीं लिया। उनके साथ के लोग सभी घूस लेते थे, लेकिन वे पुराना आदर्श मानकर चलते थे। इससे उनके परिवार को कष्ट उठाना पड़ा। उनकी नौकरी ऐसी थी कि वे बात-बात पर घूस ले सकते थे, फिर भी उन्होंने कभी घूस नहीं ली। अगर वे घूस लेते तो आज कलकत्ते में हमारे दो पक्के मकान होते।

थोड़ा रुककर वह फिर कहता–फिर मेरी पत्नी, यह भी बहुत गरीब घर की बेटी है। इतना रुपया उसने जिन्दगी में पहले नहीं देखा। अब वह देख रही है कि मैं इतना रुपया कमा रहा हूँ तो क्या मना करेगी? इसके अलावा यही तो रुपया कमाने की उम्र है। अगर इस उम्र में रुपया नहीं कमाया तो कब कमाऊँगा? इसके बाद तो उम्र बढ़ने के साथ-साथ ब्लड-प्रेशर की शिकायत होगी, डायबिटीज की बीमारी आयेगी और पेट की गड़बड़ी पैदा होगी, तब तो इतना खट नहीं पाऊँगा।

लेकिन अवनी को यह सब कहने का मौका ही कहाँ मिलता था?

वह खाना खाने बैठता था तो नीचे डिस्पेन्सरी से बुलावा आता–कोई मरणासन्न रोगी आ पहुँचता और उसे देखने के लिए डाक्टर को खाना छोड़कर नीचे जाना पड़ता।

मैं मिसेज सरकार से कहता–आप अवनी को मना क्यों नहीं करतीं? पहले शरीर है न पहले रुपया।

इस पर मिसेज सरकार कहतीं–लेकिन रुपया न कमाने पर हमारा खर्च कैसे चलेगा? घर में इतने लोग खाने को हैं, दो कम्पाउण्डर हैं और हमारी दो लड़कियाँ भी हैं। उनकी शादी के लिए अभी से रुपये का इन्तजाम करना होगा। फिर लड़के का भविष्य है। अभी लड़का छोटा है। लेकिन जैसे-तैसे उसकी परवरिश करने से काम नहीं चलेगा। कई साल बाद ही तो उसे अमेरिका या जर्मनी, कहीं भेजना होगा। इस देश में पढ़ाई का क्या हाल है, यह तो आप देख रहे हैं। क्या आप समझते हैं कि अब इण्डिया का कोई लड़का कायदे का बनेगा?

बात गलत नहीं है। अवनी के एक लड़का और दो लड़कियाँ हैं।

मधुबनी में बढ़िया स्कूल या कालेज नहीं है। इसलिए तीनों को दार्जिलिंग में रखकर पढ़ाना पड़ रहा है। वहाँ हरेक के लिए महीने में पाँच सौ रुपये भेजने पड़ते

हैं। याने हर महीने पन्द्रह सौ रुपये। भला ये रुपये कहाँ से आयेंगे? अवनी के पास पैतृक दौलत नहीं है, जमींदारी भी नहीं है कि बीमारी-तिमारी में वहाँ से रुपया आयेगा और खर्च चलेगा।

कई दिन अवनी के घर रहकर मैं समझ गया कि उसकी प्रेक्टिस खूब चलती है और महीने में कम-से-कम दस हजार रुपये की आमदनी होती है। खर्च उसके मुकाबले में बहुत कम है। खर्च में बस उन बच्चों की पढ़ाई, ड्राइवर, कम्पाउण्डरों और नौकरों की तनख्वाह और उनको खाना खिलाना। मधुबनी-जैसी जगह में हर चीज बहुत सस्ती है। महँगाई का कोई खास असर नहीं है। आसपास दस मील के घेरे में कोई दूसरा डाक्टर भी नहीं है। मांस-मछली-सब्जी-जैसी चीजें अवनी को मुफ्त मिल जाया करती हैं। इन चीजों के व्यापारी तो सब-के-सब उनके मरीज हैं।

और दूध?

घर में दो भैंसें हैं। दोनों भैंसें रोज चौदह सेर दूध देती हैं। वह दूध भी कितना गाढ़ा है! उतना दूध कौन पियेगा? पति-पत्नी दोनों दिन-रात में दस बार भी पियें तो उतना दूध खत्म नहीं होगा। मिसेज सरकार वह दूध बेचती हैं। उस दूध से खोया बनता है। उससे भी अवनी को चार पैसे मिल जाते हैं!

मैं यह सब देखता था और मुझे कलकत्ते के डाक्टर जे० एन० दास की बात याद आती थी।

डाक्टर जे० एन० दास।

जोड़ासाँको के रहनेवाले हैं। उस समय उतना बड़ा डाक्टर कलकत्ते में नहीं था।

जबर्दस्त उनकी प्रेक्टिस थी। हमारे बगलवाले मकान में ही वे रहते थे। अब भी हैं। अब उनकी वैसी प्रेक्टिस नहीं है। प्रेक्टिस न होने का कारण यह है कि वे मरीज देखते ही नहीं।

कह देते हैं-अभी मेरे पास समय नहीं है।

लेकिन एक समय था जब डाक्टर दास को नहाने-खाने का वक्त नहीं मिलता था। वे हमारे मुहल्ले के हैं, मेरे बड़े भाई के दोस्त। डाक्टर दास के बाप भी मुहल्ले के मशहूर डाक्टर थे। वे मेरे बाप के हम उम्र थे। अमीर होने के नाते मुहल्ले के लोग डाक्टर दास के बाप की बड़ी इज्जत करते थे। याद है कि उनके मरने के बाद उनका श्राद्ध बड़ी धूमधाम से हुआ था। मुहल्ले में कोई ऐसा नहीं था जिसे उस श्राद्ध में बुलाया नहीं गया था। उस काम में लोगों को इतना खिलाया गया था कि बहुत दिनों तक लोग उसका किस्सा सुनाया करते थे।

लोग कहते थे-हाँ, जीमा था तो डाक्टर दास के श्राद्ध में।

बेमौसम फूलगोभी, बन्दगोभी और कटहल की सब्जियों का इन्तजाम उनके लड़के जे० एन० दास ने किया था।

डाक्टर जे० एन० दास का मतलब है यतीन्द्रनाथ दास। लेकिन यतीन्द्रनाथ नाम कोई नहीं लेता था, क्योंकि वह नाम कोई जानता ही न था।

हमारे और उनके मकान एकदम पास-पास थे। इसलिए हम बचपन में डाक्टर जे० एन० दास० के घर के अन्दर तक चले जाते थे। उनके घर में हमारा आना-जाना बेरोक-टोक था।

डाक्टर दास के घर का ऐश्वर्य देखकर हम आश्चर्य में पड़ जाते थे। दस नौकर, बारह नौकरानियाँ, तीन ड्राइवरों और अनगिनत रिश्तेदारों गैर रिश्तेदारों से घर हर वक्त भरा रहता था। गाँव से एक-दो दिन के लिए कोई आता था तो उस घर में महीना भर ठहर जाता था। कोई कलकत्ते में इलाज कराने आता तो भला कहाँ ठहरता? वह यतीन के घर चला आता था। यतीन के घर जाने से रहने-खाने का झमेला नहीं रहता और इलाज का पैसा भी बच जाता। दवा खरीदने में भी एक पैसा खर्च नहीं करना पड़ता था।

यतीन का मकान मानो धर्मशाला था।

उस मकान में कमरे भी उसी तरह बने थे, जिस तरह धर्मशाला में बनते हैं। कतारों में, जैसे कबूतरों का दरबा हो। हर कमरे में कोई-न-कोई रहता था। सबके सभी खर्चों का भार डाक्टर दास पर था। खाने-पीने से लेकर जितने खर्च हो सकते हैं। डाक्टर दास सुबह से शाम तक खटते रहते थे। उनके घर में उनके जो अतिथि रहते थे, वे भी कभी-कभी उनको एक बार देख भी नहीं पाते थे।

रात को सोने के बाद भी डाक्टर दास को शान्ति नहीं मिलती थी।

उत्तराधिकार में डाक्टर दास को पहले कुछ रोगी मिल गये थे। यह उस समय की बात है जब उन्होंने प्रेक्टिस शुरू की थी। उनके पिताजी के पास कम रोगी नहीं थे। लेकिन उस समय सिर्फ एक कम्पाउण्डर था। एक दूसरा भी कम्पाउण्डर था, लेकिन वह सिर्फ रोगियों के घर-घर जाकर सुई लगाता था। उसी सीनियर डाक्टर दास के जब लड़का हुआ तब उन्होंने बेटे के अन्नप्राशन पर मुहल्ले भर के लोगों को न्योता देकर भरपेट खिलाया।

उसके बाद वही लड़का बड़ा होकर डाक्टरी पढ़ने लगा। उन दिनों डाक्टरी पढ़ना बड़ा मेहनत का काम था। आज की तरह नकल कर कोई डाक्टर नहीं बन सकता था। डाक्टर यतीन दास मेडिसिन में फर्स्ट आये। सर्जरी में भी फर्स्ट आये। दोनों में उनको सोने के मेडल मिले।

हम डाक्टर दास को सिर्फ दूर से देखते थे, हमसे बात करने के लिए उनके पास फुर्सत नहीं थी। हर वक्त वे रोगियों से घिरे रहते थे। फिर ज्यों-ज्यों दिन बीतने लगे, उनके पास रोगियों की भीड़ बढ़ने लगी।

फिर तो डाक्टर दास के दर्शन पाना रोगियों के लिए भी मुश्किल हो गया। रोगी तड़के ही चले आते, लेकिन उनको सुनने को मिलता कि डाक्टर साहब रात तीन बजे कोई जरूरी मरीज देखने चले गये हैं।

रोगी कम्पाउण्डर से पूछते कि डाक्टर साहब कब लौटेंगे।

कम्पाउण्डर जवाब देता–इसका कोई ठिकाना नहीं है।

डाक्टर दास कब घर लौटेंगे, यह बता पाना सचमुच किसी के लिए सम्भव नहीं था। कभी-कभी लौटते ही तुरन्त नाश्ता कर उसी दम निकल जाते थे। रोगी उनके चैम्बर में उनकी प्रतीक्षा में बैठे रह जाते थे। इस तरह उनको घण्टों बैठना पड़ता था। बिना नहाये और खाना खाये वे बैठे रहते थे। बहुत-से रोगी तकलीफ के मारे कराहते रहते थे। लेकिन डाक्टर दास को चैम्बर में बैठने का मौका ही नहीं मिलता था।

हम डाक्टर दास के घर जाते थे तो वह दृश्य देखते थे।

नीचे की मंजिल में एक किनारे ऊपर जाने के लिए सीढ़ी बनी थी। सीढ़ी से ऊपर जाने पर बायें हाथ रोगियों के बैठने का कमरा था। वह कमरा हर वक्त रोगियों से भरा रहता था। लेकिन जिनके लिए रोगी बैठे रहते थे उनके दर्शन नहीं मिल पाते थे।

फिर जब वे आते थे तब अचानक ही आते थे और सीधे अन्दर की तरफ एक छोटे-से कमरे में चले जाते थे। किसी तरफ या किसी ओर देखने की उनके पास फुर्सत नहीं रहती थी। उस छोटे-से कमरे में जाकर वे फटाफट रोगियों के नाम पढ़ते जाते थे। रोगियों के नामों के आगे एक-दो-तीन नम्बर पड़े रहते थे।

उसके बाद उनका असिस्टेण्ट रोगी का नाम लेकर पुकारता– विमलाकान्त हालदार–बरानगर।

बरानगर के विमलाकान्त हालदार फौरन बेटे को लेकर अन्दर चले जाते।

अन्य रोगी बाहरवाले कमरे में दूसरा नाम पुकारे जाने का इन्तजार करते।

पन्द्रह-बीस मिनट बाद वही असिस्टेण्ट फिर पुकारता–देवकुमार साँतरा–उलूबेड़िया।

इस तरह नाम पुकारना न जाने कब तक चलता रहता। कभी पुकारा जाता–शशीभूषण सरकार–राँची, तो कभी भक्तिभूषण मुखर्जी– बेलघरिया।

नामों का सिलसिला चलता रहता। दूर-दूर के लोग आते थे-उन कस्बों और गाँवों के नाम भी विचित्र होते थे। कोई ट्रेन से आया था तो कोई शिलांग से प्लेन से। भूटान की रानी भी कभी-कभी सपरिवार आती थीं। जिसको भी कोई रोग होता था वह यही समझता था कि डाक्टर दास को दिखा देने से रोग दूर भागेगा।

कहना चाहिए कि उन दिनों बिहार, बंगाल और उड़ीसा में डाक्टर दास मानो एकमात्र धन्वन्तरि थे।

फिर रोगी देखना ख़त्म हो भी नहीं पाता था कि घड़ी बारह बजाती। टन-टन आवाज सबको सुनायी पड़ती। अब अस्पताल जाने की तैयारी शुरू हो जाती। डाक्टर दास अस्पताल में भी ड्यूटी देते थे।

यह एक नियम था और डाक्टर दास उस नियम को मानकर चलते थे।

सुहागिन स्त्रियाँ जैसे माँग में सिन्दूर भरती थीं, डाक्टर दास भी वैसे अस्पताल जाते थे। बस, एक नियम बना था। अस्पताल में दूर-दूर से आये रोगी टिकट लेकर बैठे रहते थे। उनको पता था कि डाक्टर दास का वक्त बड़ा कीमती है। निश्चित समय पर भी उनके दर्शन मिल जायेंगे, इसका कोई ठिकाना नहीं है। इसलिए गाँव-देहात के रोगी पोटली में लाई-चिउड़ा लेकर अस्पताल आते थे। सबको टिकट लेना पड़ता था। टिकट नम्बर के हिसाब से रोगी देखे जाते थे। जो जितना पहले टिकट लेगा, डाक्टर साहब उसको उतनी जल्दी देखेंगे।

लेकिन जल्दी टिकट लेने पर ही डाक्टर दास के दर्शन मिल जायेंगे, ऐसी गारण्टी भी कोई नहीं दे सकता था। डाक्टर दास मानो भगवान् थे। वे हैं भी और नहीं भी हैं। भगवान् हैं या नहीं, और हैं तो कहाँ हैं, इस पर बहस का अन्त नहीं तो डाक्टर दास इस वक्त कहाँ हैं, इसको लेकर रोगियों में भी बहस खत्म नहीं होती। डाक्टर दास कब कहाँ रहते थे और कहाँ नहीं, यह सचमुच किसी को पता नहीं चल पाता था।

ऐसी हालत अस्पताल के रोगियों की थी या डाक्टर साहब के चैम्बर के रोगियों की, ऐसी बात नहीं, उनको घर पर बुलानेवाले रोगियों को भी अनिश्चय में रहना पड़ता था।

लेकिन डाक्टर दास नियम से जहाँ जाते थे वह था उनका नर्सिंग होम।

असल में अस्पताल तो नौकरी की जगह है, वहाँ हाजिरी देने से ही काम चल जाता है। वहाँ वही सब रोगी आते हैं जो गरीब हैं और जिनके पास डाक्टर को देने के लिए पैसा नहीं है। वैसे रोगी जिन्दा रहें तो किसका फायदा और मर जायँ तो

किसका नुकसान। इसलिए उनके मरने-जीने के बारे में डाक्टर जे० एन० दास ज्यादा नहीं सोचते थे। फिर अस्पताल में रोगियों को देखने के लिए तमाम जूनियर डाक्टर हैं और वही लोग सारा काम करते हैं। डाक्टर दास सिर्फ हाजिर रहते हैं और सिगरेट पीते हैं।

लेकिन अस्पताल में आये रोगी भी चाहते हैं कि डाक्टर दास ही उनको देखें। डाक्टर दास देख लेंगे तो सब-के-सब रोग दूर हो जायेंगे।

डाक्टर दास के पास इतना समय कहाँ है?

फिर सरकार डाक्टर दास को जो तनख्वाह देती है उससे डाक्टर दास का जेब-खर्च भी नहीं चलता। उससे उनकी कार का एक दिन का पेट्रोल का खर्च भी नहीं निकलता। वे कृपा करके अस्पताल में हाजिर रहते हैं, क्या यही रोगियों के लिए बड़े भाग्य की बात नहीं है?

अब सवाल उठ सकता है कि फिर डाक्टर दास अस्पताल की नौकरी क्यों करते हैं? वे तो उस नौकरी को छोड़ सकते हैं?

लेकिन नहीं। अस्पताल की नौकरी बरकरार रखना उनके लिए जरूरी है। अस्पताल से ही उनका नाम चारों तरफ फैलता है। फिर, अस्पताल में जो मालदार रोगी आ जाते हैं, डाक्टर दास उनसे विशेष चिकित्सा या विशेष व्यवस्था के लिए चैम्बर में आने के लिए कहते हैं।

इस तरह जितने रोगी उनके चैम्बर में आते हैं, हरेक से बत्तीस रुपये मिल जाते हैं।

फिर कोई रोगी नर्सिंग होम के लिए फँस जाता तो उससे हजारों रुपये मिल जाते। हाँ, अमीर रोगी ही नर्सिंग होम में भर्ती होता है।

अस्पताल का सारा काम धर्मार्थ होता है।

डाक्टर दास को ऐसे धर्मार्थ काम पर कोई विश्वास नहीं है। आजकल जो निःशुल्क चिकित्सा पर विश्वास करता है वह मूर्ख होता है। इस काम के लिए जो धन मिलता है उसका सदुपयोग नहीं होता। जरूरतमन्दों के लिए भी वह धन खर्च नहीं होता। इसलिए मुफ्त की दवा से दूध तक सब-कुछ नकली होता है या मिलावटी।

इसलिए धर्मार्थ चिकित्सालय में जहाँ सब-कुछ नकली या मिलावटी मिलता है और जहाँ डाक्टरों को नाममात्र तनख्वाह दी जाती है, वहाँ डाक्टर क्यों नौकरी करते हैं इस रहस्य का पता लगाने पर बहुत बड़ा भण्डाफोड़ हो सकता है।

जब ऐसी बात है तब भण्डाफोड़ का खतरा क्यों मोल लिया जाय?

हाँ, असली प्रसंग तो छिड़ा था विपरीत राजयोग का, उसी की चर्चा करते-करते बात यहाँ तक आ गयी। अवनी सरकार की बात आ गयी और डाक्टर जे० एन० दास की बात भी।

सचमुच इस दुनिया के लोग कितने विचित्र होते हैं और कितना विचित्र होता है उनका मन! कलकत्ते के एक गरीब और पिछड़े मुहल्ले में पैदा हुआ था और जोड़ासाँको की एक गली में रहकर पढ़ा-लिखा, फिर न जाने क्यों मधुबनी चला आया। घूमने ही सही, लेकिन क्यों आया? जोड़ासाँको के डाक्टर जे० एन० दास को भी देखा था और मधुबनी के डाक्टर अवनी सरकार को भी देखा।

फिर अपने को भी बराबर देखता आ रहा हूँ।

कैसी विचित्र सरकारी नौकरी करता था और उस विचित्र नौकरी के कारण न जाने कितनी विचित्र जगह घूमा। एक मामूली नौकरी की बदौलत कितने ही लोगों ने मेरी प्रशंसा की और कितने ही लोगों ने मेरी निन्दा करने में कसर नहीं रखी। घूस लेने-देने के मामले में मैंने कितने ही लोगों को जेल भिजवाया और कितने ही लोग बड़े-से-बड़ा अपराध करने के बावजूद कानूनी दाँव-पेंच से बेदाग छूट गये। आज वे सब लोग पता नहीं कहाँ हैं? और मैं भी पता नहीं कहाँ-से-कहाँ आ गया? क्या यह सब विपरीत राजयोग का परिणाम है? क्या पता!

अगर ऐसा ही न होता तो लिखने का नशा क्यों मुझ पर सवार होता? क्यों मैं लिखने लगा? किनके लिए लिखने लगा? कौन मेरी रचना को समझ सकेगा? यह मैं कैसे किसको समझाऊँ कि लिखने से ही कोई लेखक नहीं बन सकता, जैसे पढ़ने से ही पाठक होना सम्भव नहीं है। यह तो सही है कि जो लोग समय काटने के लिए लाइब्रेरी से किताब लाकर पढ़ते हैं क्या उसमें से सभी सचमुच पाठक हैं?

यही सब सोचते-सोचते मुझे बहुत दिन पहले का वह मेरा ज्योतिषी दोस्त याद आ जाता है! उसकी बातें याद आती हैं! क्या मेरा यह साहित्य का नशा उसी विपरीत राजयोग का परिणाम है?

मैं अवनी सरकार का डाक्टरी का नशा देखता था और उसके रुपया कमाने का रंग-ढंग भी। तभी मुझे अपने जोड़ासाँकोवाले मकान के बगल में रहनेवाले डाक्टर जे० एन० दास की बात याद आती थी।

डाक्टर दास को मरीज दिखाने के लिए दो महीने पहले नाम लिखाना पड़ता था।

उनके चैम्बर में दो आदमी थे। एक आदमी सिर्फ रजिस्टर पर नाम लिखता था और दूसरे का काम था सिर्फ टेलीफोन रिसीव करना।

उन दिनों डाक्टर दास के पास टेलीफोन आता ही रहता था। एक जने से बात खत्म कर रिसीवर रखा नहीं कि फिर घण्टी बजने लगी। फिर उस कॉल को अटेण्ड किया तो फौरन दूसरा काल आ गया। यह सिलसिला कभी खत्म नहीं होता था।

कभी-कभार कोई खास बात करनी रहती थी तो डाक्टर दास टेलीफोन पकड़ते थे।

और डाक्टर दास की पत्नी?

डाक्टर दास की पत्नी को मैं गुलाबी भाभी कहता था।

यह भाभी जब आयी थी, याने डाक्टर दास ने जब शादी की थी तब हमें न्योता मिला था। उस मौके पर कैसी धूमधाम हुई थी। पूरे मुहल्ले में मानो दीवाली की गयी थी। डाक्टर दास के पिता उन दिनों जिन्दा थे। तीन दिन बराबर लोगों को खिलाया गया था। एक बैच जीमकर उठा नहीं कि दूसरा बैच बैठ गया।

वह दावत भी एक ऐतिहासिक घटना बनकर रह गयी है।

जो भी उस दावत में आया, उसी ने कहा कि दावत हो तो ऐसी हो।

एक भी आदमी नहीं छूटा था। मुहल्ले भर के लोगों को न्योता मिला था। रिश्तेदार ही कितने आये थे! कहाँ से किसका रिश्ता जोड़ा गया था, यह बहुतों की समझ में नहीं आया था। मौसेरे भाई की बहन का दामाद आया था तो चचेरी बहन का देवर भी। कोई भी छूटा नहीं था। ढूँढ़-ढूँढ़कर ऐसे रिश्तेदारों के पास न्योता भेजा गया था।

लेकिन लोग तो सबसे ज्यादा आश्चर्यचकित हुए बहू का रूप देख-कर। ऐसा रूप कभी किसी को किसी बहू में देखने को नहीं मिला था।

बड़े मामा ने कहा—यतीन की दुलहिन को देखा है?

मँझली मौसी बोलीं—हाँ, बहू अगर लानी है तो वैसी ही बहू लानी चाहिए। ऐसी ही बहू को लोग बिन डैनों की परी कहते हैं।

'बिन डैनों की परी' बंगाल का बड़ा पुराना मुहावरा है। बार-बार इस्तेमाल होते रहने से उसका महत्त्व कम हो गया है। उसमें कोई अलौकिकता भी नहीं रह गयी है। आजकल प्रसाधन-कला इतनी उन्नत हो गयी है कि सजाने-सँवारने पर बहुत-सी लड़कियाँ परी लगने लगती हैं।

लेकिन यतीन भैया की शादी के बाद उनकी पत्नी को जब भी देखा, मैं अपलक देखता ही रह जाता था।

मौसीजी, याने यतीन भैया की माँ, कहती थी–बहू, यह यतीन के दोस्त का छोटा भाई है–मेरे कबलू का दोस्त।

यह सुनकर गुलाबी भाभी ने मेरी तरफ देखा था।

मेरा दोस्त कबलू भी बगल में खड़ा था। कबलू यतीन भैया का छोटा भाई है। मैं कबलू के साथ एक ही क्लास में पढ़ता था। उसी बहाने मैं अक्सर उसके घर जाया करता था। सुबह–शाम मेरा काफी समय उसके साथ बीतता था।

कबलू का दोस्त होने के नाते मैं धड़ल्ले से यतीन भैया के घर जाता था। कोई रोक–टोक नहीं थी। बाहरवाले हिस्से में कबलू नहीं मिलता तो मैं सीधे उसके मकान के अन्दरवाले हिस्से में चला जाता था। सीधे रसोईघर के सामने पहुँच जाता था जहाँ मौसीजी महाराज को रसोई के बारे में समझा रही होतीं।

मौसीजी हर वक्त घर के काम–काज में व्यस्त रहती थीं। उनको एक मिनट की फुर्सत नहीं मिलती थी।

मैं पूछता था–मौसीजी, कबलू कहाँ है?

मौसीजी उसी व्यस्तता में जवाब देतीं–कबलू? शायद ऊपर है, चले जाओ।

मैं कबलू का पता लगाने के लिए झटपट जीना तय कर ऊपर चला जाता। मौसीजी का परिवार संयुक्त था। मकान बहुत बड़ा था और उसमें रहनेवालों की संख्या भी बड़ी थी। भाई, भानजा, फूफी, भानजी, चाचा वगैरह न जाने कितने दूर और नजदीक के रिश्तेदारों से घर भरा था। सवेरे से केवल खाना बनाने, बर्तन मलने और इधर–उधर की बातचीत में ही घर के लोगों का समय बीत जाता। कम–से–कम मकान के अन्दरवाले हिस्से में यही हाल था। कौन कब जा रहा है और आ रहा है इसका कोई हिसाब नहीं था। उसी तरह किसने खाया और किसने नहीं, इसका भी पता चल पाना मुश्किल था। किसी कमरे में बैठा कोई सितार सीख रहता होता तो किसी कमरे में किसी का बेटा या भतीजा इतिहास या भूगोल का पाठ याद कर रहा होता। फिर किसी कमरे में रिश्ते की किसी नातिन को प्रसवपीड़ा शुरू हो जाती और उसके लिए कोई दाई को बुलाने दौड़ता।

इस सारी व्यवस्था और अव्यवस्था का उत्तरदायित्व जिन पर था, वे थे यतीन के पिता। वे ही मोटी आमदनी करते थे और उसके आस–पास जो लोग थे, वे थोड़ा–बहुत कुछ करते भी थे तो उससे कोई फर्क नहीं पड़ता था। सबकी परवरिश का भार यतीन के पिता पर ही था।

इसके अलावा उस घर में कैरम, ताश और शतरंज की महफिलें भी जमती थीं। उतने लोगों का हुक्म बजाते–बजाते नौकर–चाकर दिनभर परेशान होते थे। खाना पकाते वक्त कभी सरसों का तेल चुक जाता तो कोई दुकान भागता। फिर मजदूर के सिर पर लदा सरसों के तेल का बड़ा कनस्तर आ जाता। जो तेल लेने जाता वही

नमक, मिर्च, गुड़, तेजपत्ता और हल्दी भी ले आता। ये सब सामान कहाँ से आते थे, कौन इसके लिए पैसा देता था और किसके लिए ये सब खर्च होते थे, इसका कोई हिसाब कोई जानना नहीं चाहता था। शायद इसका हिसाब कोई रखता भी नहीं था।

बचपन से इसी परिवेश में यतीन भैया पले थे। उनका छोटा भाई कबलू भी इस तरह बड़ा हुआ था।

यतीन भैया मेरे बड़े भाई के दोस्त थे तो कबलू मेरा दोस्त था। कबलू की और मेरी उम्र भी लगभग एक है। हम एक साथ बड़े हुए। कबलू का घर मानो मेरा घर था और मेरा घर भी मानो कबलू का ही घर था।

याद है, जब कबलू को ढूँढ़ता हुआ मैं ऊपर पहुँचा, तब वह कहीं दिखायी नहीं पड़ा। फिर उसे एक-एक कमरे में घुसकर ढूँढ़ने लगा। अन्त में मैं यतीन भैया के कमरे में गया वहीं कबलू मिला। देखा कि वह वहाँ बैठा गुलाबी भाभी के साथ लूडो खेल रहा है।

मैंने गुलाबी भाभी को देखा। उनके गोरे ललाट पर सिन्दूर झलमला रहा था। लगा कि वे थोड़ी देर पहले नहाकर आयी हैं। बाल खुले थे। बदन की गोराई मानो छटा बिखेर रही थी। पाँवों में महावर की लाली थी। वे पीले रंग की साड़ी पहने हुए थीं।

मैंने आवाज दी–कबलू!

मेरे पुकारते ही कबलू और गुलाबी भाभी दोनों ने मेरी तरफ देखा।

मैंने देखा कि गुलाबी भाभी की आँखों की काली बरौनियों की झालरवाली पलकें मानो मेरी तरफ देखकर मुस्करा रही हैं। शायद विस्मय ने ही उन खूबसूरत आँखों में हँसी का रूप ले लिया था। आँखों की रंगत के कारण विस्मय भी हँसी का रूप ले सकता है, यह मैं उस दिन गुलाबी भाभी को देखकर पहली बार समझ सका।

कबलू ने मेरी तरफ इशारा कर कहा–यही मेरा दोस्त बीलू है।

गुलाबी भाभी की आँखों से विस्मय फिर हँसी बनकर झलका। लेकिन वह झलक भी नहीं थी। झलक तो एक चमक होती है जो पल भर रहती है। इसलिए उसे झलक कहना उचित न होगा। शायद उसे आवेश कहना ही ठीक रहेगा। मानो किसी ने गुलाबी भाभी के गोरे मुखड़े पर विस्मय और हँसी की झीनी परत चढ़ा दी। उस परत के कारण उनका चेहरा और प्यारा लगने लगा।

कबलू ने मेरा परिचय दिया–बगलवाले मकान में रहता है और मेरे साथ पढ़ता है–

गुलाबी भाभी ने कुछ नहीं कहा। लेकिन एक अवाक् हँसी मुझे देख-देखकर हँसती रही।

कबलू ने मेरी तरफ देखकर मुझसे कहा–मैंने गुलाबी भाभी को तीन बार हराया!

उसके बाद उसने गुलाबी भाभी की तरफ देखकर कहा–आप बीलू के साथ लूडो खेलिये गुलाबी भाभी, यह बहुत बढ़िया खेलता है।

हाँ, तो ऐसे शुरुआत हुई।

मुझे याद है कि मैंने जब भी गुलाबी भाभी से लूडो खेला, उन्हें हरा दिया।

गुलाबी भाभी कहती थीं–अब मैं तुम लोगों के साथ नहीं खेलूँगी। मैं एक बार भी जीत नहीं पाती।

मुझे उन दिनों गुलाबी भाभी की बातें बड़ी साधारण लगी थीं और मैंने उन पर कोई ध्यान नहीं दिया था। उस समय गुलाबी भाभी को लूडो के खेल में हराकर मुझे अपार आनन्द मिला है। मन में सोचा है कि गुलाबी भाभी हमसे हर बात में बड़ी होने पर भी कम-से-कम इस एक बात में तो छोटी हैं। रूप और गुण में वे हमें हराती हैं तो हम भी उन्हें खेल में हराते हैं। इसलिए लूडो का खेल हमारे लिये महत्त्वपूर्ण हो गया।

आखिर में लूडो खेलने का नशा मुझ पर सवार हो गया।

मेरी तो पढ़ाई भी थी लेकिन गुलाबी भाभी को तो कोई काम नहीं करना पड़ता था। सिर्फ सज-धजकर बैठे रहने और लूडो खेलने के अलावा शायद ही उनको कोई काम करना पड़ता था। इस कारण कबलू और मेरे लिये बारी-बारी से गुलाबी भाभी से लूडो खेलना मानो एक नियम बन गया।

मेरी माँ पूछतीं–सवेरा होते ही तू कहाँ चला जाता है? क्या तुझे पढ़ना-लिखना नहीं है?

मैं कहता–कबलू के घर जाता हूँ माँ।

माँ बिगड़तीं–कबलू के घर जाकर तू क्या करता है? अगर तू पढ़ेगा-लिखेगा नहीं तो क्या इम्तहान के समय कबलू तेरी कापी में सवालों के जवाब लिखेगा?

मैं कहता–वाह! हम एक साथ पढ़ते हैं। एक साथ पढ़ने से ज्यादा पढ़ाई होती है।

माँ मेरी बात पर विश्वास करती थीं या नहीं, यह मैं नहीं जानता। हो सकता है विश्वास करती थीं या हो सकता है विश्वास नहीं करती थीं। लेकिन मैं माँ के विश्वास करने या न करने की परवाह नहीं करता था। उस समय तो मुझे लूडो खेलने का और गुलाबी भाभी के पास बैठे रहने का नशा-सा हो गया था। महीनों यह नशा

हम दोनों पर सवार था। मैंने पहले ही बता दिया है कि डाक्टर दास का परिवार बहुत बड़ा था। उस परिवार में कौन सितार बजा रहा है और कौन पतंग उड़ा रहा है, कौन पढ़ रहा है और कौन खेल रहा है या कौन खा रहा है और कौन भूखा है, इसका पता लगाना मुश्किल था। जिसको पढ़ना है मन लगाकर पढ़ो और जिसको भूख लगी हो आकर खाना खा लो। तुमको जभी भूख लगेगी, खाना तैयार मिलेगा। इतनी भीड़भाड़ में कौन बहू मुहल्ले के किस लड़के के साथ लूडो खेलकर वक्त काट रही है, इसको लेकर माथापच्ची करने की फुर्सत किसी को नहीं है। किसी के पास इतना फालतू समय नहीं है।

और यतीन भैया?

यतीन भैया उन दिनों डाक्टरी पास करके निकले थे। उनको प्रेक्टिस करनी थी। प्रेक्टिस करके नाम कमाना था। हालाँकि जब तक पिताजी जिन्दा हैं, परेशानी की कोई बात नहीं है। तब तक परिवार की गाड़ी जैसे चल रही है, चलती रहेगी।

लेकिन उसके बाद तो इस परिवार का, इतने सारे रिश्तेदारों और गैर-रिश्तेदारों का भार यतीन भैया के कन्धे पर ही पड़ेगा। उस समय तो उन्हीं को अकेले की कमाई से घर का सारा खर्च चलाना होगा। उस समय बड़े मालिक नहीं हैं कहकर किसी बात में कमी की जायेगी तो किसी को बरदाश्त न होगा। उस समय भी घर में इसी तरह रोज आधा मन चावल पकेगा, उस समय भी रिश्तेदार, मेहमान और गाँव-देहात के जान-पहचान के लोग आयेंगे तो इसी घर में ठहरेंगे और दोनों वक्त भोजन करेंगे।

इसलिए यतीन भैया सवेरे से बाप की प्रेक्टिस में हाथ बँटाने के बहाने उनके पास बैठ जाते थे। डाक्टर दास जिस मरीज को देखने नहीं जा पाते थे, उसे देखने यतीन भैया जाते थे। इस तरह रोगी देखते-देखते यतीन भैया का अनुभव बढ़ता था और नाम भी होता था। कोई एक रोगी अच्छा हो जाता था तो उसी मुहल्ले के और दस घरों से यतीन भैया को बुलाया जाता।

इस तरह जैसे-जैसे यतीन भैया के पिता की उम्र बढ़ती गयी, यतीन भैया का यश भी बढ़ता गया। धीरे-धीरे वह समय भी आ गया कि यतीन भैया के लिए नहाने-खाने का समय निकालना मुश्किल हो गया। उनको यार-दोस्तों से मिलना-जुलना बन्द करना पड़ा, घूमना-फिरना या गप-शप करना भी बन्द हो गया। रात को सोना भी उनके लिए मुश्किल हो गया। बस रोगी और रोग, दवा और प्रिस्क्रिप्शन।

जैसे-जैसे यतीन भैया का काम बढ़ता गया, वैसे-वैसे गुलाबी भाभी का लूडो खेलना भी बढ़ता गया।

पिताजी कहते थे-यही तो चाहिए। अभी तुम्हारी कम उम्र है, अभी तुम जितना खट सकोगे, बाद में उतनी खटने की क्षमता तुम्हारे में नहीं रहेगी।

जो केस यतीन भैया समझ नहीं सकते थे, उसके बारे में वे पिताजी से सलाह-मशविरा करते थे। वे सब केस बड़े सीरियस होते थे। रोगी मरणासन्न होते थे मानो अभी चल बसेंगे। उन्हीं सब रोगियों को चंगा करके यतीन भैया खुशी से भर उठते थे। केस जितना सिरियस होता था, उसका ट्रीटमेण्ट करने में यतीन भैया को उतना आनन्द मिलता था। उन्हें ऐसा लगता था कि मानो बहुत बड़ा कुछ मिल गया हो। फिर उसके आगे रुपया तुच्छ हो जाता था, पत्नी तुच्छ हो जाती थी, घर-परिवार और इष्ट-मित्र सब-कुछ तुच्छ हो जाते थे। वे उस रोगी और रोग के ध्यान में मग्न हो जाते थे!

उधर घर में यतीन भैया के सोने के कमरे में बिस्तर पर बैठी गुलाबी भाभी उतने ही उत्साह, उतने ही उल्लास और उतनी ही रुचि से मुहल्ले के किसी लड़के के साथ लूडो खेलती रहती थीं।

याद है कि एक बार कबलू को बुखार आया था। गुलाबी भाभी के साथ लूडो खेलनेवाला कोई नहीं था। तभी अचानक गुलाबी भाभी का नौकर मुझे बुलाने आया।

मैं परेशान। क्या हो गया? अचानक क्यों बुला रही हैं मधु?

मधु गुलाबी भाभी का नौकर था। उसने कहा-गुलाबी भाभी आपको बुला रही हैं। मेरी खुशी का ठिकाना न रहा।

गुलाबी भाभी मुझे बुला रही हैं। झटपट पैण्ट-शर्ट बदलकर मैं कबलू के घर भागा-भागा गया।

वहाँ रसोईघर के सामने मौसीजी मिल गयीं।

मैंने उनसे पूछा-कबलू कहाँ है मौसीजी?

-कबलू को तो कल से बुखार है, क्या तुम नहीं जानते?

मैंने कहा-जी नहीं, मुझसे किसी ने नहीं कहा।

मौसीजी बोलीं-क्यों नहीं बुखार आयेगा? ढेर-सारी कच्ची इमली खायेगा तो बुखार आयेगा ही।

-इमली? उसने इमली कब खायी? मैंने तो उसे कभी इमली खाते नहीं देखा।

मौसीजी ने कहा-अचार बनाने के लिए बाजार से कच्ची इमली मँगायी थी, उसी में से दो-चार चुराकर नमक और सरसों के तेल के साथ खा गया।

घर में दो-दो बड़े डाक्टर थे, इसलिए घबड़ाने की कोई बात नहीं थी। एक खुराक दवा खाते ही कबलू ठीक हो जायेगा। इसलिए उसके स्वस्थ होने के बारे में उस घर में कोई चिन्तित नहीं था। लेकिन कबलू स्वस्थ नहीं रहेगा तो गुलाबी भाभी के साथ लूडो कौन खेलेगा।

जीना तय कर मैं सीधे उस कमरे में गया जहाँ कबलू रहता था। वहाँ जाकर देखा कि कबलू बेहोश बिस्तर पर पड़ा है।

उसके पास जाकर मैं उसके माथे पर हाथ रखा। समझ गया कि उसे तेज बुखार है।

कबलू के माथे पर हाथ रखते ही उसने आँखें खोलकर देखा। उसकी आँखें करौंदे की तरह लाल थीं। मेरी तरफ एक बार देखकर उसने आँखें बन्द कर लीं।

मैंने पूछा–क्यों रे, तुझे बुखार आ गया?

कबलू ने कोई जवाब नहीं दिया। वह जैसे आँखें बन्द किये पड़ा था, पड़ा रहा।

मैंने कहा–तूने कच्ची इमली क्यों खा ली? बरसात के दिनों में क्या कोई कच्ची इमली खाता है?

कबलू ने इस बात का भी जवाब नहीं दिया। शायद मेरी बातें उसके कानों में नहीं गयीं। उसके बाद मैं ज्यादा देर वहाँ नहीं रुका। सोचा कि देख लूँ गुलाबी भाभी अपने कमरे में क्या कर रही हैं। धीरे-धीरे मैं यतीन भैया के कमरे की तरफ गया। मैं जानता था कि दिन निकलते ही वे कमरे से निकल जाते हैं। कमरे के सामने जाकर मैंने आवाज दी–गुलाबी भाभी।

अन्दर से गुलाबी भाभी का स्वर सुनायी पड़ा–कौन?

हिम्मत कर मैंने कमरे में जाकर कहा–मैं हूँ।

–तुम? आओ, आओ।

गुलाबी भाभी सज-धजकर बिस्तर पर अधलेटी पड़ी थीं। मुझे देखकर उठकर बैठीं।

मैंने कहा–कबलू को तो तेज बुखार आया है, मैं उसी को देखने आया था।

मुझे पाकर गुलाबी भाभी को मानो चैन मिला।

बोलीं–आ जा, यहाँ आ, लूडो खेलेगा?

यह तो मानो किसी भूखे से पूछा गया कि रोटी खायेगा? या किसी कंगाल से पूछा गया कि दौलत लेगा? मैंने लपककर कहा–क्यों नहीं खेलूँगा?

याद है कि उस दिन गुलाबी भाभी से लूडो खेलते-खेलते न जाने कब दोपहर हो गयी थी और एक बज गया था, मुझे पता ही नहीं चला था। जब मधु गुलाबी भाभी को खाने के लिए बुलाने आया तब मुझे पता चला कि कितनी देर हो गयी है।

घर लौटते ही माँ ने डाँटना शुरू कर दिया–तू इतनी देर तक कहाँ था? सिर्फ घूमना और घूमना? इतना घूमा करेगा तो पढ़ेगा-लिखेगा कब?

मैंने सफाई देते हुए कहा–कबलू को बुखार आया है, उसी को देखने गया था।

माँ बोलीं–कबलू को बुखार आया है तो तू इतनी देर वहाँ बैठा क्या कर रहा था। क्या उसका सिर दबा रहा था? उसके घर में दो-दो डाक्टर हैं, उसे देखने के लिए क्या लोगों की कमी है कि तू वहाँ जाकर बैठा रहा? अब इतनी देर करके नहाने और खाना खाने पर अगर तुझे बुखार आ गया तो कौन देखेगा?

इस तरह डाँट खाने की मुझे बचपन से आदत पड़ी थी। जीवन में प्यार किसे कहते हैं, यह जैसे मैं कभी नहीं जान सका, वैसे प्यार पाने पर कितना अच्छा लगता है, इसकी भी मैं कल्पना नहीं कर सकता।

माँ से डाँट-फटकार खाकर मुझे जितना दु:ख होता था उतना ही सुख गुलाबी भाभी से स्नेह पाकर मिलता था। मैं गुलाबी भाभी के पास जाता था तो गुलाबी भाभी को मानो चैन मिलता था। कम-से-कम उनको बात करने के लिए तो कोई मिल जाता था।

गुलाबी भाभी बड़े घर की बहू थीं। वह भी इतने बड़े घर की कि उस घर की बहू को एक गिलास पानी लाने के लिए भी हिलना नहीं पड़ता था। अगर गुलाबी भाभी किसी दिन किसी बहाने रसोई-घर में चली जाती थीं तो सास या ममिया सास या चचिया सास जो भी वहाँ होती थीं गुलाबी भाभी को वहाँ ठहरने नहीं देती थीं।

वे सभी कहतीं कि तुम नीचे क्यों चली आयी बहूरानी? तुम ऊपर अपने कमरे में जाकर बैठो, यहाँ चूल्हे के धुएँ से तुम्हें तकलीफ होगी।

गुलाबी भाभी कहतीं–वहाँ मन नहीं लगा, इसलिए चली आयी–

नहीं, नहीं, तुम यहाँ मत आओ बहूरानी। देख रही हो न यहाँ कितना धुआँ है, इस धुएँ से तुम्हारा बदन काला पड़ जायेगा।

गुलाबी भाभी कहतीं–सब्जी काट दूँ?

–नहीं बहू। सब्जी काटने के लिए क्या यहाँ आदमियों की कमी है कि तुम्हें सब्जी काटनी पड़ेगी? कहीं हँसिये से तुम्हारी उँगली कट जायेगी तो क्या होगा? आखिर यतीन हमीं को बुरा कहेगा।

इसी तरह सबने गुलाबी भाभी को शो-केस की गुड़िया बनाकर छोड़ा था। गुलाबी भाभी को कोई काम नहीं करना पड़ता था। घर में काम करने के लिए लोगों की कमी तो नहीं थी, लेकिन जो काम गुलाबी भाभी कर सकती थीं वह भी उसे करने नहीं दिया जाता था।

इसलिए लूडो खेलने के अलावा गुलाबी भाभी और क्या करतीं!

सिर्फ इसीलिए गुलाबी भाभी कबलू को बुलाती थीं या मुझको।

लेकिन संसार की गति बड़ी विचित्र है। सड़क चाहे जितनी सीधी और सपाट हो, जिन्दगी की गाड़ी कभी-न-कभी उस पर दुर्घटनाग्रस्त होती ही है। लेकिन पहले से किसी को उसका पता नहीं रहता।

इसलिए उतने बड़े घर की शान-शौकत और रौनक को एक दिन अचानक जबर्दस्त धक्का लगा। मानो कोई दीपक सहसा बुझ गया। उस दिन रात को दो बजे माँ ने मुझे अचानक जगाया।

मैं हड़बड़ाकर उठ बैठा।

-क्या हुआ है माँ?

माँ बोलीं-तेरे मौसाजी मर गये हैं!

मौसाजी! मौसाजी मर गये हैं।

मेरी आँखों से नींद की खुमारी भी ठीक से कटी नहीं थी। मौसाजी मर गये हैं। किसके मौसा, कौन मौसा और कब वे मरे हैं? किस वक्त मरे हैं? माँ की बात कुछ ऐसी लगी कि किसी ने सपने में मुझसे कुछ कहा हो।

लेकिन बगलवाले मकान से रोने की आवाज आते ही बात कुछ-कुछ मेरी समझ में आयी। तब मैं समझ गया कि माँ किस मौसे की बात कह रही हैं। मैं समझ गया कि यतीन भैया के पिताजी चल बसे हैं।

मैं झटपट पैण्ट-शर्ट पहनकर भागा-भागा यतीन भैया के घर जाने लगा। उस समय मैंने माँ से सिर्फ पूछा-भैया कहाँ हैं माँ? भैया को नहीं बुलाया?

माँ बोलीं-तेरा भैया बहुत पहले वहाँ गया है। तेरे पिताजी भी गये हैं।

फिर जरा रुककर माँ बोलीं-तू जा, मैं थोड़ी देर बाद जाऊँगी।

अब मैंने पल भर भी देर नहीं की। कहना चाहिए कि मैं दौड़कर यतीन भैया के घर पहुँचा। बाहर से ही अन्दर रोने की आवाज सुनायी पड़ रही थी। अन्दर जाकर देखा कि वहाँ बहुत-सारे लोग जमा हैं। जोड़ासाँको मुहल्ले का कोई ऐसा नहीं था जो वहाँ नहीं पहुँचा था। सभी मेरे डाक्टर मौसा की इज्जत करते थे। वे बहुत बड़े आदमी थे, बहुत ज्यादा व्यस्त रहते थे, फिर भी हरेक के लिए उनमें संवेदना और सहानुभूति थी। उनकी उम्र बहुत हो चुकी थी, लेकिन कोई मरीज देखने के लिए बुलाने आता था तो कभी वे ना नहीं करते थे। अक्सर लोग उनको उनका उचित पैसा नहीं दे पाते थे, लेकिन उनको कोई शिकायत नहीं थी। जब जिसको जरूरत पड़ती थी, वे उसी के पास पहुँच जाते थे। वे सबके दुःख का और विपत्ति का हिस्सा बँटाते थे।

मौसाजी में पैसे का लालच नहीं था। जो लोग उनको पहले दो रुपये विजिट देते थे, उन लोगों ने अब भी वही दो रुपये दिये। कुछ लोगों ने उनको चार रुपये दिये

तो कुछ लोगों ने आठ रुपये। फिर नये मरीज उनको सोलह रुपये भी देते थे। जिसने जो कुछ दिया, मौसाजी ने वही सहर्ष स्वीकार कर लिया। गरीब बस्ती के लोग उनके पास इलाज कराने आते थे तो वे उनसे कुछ भी न लेते थे।

कहते थे–तुम कहाँ से रुपया दोगे भाई? तुम मुझे जो रुपया दे रहे हो उससे मांस–मछली खरीदकर खा लेना।

अब वैसे देवता चले गये। उस दिन मौसाजी की मृत्यु की खबर पाकर जितने लोग वहाँ जुटे थे, सबने उनके लिए आँसू बहाये। सबको ऐसा लगा कि उनके परिवार के ही किसी का निधन हो गया है। ऐसे किसी का जो सबसे अधिक प्रिय था।

मैंने देखा कि यतीन भैया मेरे पिता के पास बैठे हैं। यतीन भैया बड़े शोकाकुल थे। डाक्टर की हैसियत से आज शहर में उनको जो यश मिला था वह उनके डाक्टर पिता की बदौलत ही था। डाक्टर दास को प्रतिष्ठा मिली थी, इसलिए उनका बेटा जब डाक्टर बना तब उसे प्रतिष्ठा मिली। यतीन भैया को डाक्टरी का व्यावहारिक प्रशिक्षण अपने पिता से ही मिला था। फिर धीरे–धीरे बाप के सारे मरीज बेटे के मरीज हो गये। बाप की उम्र हो जाने से उनकी जगह बेटे ने ले ली थी।

इसलिए यतीन भैया को सबसे ज्यादा कष्ट हुआ था। लेकिन उनकी आँखों में आँसू नहीं दिखायी पड़े थे। वे पत्थर की मूर्ति बने चुपचाप बैठे हुए थे।

और गुलाबी भाभी?

रात दो बजे उस घर में दिन–जैसी भाग–दौड़ शुरू हो गयी थी। डाक्टर दास के निधन का समाचार पाकर सभी लोग आये थे। जो जहाँ थे, सब वहाँ आ पहुँचे थे। मैं कबलू के पास खड़ा हो गया और सब–कुछ देखने लगा। कबलू बहुत रो रहा था। उसके लिए रोना स्वाभाविक था। सिर पर से बाप का साया उठ जाने का मतलब सब–कुछ छीन जाना है। डाक्टर दास भी कबलू से ज्यादा प्यार करते थे।

मैंने पूछा–अचानक कैसे क्या हो गया?

कैसे क्या हो गया, यह क्या कबलू भी जानता था? सिर्फ कबलू क्यों, कोई नहीं जानता था। उस दिन सवेरे भी किसी को पता नहीं था कि आज रात ऐसा हादसा होगा। शाम को भी सब–कुछ स्वाभाविक था। यहाँ तक कि दीया जलने के बाद भी डाक्टर दास रोज की तरह अपने चैम्बर में बैठे और मरीज देखते रहे। फिर रात साढ़े नौ बजे उन्होंने रोज की तरह भोजन किया। रोज का यही नियम था और उस दिन भी इसी नियम से हर काम हुआ। उसके बाद वे सोने गये। फिर सो भी गये। अचानक आधी रात को किसी के कराहने की आवाज से मौसीजी की नींद खुल गयी। मौसीजी बगलवाले पलँग पर ही सो रही थीं। नींद खुलने के बाद मौसीजी ने

मौसाजी के पास जाकर पूछा–क्या हो गया है? कैसी तकलीफ हो रही है? क्या ज्यादा तकलीफ है?

डाक्टर दास उस समय तकलीफ के मारे छटपटाने लगे थे।

मौसीजी ने फिर पूछा था–यतीन को बुलाऊँ?

फिर भी मौसाजी ने कोई उत्तर नहीं दिया।

अब मौसीजी को डर लगा। उन्होंने देर नहीं की। बेटे के कमरे के सामने जाकर उन्होंने आवाज दी–यतीन! अरे यतीन!

यतीन का कोई जवाब नहीं मिला। लेकिन अन्दर से दरवाजा खोलकर साड़ी सँभालती हुई गुलाबी भाभी बाहर निकलीं।

मौसीजी ने पूछा–यतीन कहाँ है बहू? क्या यतीन घर में नहीं है?

गुलाबी भाभी बोलीं–वे तो नहीं हैं माँ।

–नहीं है! कहाँ गया वह?

गुलाबी भाभी ने कहा–वे तो मरीज देखने गये हैं।

–मरीज देखने? कब गया? मुझे तो कुछ भी पता नहीं चला। मुझसे तुमने भी कुछ नहीं कहा। वह तो खाना खाकर सोने आया, उसके बाद हम खाना खाने बैठे।

गुलाबी भाभी बोलीं–वे तो सो गये थे, लेकिन अचानक जरूरी टेलीफोन आया। टेलीफोन आते ही वे चले गये। जाते समय कहा कि लौटने में देर होगी।

मौसीजी ने माथा थाम लिया।

–अब क्या होगा? तुम्हारे ससुर को भी न जाने क्या हो गया है, उनको भी दवा देना जरूरी है।

इतनी देर में घर भर के लोगों को यह खबर मिल गयी। हर कमरे में बत्ती जली। जहाँ जो थे सभी डाक्टर दास के सोने के कमरे में पहुँच गये।

सौभाग्य से यतीन भैया तभी लौटे। लेकिन उनके लौटने से क्या होता, जिनके जाने का समय हो चुका था उनको कौन रोक रखता? अगर यतीन भैया और पहले लौटते तो क्या होता यह तो बताया नहीं जा सकता।

घर में अपना बेटा डाक्टर था लेकिन कोई फायदा नहीं हुआ। मौसाजी के अन्त समय उनका इलाज नहीं हो सका।

उसी के बाद सब–कुछ मानो अस्तव्यस्त हो गया।

सीधी सपाट सड़क पर चलते–चलते अचानक उस परिवार की गाड़ी दुर्घटनाग्रस्त हो गयी। फिर वह जिस तरह चल रही थी, कभी न चल सकी।

यहाँ तक कि हम जिस मुहल्ले में रहते थे वह जोड़ासाँको मुहल्ला ही मानो रातोंरात श्रीहीन हो गया।

डाक्टर दास के घर में रोज आधा मन चावल पकता था। रात-दिन उस घर में लोगों का आना-जाना लगा रहता था, इसलिए बारहों महीने और चौबीस घण्टे वहाँ मेले का-सा दृश्य रहता था। लेकिन डाक्टर दास के न रहने से वहाँ मायूसी का वातावरण छा गया।

हालाँकि उस समय भी मैं कबलू के पास जाता था। वहाँ जाने की मेरी आदत पड़ गयी थी। अब भी पहले की तरह गुलाबी भाभी से लूडो खेलता था। गुलाबी भाभी अब भी सज-धजकर बिस्तर पर बैठी रहती थीं।

लेकिन अब लूडो खेलने में पहले की तरह मजा नहीं आता था।

डाक्टर दास के श्राद्ध के बाद भी कुछ दिनों तक कोई फर्क नहीं आया। कोई समझ ही न पाया कि उस घर की नींव तक बुरी तरह हिल गयी है। किसी की समझ में नहीं आया कि उस परिवार में दरार पड़ने लगी है।

लेकिन यह सब उस समय समझ में आया जब यतीन भैया ने अपना मकान अलग कर लिया।

मकान अलग कर लेना भी कोई बुरा नहीं है। उन दिनों यतीन भैया की प्रेक्टिस इतनी बढ़ गयी थी कि हर वक्त उनके लिए घर लौटना सम्भव नहीं होता था। उस समय उनका नर्सिंग होम पार्क स्ट्रीट में था। मकान था थियेटर रोड पर।

पार्क स्ट्रीट साहबों का मुहल्ला है। साहबों का मुहल्ला याने वहाँ की भीड़ अन्तर्राष्ट्रीय है। उस भीड़ में अंग्रेज हैं, चीनी हैं, विदेशी दूतावासों के लोग-बाग हैं और सरकारी गैर-सरकारी कार्यालय हैं। इसके अलावा अंग्रेज जो मकान छोड़ गये थे, उनमें अंग्रेज-जैसे ही विचित्र लोग आ गये हैं। ये लोग नये समाज और नये युग के हैं। आम लोगों से ये कुछ अलग हैं।

इसलिए यह मुहल्ला कलकत्ते के अन्य मुहल्लों से थोड़ा अलग है।

समाज के इस नये वर्ग के लोगों को नया ऐश्वर्य मिला था। उस ऐश्वर्य के प्राचुर्य से उन दिनों पार्क स्ट्रीट इलाके की रौनक ही कुछ हो गयी। वहाँ से उत्तर की ओर श्यामबाजार, बहूबाजार और जोड़ासाँको आदि मुहल्ले हैं। कभी ये मुहल्ले रईसों के मुहल्ले कहे जाते थे। लेकिन इनकी शान-शौकत में कमी आ गयी। दक्षिण की ओर हरीश मुखर्जी रोड, पद्मपोखर या बालीगंज और न्यू अलीपुर है। उस समय तक ये सब मुहल्ले भी देशी लोगों के हो चुके थे। देशी का मतलब है आम, याने खास रईसी उन मुहल्लों से मिट चुकी थी।

नये समाज में जो नये वर्ग पैदा हो गये, उनकी निगाह पार्क स्ट्रीट, कैमक स्ट्रीट, रसेल स्ट्रीट और थियेटर रोड की तरफ गयी। उनकी धारणा बन गयी कि उन इलाकों में रहने से नये समाज की नयी रोशनी मिलती है। नयी इज्जत नसीब होती है।

अगर कोई पूछता है-सर, आपका पता?

इसके जवाब में अगर आप कहते हैं–जोड़ासाँको, तो आपकी प्रतिष्ठा कम हो जायेगी। अगर आप जोड़ासाँको के डाक्टर हैं, या आपका चैम्बर जोड़ासाँको में है तो आपकी विजिट कम हो जायेगी। उस हालत में आप आठ रुपये या ज्यादा-से-ज्यादा सोलह रुपये की माँग कर सकते हैं।

लेकिन आपका चैम्बर अगर पार्क स्ट्रीट, या कैमक स्ट्रीट, या थियेटर रोड में है तो आप अपनी विजिट चाहें जितनी कर दें, कोई देने में एतराज नहीं करेगा।

फिर आपका नर्सिंग होम कहाँ है, यह भी एक सवाल है। अगर आपका नर्सिंग होम श्यामबाजार, या बहूबाजार, या भवानीपुर में है तो वहाँ गरीब रोगी आयेंगे जो सस्ता इलाज चाहेंगे।

अगर आपके घर का पता, याने आपके चैम्बर का पता थियेटर रोड है तो आपकी कीमत दूनी हो जायेगी। अगर मैं वहाँ इलाज कराने जाऊँगा तो आपकी सारी माँगें पूरी करूँगा। इसका कारण यह है कि वहाँ नेपाल, भूटान और सिक्किम के मरीज आते हैं। नेपाल, भूटान और सिक्किम के राजा, रानी या रईस लोगों को कोई बड़ा रोग हो जाता है तो वे सीधे वियना या अमेरिका जाते हैं। हो सकता है कि उस तरह इलाज कराने के पीछे प्रतिष्ठा का प्रश्न भी जुड़ा रहता हो।

लेकिन छोटी-मोटी बीमारी के लिए वे इण्डिया चले आते हैं। फिर उनके लिए इण्डिया का मतलब बम्बई, दिल्ली या कलकत्ता है।

फिर कलकत्ते का मतलब असली कलकत्ते से नहीं है। आज का कलकत्ता वह नकली कलकत्ता है। याने वही पार्क स्ट्रीट, रसेल स्ट्रीट, कैमक स्ट्रीट और थियेटर रोड के आसपास का इलाका।

इसलिए यतीन भैया जब डाक्टर दास बन गये तब प्रेक्टिस के लिहाज से उन्होंने थियेटर रोड पर मकान बनाया।

उनका नर्सिंग होम पार्क स्ट्रीट में है।

पार्क स्ट्रीट के नर्सिंग होम की रौनक बड़ी ऊँची किस्म की होती है। इसलिए डाक्टर दास के नर्सिंग होम में भी आम मरीजों का जाना मना है। भला तीन सौ रुपये रोज किराया देकर उस नर्सिंग होम में कितने लोग भरती हो सकते हैं?

लेकिन आजकल तीन सौ रुपये रोज देनेवाले मरीजों की भी भीड़ इतनी बढ़ गयी है कि डाक्टरों की खुशामद करनी पड़ती है। जबानी खुशामद नहीं, नकदी खुशामद। कन्सल्टेशन के नाम पर डाक्टर को कुछ दक्षिणा चैम्बर में जाकर देनी पड़ती है।

यतीन भैया उन दिनों डाक्टर दास बन गये थे। वे शिक्षित और धनी समाज के डाक्टर थे। गरीब लोग उनके पास नहीं जा सकते थे। अगर कोई गरीब डाक्टर दास से इलाज कराना चाहता है तो वह अस्पताल में जा सकता है। वहाँ डाक्टर दास का

छोटा-सा बोर्ड लगा है। वहाँ आउटडोर में जाकर वह मरीज टिकट ले सकता है और सैकड़ों लोगों की लाइन में खड़ा हो सकता है।

लाइन लगाने से ही डाक्टर दास के दर्शन मिल जायेंगे, ऐसी कोई गारण्टी नहीं है, लेकिन उनके असिस्टेण्ट लोग उस मरीज को जरूर देखेंगे। फिर अस्पताल में भरती होकर सफेद पानी पीना पड़ेगा। वही पानी पीकर समझना होगा कि असली दूध पी रहा हूँ।

लेकिन डाक्टर दास अस्पताल की नौकरी छोड़ दें, ऐसी हिम्मत उनमें नहीं है। पहले ही कहा है कि वह माँग का सिन्दूर है। उसी सिन्दूर की पूँजी से बाजारू धन्धा चलता है और मोटी रकम की आमदनी होती है। पति की आमदनी अच्छी न होने पर बहुत-सी सती नारियाँ ऐसा कहती है। यतीन भैया ने वही गूढ़ सीख लिया था।

यतीन भैया की प्रेक्टिस बढ़ने या डाक्टर की हैसियत से उनकी प्रतिष्ठा बढ़ने के कारण हमारे मन में कभी क्षोभ या ईर्ष्या नहीं थी।

हमारे क्षोभ और ईर्ष्या का कारण कुछ और था।

असल में गुलाबी भाभी के बारे में सोचकर ही मेरे कबलू के मन में क्षोभ था।

थियेटर रोड पर मकान बनवाकर यतीन भैया चले गये थे तो उससे अगर किसी को दुःख हुआ था तो मौसीजी को, याने कबलू की माँ को।

बाद में तो इस बात को लेकर मौसीजी रोया करती थीं।

मौसीजी रोती थीं, लेकिन वह मौसाजी के शोक में, या घर बरबाद हो जाने से, या बेटे और बहू के अलग हो जाने पर यह वे किसी को नहीं बताती थीं। यतीन भैया अपनी प्रेक्टिस की व्यस्तता के कारण जोड़ासाँको-वाले मकान में नहीं आ पाते थे, लेकिन गुलाबी भाभी कभी-कभी आ जाती थीं। वे सास से मिलने आती थीं।

गुलाबी भाभी के आने पर मौसीजी उनसे लिपटकर रोती थीं।

वे कहती थीं-बेटा तुम्हें लेकर चला गया बहू, अब मैं किसके सहारे जीऊँ और किसके लिए यह बेगार करूँ? तुम्हारे ससुर भी चले गये, यतीन भी चला गया, फिर यह घरद्वार किस काम का?

गुलाबी भाभी कहतीं-आप भी मेरे साथ चलिये माँ, आप हमारे घर चलकर रहिये, यहाँ क्यों पड़ी हैं?

मौसीजी कहतीं-नहीं बहू, यह घर तुम्हारे ससुर का है, अन्त तक वे यहीं रहे, इसलिए मैं इस घर को नहीं छोड़ सकती। तुम्हारे ससुर का घर छोड़कर अगर मैं स्वर्ग जाऊँगी तो मुझे चैन नहीं मिलेगा।

उसके बाद मौसीजी गुलाबी भाभी को मिठाई खाने को देतीं और घर भर के लोग गुलाबी भाभी को देखने के लिए उमड़ पड़ते।

मौसीजी कहतीं–छेने की यह एक मिठाई और लो बहू। अब तो तुम साहबों के मुहल्ले में रहती हो, वहाँ ऐसी मिठाई नहीं मिलती। ये मिठाइयाँ यतीन के लिए ले जाना। जब वह छोटा था तब छेने के सन्देश बहुत पसन्द करता था।

फिर मधु को भेजकर मौसीजी छेने की अच्छी-अच्छी मिठाइयाँ मँगातीं। फिर मिठाइयों का बड़ा-सा पैकेट गुलाबी भाभी के हाथ में देतीं।

कहतीं–जब यतीन दोपहर को खाना खा ले तब उसको ये मिठाइयाँ देना बहू।

मौसीजी फिर कहतीं–अभी उस दिन घर में हिलसा मछली आयी थी, गंगा की हिलसा। महाराज ने खूब सरसों डालकर पकाया था। सबने खाकर तारीफ की थी। उस समय मुझे यतीन की याद आयी थी। वह हिलसा खाना खूब पसन्द करता था। अब तो शायद उसे हिलसा खाने को नहीं मिलती।

इसी क्रम में मौसीजी पूछतीं–तुम्हारे मुहल्ले के बाजार में हिलसा आती है न? वह तो सुना है कि साहबों का मुहल्ला है। क्या साहब लोग हिलसा खाते हैं?

गुलाबी भाभी कहतीं–बहुत दिन हो गये माँ, हिलसा आँखों से देखी तक नहीं।

–क्यों? तुम अपने आदमी यहाँ के बाजार में भेज सकती हो?

गुलाबी भाभी कहतीं–आपके बेटे अब न जाने कैसे हो गये हैं माँ।

मौसीजी आश्चर्य में पड़ जातीं। पूछतीं–कैसा हो गया है?

गुलाबी भाभी कहतीं–हमारे यहाँ महाराज नहीं, बावरची और खानसामाँ हैं। वे लोग मुर्गा और मटन लाते हैं।

–अच्छा? खाना पकाने के लिए महाराज नहीं है?

–जी नहीं, बावरची है। आपके बेटे को अब उसी का पकाया खाना पसन्द है। वे कहते हैं कि सेहत के लिए मुर्गा अच्छा है। उससे बदन में ताकत बढ़ती है।

–और तुम? क्या तुम भी मुर्गी-उर्गी खाती हो बहू?

गुलाबी भाभी कहतीं–दो जनों का खाना भी क्या अलग-अलग बन सकता है? मैं भी वही खाती हूँ।

मौसीजी पूछतीं–आज क्या बना था?

गुलाबी भाभी कहतीं–सूप, चिकनकरी, राइस और पुडिंग।

–ये सब क्या हैं बहू?

गुलाबी भाभी से खाद्य वस्तुओं के नाम सुनकर मौसीजी आश्चर्य में पड़ जातीं।

पूछतीं–क्यों बहू, तुम लोग भात नहीं खाते?

गुलाबी भाभी कहतीं–खाते हैं माँ, वही जो बताया राइस, वही तो भात है।

–भरता, सालन, रसेदार सब्जी और चटनी वगैरह बनाने के लिए बावरची से क्यों नहीं कहती?

गुलाबी भाभी कहतीं–वह सब तो आपके लड़के नहीं खायेंगे। उनका कहना है कि वह सब खाने से शरीर को लाभ नहीं पहुँचता, सिर्फ खाने में मजा आता है।

यह सब सुनकर मौसीजी आश्चर्य से गुलाबी भाभी की ओर देखती रहतीं।

उसके बाद कहतीं–फिर तो तुम्हें बड़ी तकलीफ होती है बहू। तुम पोई और हिलसा का सालन खाना बहुत पसन्द करती थी। अब तो तुम्हारा पेट भी न भरता होगा।

फिर कुछ सोचकर मौसीजी कहतीं–बल्कि तुम एक काम किया करो बहू। तुम्हारे पास तो कई कारें हैं, तुम रोज दोपहर को यहाँ कार भेज देना, समझ गयी? यहाँ जो कुछ बनेगा, भेज दिया करूँगी। तुम ड्राइवर को समझा देना, वह टिफिन-कैरियर में भरकर वह सब ले जायेगा। तुम रोज टिफिन-कैरियर भेज देना।

गुलाबी भाभी कहतीं–आपके बेटे को फुर्सत ही कहाँ कि आराम से बैठकर वह सब खायेंगे? वे कभी घर में खाते हैं तो कभी नहीं खाते। महीने में पन्द्रह दिन तो उनको बाहर खाना पड़ता है।

मौसीजी के आश्चर्य का ठिकाना नहीं रहता।

कहतीं–अरे! यतीन महीने में पन्द्रह दिन घर में खाना नहीं खाता? क्या बाहर खाता है?

गुलाबी भाभी कहतीं–यह तो मैं नहीं जानती। फिर खाने के लिए उनके पास वक्त भी तो नहीं रहता! भोर पाँच बजे से रोगियों का आना शुरू हो जाता है। दिन भर रोगियों से घर भरा रहता है। कभी-कभी तो मुझसे उनकी मुलाकात भी नहीं हो पाती। मुझे टेलीफोन कर देते हैं कि मैं नेपाल जा रहा हूँ।

हैरान होने के अलावा मौसीजी और क्या कर सकती थीं? यतीन अगर घर नहीं आ पाता, आराम से खाना नहीं खा पाता तो ऐसी डाक्टरी करने से क्या फायदा? फिर अलग मकान बनवाकर साहबों के मुहल्ले में रहने की क्या जरूरत? इसके अलावा उसने शादी ही क्यों की? फिर उसके बाप भी तो डाक्टरी करते थे, लेकिन ऐसा तो वे नहीं करते थे। वे तो समय से नहाते-खाते थे। वे घर के काम-काज भी देखते थे। रात को वे घर भी लौटते थे। लेकिन यतीन कैसी डाक्टरी करता है कि बहू को अकेले रहना पड़ता है।

–अकेली कैसे रह लेती हो बहू? कैसे तुम्हारा समय कटता है?

गुलाबी भाभी कहतीं–मेरे पास कार है, मैं कार लेकर घूमती रहती हूँ।

–कार लेकर घूमती रहती हो?

–इसके अलावा और क्या करूँगी माँ। घर में और तो कोई नहीं है। कोई ऐसा नहीं है जिससे गप-शप कर सकूँ। खाने के लिए सिर्फ दो प्राणी, इसलिए रसोई से भी जल्दी छुट्टी मिल जाती है। इसलिए जब मन होता है, न्यू मार्केट चली जाती हूँ और जो चीज पसन्द आती है, खरीदती हूँ।

–क्या खरीदती हो?

गुलाबी भाभी कहतीं–कभी मुर्गा खरीदती हूँ तो कभी साड़ी, कभी ब्लाउज तो कभी ड्राइंग-रूम सजाने के लिए गुड़िया या खिलौना, कभी टेबुल-कुर्सी तो कभी पलँग के लिए चादर और तकिये की खोली। न्यू मार्केट में क्या खरीदने के लिए चीजों की कमी है? इसलिए जरूरत रहने पर भी खरीदती हूँ और न रहने पर भी खरीदती हूँ।

–इससे तो तुम्हारा बहुत-सारा रुपया फालतू खर्च होता है। क्यों इतना फालतू खर्च करती हो? फालतू खर्च करना क्या अच्छा है? यतीन मुझे हर महीने पाँच सौ रुपये भेजता है, वही मुझे बुरा लगता है। अभी उसकी उम्र कम है और यही उम्र रुपया कमाने की है। अभी कुछ रुपये जमा कर लो। अभी तो तुम लोगों के बाल-बच्चे होंगे बहू, परिवार बड़ा होगा, तब तो रुपये की जरूरत पड़ेगी। समय किसी का एक-सा नहीं कटता! यही देखो न, जब तुम्हारे ससुर थे, तब अगर मैं इस तरह रुपया लुटाती तो क्या आज इस परिवार का खर्च चलता? तुम यतीन को समझाना बहू, और उससे यह भी कह देना कि मुझे हर महीने पाँच सौ रुपये न भेजा करे।

गुलाबी भाभी जोड़ासाँकोवाले घर में आयी हैं, खबर मिलते ही मैं भागा-भागा वहाँ जाता था। मैं कबलू के पास इस इन्तजार में बैठा रहता

कि कब मौसीजी से गुलाबी भाभी की बातचीत खत्म होगी। जितनी देर वह मौसीजी से बात करतीं, हम मुँह बाये उनको देखा करते थे। सिर्फ हम ही नहीं, घर के सारे लोग गुलाबी भाभी के आने की खबर पाते ही वहाँ पहुँच जाते और उनको घेरकर बैठे रहते।

फिर गुलाबी भाभी के घर लौटने का वक्त होता तब हम पर उनकी निगाह पड़ती।

कबलू और मेरी तरफ देखकर वे पूछतीं–क्या खबर है? तुम दोनों कैसे हो? मन लगाकर पढ़-लिख रहे हो न?

इस सवाल पर कबलू भी हाँ में सिर हिलाता और मैं भी हिलाता।

गुलाबी भाभी कहतीं–हाँ, खूब मन लगाकर पढ़ना-लिखना। पढ़ोगे-लिखोगे नहीं तो जिन्दगी में कुछ भी नहीं कर पाओगे। मन लगाकर पढ़-लिख लिया था तभी तो तुम्हारे भैया इतने बड़े बने हैं। यह तो समझते हो न? आज न जाने कहाँ-कहाँ से

तुम्हारे भैया को बुलाया जाता है। न जाने कहाँ-कहाँ वे मरीज देखने जाते हैं। उन्होंने चार कारें खरीदी हैं। यह वो देखा है न? अभी जिस कार से मैं आयी हूँ, शायद इसी का दाम एक लाख होगा। तुम्हारे भैया जिस कार से जाते हैं वह और भी महँगी है। इनके अलावा और दो कारें हैं। अगर तुम लोग भी भैया की तरह पढ़ोगे-लिखोगे तो एक दिन इसी तरह अमीर बनोगे। समझ गये?

भाभी की बात खत्म होते ही मैं पूछता-क्या अब भी आप लूडो खेलती हैं?

-लूडो?

लूडो का नाम सुनकर गुलाबी भाभी मानो दूर अतीत में लौट गयीं।

भाभी ने पूछा-क्या तुम दोनों अब भी लूडो खेलते हो?

कबलू बोला-जी नहीं। आपके जाने के बाद हमारा लूडो खेलना बन्द हो गया।

मैंने भाभी से पूछा-अब आपका समय कैसे कटता है भाभी?

गुलाबी भाभी हँसने लगीं। वही पहलेवाली हलकी मीठी हँसी।

बोलीं-समय काटने के लिए हजारों उपाय हैं। कभी मन हुआ तो राजबहादुर को बुला लिया। उससे कार निकालने के लिए कह दिया। फिर कार से डायमण्ड हर्बर चली गयी। वहाँ एक रेस्ट हाउस है। उसी रेस्ट हाउस के किसी कमरे में बैठकर समुद्र की लहरें गिनने लगी।

मैंने पूछा-राजबहादुर? वह कौन है?

गुलाबी भाभी ने कहा-वह मेरा ड्राइवर है। बड़ा ही एक्सपर्ट ड्राइवर है। ऐसा एक्सपर्ट कि जब वह कार चलाता है तब बदन को जरा भी हचका नहीं लगता। वह कार चलाता है तो ऐसा लगता कि मानो झूला झूल रही हूँ। इतना आराम लगता है कि क्या बताऊँ?

मैंने कहा-आप लूडो क्यों नहीं खेलती भाभी? आप लूडो खेलतीं तो आराम से वक्त कट जाता-

गुलाबी भाभी बोलीं-किसके साथ लूडो खेलूँगी? नौकर-चाकर के साथ?

मैंने कहा-क्यों? आपके घर में और कोई नहीं है। जब यतीन भैया घर लौटते हैं तब उनके साथ भी तो खेल सकती हैं?

गुलाबी भाभी ने कहा-तू बड़ा भोला है। तेरे भैया के पास कितना काम है। उनके पास कितने मरीज हैं। सुबह छह बजे से रात बारह बजे तक उनको मरीजों से ही छुटकारा नहीं मिलता। वे इतने व्यस्त रहते हैं कि कभी-कभी उनसे दिन में एक बार भी मुलाकात नहीं हो पाती। कभी-कभी वे रात को भी घर में नहीं रहते। उनके पास इतना काम है कि उसी से वे परेशान रहते हैं। तेरे भैया को दिखाने के लिए

मरीजों को दो महीने पहले रजिस्टर में नाम दर्ज कराना पड़ता है। यह सब तो तुझे पता नहीं।

हम गुलाबी भाभी की बात सुनकर आश्चर्य में पड़ जाते थे। अजीब हैं। यतीन भैया इतने काम के आदमी हो गये। लेकिन उनके पिता डाक्टर मौसा को भी देखा था। उनके पास भी कितने रोगी आते थे। उनको भी न जाने किस-किस मुहल्ले में जाकर मरीज देखना पड़ता था। फिर भी वे घर आते थे। घर आकर खाना खाते थे। मौसीजी से घर के सबका हालचाल पूछते थे। रात को घर में ही सोते थे। अगर उस समय वैसी कोई जरूरत पड़ती थी तो वे ड्राइवर से कार निकालने को कहते थे। ड्राइवर कार निकालता था तो वे उसमें बैठकर मरीज देखने जाते थे। वह भी अक्सर नहीं, कभी-कभी। लेकिन गुलाबी भाभी से यतीन भैया की मुलाकात ही नहीं होती, यह कैसी बात हुई!

गुलाबी भाभी बोलीं-तुझे तो पता नहीं, इसलिए ऐसा कह रहा है। तेरे भैया और भी बड़े डाक्टर हैं। डाक्टरों में भी तो छोटा-बड़ा होता है। तेरे भैया का इस समय इण्डिया भर में नाम हो गया है। उनके-जैसे डाक्टर इण्डिया में सिर्फ चार-पाँच हैं। कहाँ-कहाँ से तेरे भैया का बुलावा आता है, यह तो तुझे पता नहीं।

कबलू ने पूछा-कहाँ-कहाँ से बुलाये जाते हैं?

गुलाबी भाभी बोलीं-एक बार अफगानिस्तान के प्रेसीडेण्ट के घर से भी बुलावा आया था।

-फिर तो यतीन भैया को वहाँ से बहुत रुपया मिला होगा! प्रेसीडेण्ट के घर का इलाज तो थोड़े रुपये में नहीं होता।

-वह तो होता ही नहीं। एक बार श्रीलंका से भी काल आया था। इण्डिया के अन्दर बम्बई, गुजरात और केरल से तो तेरे भैया को बुलाया ही जाता है। लेकिन हर जगह तो वे जा नहीं सकते। उतना समय कहाँ है? मेडिकल कालेज अस्पताल की नौकरी और अपने थियेटर रोडवाले मकान का चैम्बर दोनों जगह रोज जाना पड़ता है। इसके अलावा शहर भर के मरीजों को देखना पड़ता है। ये सब काम तो असिस्टेण्टों से नहीं होते।

कबलू ने कहा-फिर तो यतीन भैया के पास बहुत रुपया है गुलाबी भाभी।

गुलाबी भाभी बोलीं-हाँ, बहुत रुपया है। इतना कि गिना नहीं जा सकता।

मैंने कहा-फिर तो आपको बड़ा मजा है गुलाबी भाभी!

गुलाबी भाभी ने कहा-क्यों? मजा क्यों रहेगा?

मैंने कहा-क्यों नहीं मजा रहेगा? आप बहुत-सी फिल्में देख सकती हैं। उसके लिए आपसे कोई कुछ कहता भी न होगा-कम-से-कम कोई यह तो नहीं कहेगा कि तुम पिक्चर देखकर पैसा बरबाद करती हो।

अब गुलाबी भाभी जोर से हँसीं। बोलीं–फिल्म देखने तो कभी भी जाया जा सकता है। उसके लिए कौन ऐसा पैसा खर्च होता है? फिल्म देखने में जो खर्च है उससे ज्यादा खर्च मेरी कार के लिए पेट्रोल खरीदने और ड्राइवर और ड्राइवर की तनख्वाह देने में होता है। राजबहादुर को तेरे भैया कितनी तनख्वाह देते हैं, पता है?

–कितनी?

गुलाबी भाभी बोलीं–सुनेगा तो चौंक पड़ेगा। साढ़े पाँच सौ रुपये।

एक कार ड्राइवर की तनख्वाह साढ़े पाँच सौ रुपये सुनकर हम सचमुच चौंक पड़े। आजकल एक बी० ए० या एम० ए० पास लड़का भी किसी दफ्तर में नौकरी करने लगता है तो शुरू में इतनी तनख्वाह नहीं

पाता।

कबलू बोला–क्यों? उनको भैया क्यों इतनी तनख्वाह देते हैं? क्या भैया का रुपया सस्ता है?

गुलाबी भाभी बोलीं–क्यों उतनी तनख्वाह नहीं देंगे? तुझे क्या पता कि मेरे ड्राइवर को कितना खटना पड़ता है? दिन हो या रात, जब मन होता है उसे बुलाती हूँ और वह कार निकालता है। उसके लिए वक्त-बेवक्त का कोई हिसाब नहीं, कभी-कभी तो उसे नहाने-खाने का मौका नहीं मिल पाता। रात-दिन बस कार ही चला रहा है। क्या उसे सिर्फ तनख्वाह ही मिलती है? रहने के लिए उसे फ्री कमरा दिया गया है, कपड़े-लत्ते भी फ्री मिलते हैं और दशहरे पर बोनस भी मिलता है। इसके अलावा दोनों वक्त खाना मिलता है और नाश्ता भी। आज के इस महँगाई के जमाने में अगर यह सब नहीं दिया तो कोई मन लगाकर क्यों काम करेगा? अगर कोई खुशी-खुशी काम नहीं करता तो वह बढ़िया काम कर भी नहीं सकता। फिर ड्राइवर का काम और भी जिम्मेदारी का है। कहीं रास्ते में ऐक्सीडेण्ट न कर दे।

–आपके पास कितने ड्राइवर हैं?

गुलाबी भाभी बोलीं–मेरे पास सिर्फ एक है, वही राजबहादुर। तेरे भैया के पास दो कारें हैं और तीन ड्राइवर।

–दो कारें और तीन ड्राइवर क्यों?

गुलाबी भाभी बोलीं–वाह! एक कार अगर मरम्मत के लिए गयी तो काम कैसे चलेगा? तेरे भैया मरीज देखने कैसे जायेंगे? इसीलिए दो कारें हैं।

–लेकिन दो कारों के लिए तीन ड्राइवर क्यों?

–अगर एक ड्राइवर ने छुट्टी ली और दूसरे को बुखार आ गया तो तीसरा कार चलायेगा। याने तेरे भैया का कहना है कि मरम्मत के लिए कार कारखाने में जा सकती है, एक ड्राइवर छुट्टी लेकर घर जा सकता है और दूसरा बीमार भी पड़

सकता है, लेकिन काम तो नहीं बन्द हो सकता। यही समझ ले कि दुनिया में रोज कितने लोग मर रहे हैं लेकिन दुनिया का कौन-सा काम रुक रहा है? दुनिया अपने हिसाब से चल रही है। इसी तरह तेरे भैया कहते हैं कि घर का काम चले या न चले, ड्राइवर छुट्टी ले या कार मरम्मत के लिए जाय, लेकिन मेरा मरीज देखना बन्द न हो।

मैंने कहा–मान लिया कि यतीन भैया के पास बहुत काम रहता है, उनको बहुत-सी जगह जाना पड़ता है, मेडिकल कालेज जाना रहता है और चैम्बर में बैठना पड़ता है। उनकी भाग-दौड़ का मतलब तो समझ रहा हूँ, लेकिन आप? आपको रात-दिन ड्राइवर की जरूरत क्यों पड़ती है? आपके पास तो कोई जरूरी काम नहीं रहता?

गुलाबी भाभी बोलीं–क्या कहता है कि मेरे पास जरूरी काम नहीं रहता? क्या रुपया कमाना ही काम है और जो रुपया नहीं कमाता वह कोई काम नहीं करता? तेरे भैया जब दस-बारह दिन के लिए बाहर चले जाते हैं तब क्या मैं घर में अकेली बैठी रहती हूँ? मैं भी निकल पड़ती हूँ।

–आप भी निकल पड़ती हैं? कहाँ जाती हैं?

–जहाँ मेरा मन चाहता है, वहीं! मन होता है तो कार लेकर राँची चली जाती हूँ।

–राँची?

–हाँ। कभी राँची तो कभी हजारीबाग और कभी वाराणसी। वाराणसी की गंगा में नाव किराये पर लेती हूँ और उसी से घूमती हूँ।

–आप उतनी दूर कैसे जाती हैं? प्लेन से या ट्रेन से?

गुलाबी भाभी बोलीं–क्यों? मेरे पास कार नहीं है? मैं कार से जाती हूँ। जब तक राजबहादुर है तब तक किस बात की चिन्ता? राजबहादुर को उतनी तनख्वाह किसलिए देती हूँ? साढ़े पाँच सौ तो उसकी तनख्वाह है। उसके अलावा उसे कितना रुपया देती हूँ उसका क्या कोई हिसाब है? जब उसे रुपये की जरूरत पड़ती है, तभी उसे रुपया दिया जाता है। फिर वह मेरा ऐसा ड्राइवर है कि मेरे लिये जान देने को तैयार रहता है।

जब भी गुलाबी भाभी जोड़ासाँको आती थीं, मुझे खबर मिलते ही मैं उनके पास पहुँच जाता था। लेकिन गुलाबी भाभी ज्यादा देर नहीं रुकती थीं। मौसीजी से थोड़ी देर बात करके वे चली जाती थीं।

कहती थीं–अब जाऊँ, बहुत-सा काम पड़ा हुआ है।

बहुत-सा काम? गुलाबी भाभी के काम की बात सुनकर मुझे हँसी आती थी। मैं तो कह देता था–वाह! आपको कौन-सा काम करना पड़ेगा? आपके पास तो कोई काम ही नहीं रहता।

–कैसी बात कर रहा है? काम नहीं रहता? अभी घर लौटते समय एक बार न्यू मार्केट जाना पड़ेगा।

–न्यू मार्केट? क्यों? वहाँ क्या सामान खरीदेंगी?

गुलाबी भाभी कहतीं–सामान नहीं खरीदना पड़ेगा? सामान न खरीदा जाय तो घर का काम कैसे चले? दरवाजों और खिड़कियों के परदे छह महीने से बदले नहीं गये। एक ही डिजाइन के परदे छह महीने से लटक रहे हैं। बता, लोग क्या कहेंगे? कहेंगे कि इनके पास पैसा नहीं है, नया परदा भी नहीं खरीद सकते। हमारे मुहल्ले में सभी लोग तीन-तीन महीने में घर के परदे और फर्नीचर वगैरह बदल डालते हैं। इस बार हमारे यहाँ वे सब नहीं बदले जा सके। अभी न्यू मार्केट जाकर परदों की डेलिवरी लूँगी, उसके बाद लञ्च खाकर सिनेमा जाना पड़ेगा। एलिट में बढ़िया फिल्म लगी है।

मैं गुलाबी भाभी की बातें सुनता था और आश्चर्यचकित होता था। सोचता था कि गुलाबी भाभी सचमुच बड़े सुख से हैं। मैंने अपने घर में अपनी भाभियों को तो देखा है। मेरी भाभियाँ तो घर में खटते-खटते हलाकान होती थीं। मेरी माँ मेरी भाभियों को रात-दिन डाँटती-फटकारती थीं और भाभियाँ मुँह बन्द कर वह सब बरदाश्त करती थीं। सवेरे सोकर उठते ही भाभियाँ रसोईघर के काम में लग जाती थीं, और वहाँ का काम निपटते-निपटते दोपहर के दो बज जाते थे। उसके बाद उनको आधे घण्टे की फुर्सत भी नहीं मिल पाती थी कि परिवार की मशीन फिर खटर-पटर चलने लग जाती थी। उसके बाद भतीजे-भतीजियाँ स्कूल से लौटते थे। उनके लिए नाश्ते का इन्तजाम करना पड़ता था। वे नाश्ता कर चुकते तो उनके कपड़े बदलकर उनको नौकर के साथ पार्क में खेलने-टहलने भेजा जाता था। उसके बाद उतने सारे लोगों के लिए रात का खाना बनना शुरू हो जाता था।

मेरे घर में खाना बनाना भी कम झंझट का काम नहीं था। किसी की सब्जी में मिर्च ज्यादा पड़नी चाहिए, नहीं तो वह सब्जी नहीं खायेगा। फिर किसी की सब्जी में एक भी मिर्च पड़ गयी तो वह थाली को लात मार देगा। कोई सिर्फ उबला हुआ खायेगा तो किसी को तेल-मसालेदार चटपटा पसन्द है। घर के बूढ़े मालिक का खाना अलग ही बनता था। उनको सेला चावल का भात चाहिए, अरवा चावल का भात वे पचा नहीं सकते। मँझली भाभी के छोटे बच्चे को शुरू से पेट की शिकायत है।

डाक्टर के कहने के मुताबिक उसे डबलरोटी, टोस्ट और सिर्फ हल्दी डालकर मछली का झोल देना है। इसके अलावा वह और कुछ नहीं खा सकता। और कुछ खा लेगा तो वह कै कर देगा।

फिर सबसे बड़ा काम था घर के छोटे बच्चों को स्कूल ले जाना और वहाँ से उनको घर ले आना।

यह काम भी भाभियों को करना पड़ता था। भाभियाँ न करतीं तो यह काम कौन करता? घर के बड़े लड़के, जिनके पास कोई काम नहीं था और जो बेकार थे, वे भी ये सब काम करना नहीं चाहते थे। उन दिनों इन लड़कों में मैं भी था। हमारे लिये सड़क के किनारे, फुटपाथ या गली के मोड़ पर या किसी के मकान के सामनेवाले चबूतरे पर बैठकर बैठकबाजी करना बहुत बड़ा काम था।

लेकिन गुलाबी भाभी की जिन्दगी एकदम दूसरी तरह की थी।

मेरी माँ कहती थीं–यतीन की बहू की बात जाने दो। यतीन के पास कितना रुपया है। उसका उतना रुपया कौन खायेगा, इसी का ठिकाना नहीं है तो उसकी घरवाली से हमारा क्या मुकाबला? हमारा भाग्य ही खटने का है। हम सिर्फ खटने के लिए पैदा हुई हैं और इसी तरह खटते-खटते एक दिन मर जाऊँगी।

मैं जब अपनी भाभियों को गुलाबी भाभी का किस्सा सुनाता था तब मेरी भाभियाँ मुँह बाये किस्सा सुनती थीं।

मेरी भाभियाँ गुलाबी भाभी के ऐश्वर्य और सुख की कहानियाँ सुनकर मन-ही-मन अफसोस करती थीं।

वे सिर्फ खुलकर कहती थीं–सचमुच उस बहू ने पिछले जनम में बड़ा पुण्य किया था।

मँझली भाभी मँझली से कहती थीं–चाहे वह जितने आराम से रहे दीदी, देख लेना उस तरह लेटे-बैठे रहते-रहते एक दिन वह हाथी की तरह मोटी हो जायेगी–उतना आराम कभी अच्छा नहीं होता।

मैं समझता था कि मेरी भाभियाँ गुलाबी भाभी से जलती हैं। गुलाबी भाभी और मेरी भाभियाँ लगभग एक उम्र की थीं। उनमें से एक तो स्वर्ग का सुख भोगेगी और दूसरों को घर-संसार की चक्की में पिसना पड़ेगा, यह रवैया मेरी भाभियों को पसन्द नहीं आता था। पसन्द नहीं आता था, इसीलिए जब उस घर में गुलाबी भाभी आती थीं, मेरी भाभियाँ खिड़की से झाँक-झाँककर उन्हें देखने की कोशिश करती थीं। गुलाबी भाभी को देखने के लिए मेरे घर की औरतों में चहल-पहल मच जाती थी।

गुलाबी भाभी एअर-कण्डीशनवाली बहुत बड़ी विलायती कार से आती थीं। उनका ड्राइवर भी देखने लायक था। उसकी पोशाक भड़कीली होती थी और उसके

चेहरे से रोब टपकता था। गुलाबी भाभी के कार से निकलने के पहले ही वह अपनी जगह से उठकर बाहर आ जाता था और गुलाबी भाभी के निकलने के लिए दरवाजा खोलकर अदब के साथ बगल में खड़ा हो जाता था। वह सब देखते ही बनता था।

भाभियों के साथ मेरी माँ भी खिड़की के पास आकर खड़ी हो जाती थीं।

माँ कहती थीं–वाह, बड़ी खूबसूरत कार है! जरूर बड़ी कीमती होगी। उसका दाम भी बहुत ज्यादा होगा। यतीन के पास रुपये की तो कमी नहीं है लेकिन सुख भोगने का समय ही कहाँ? इसलिए उसकी घरवाली ही सारा सुख भोग रही है।

हाँ, सचमुच भोग रही है। इसी को भोगना कहते हैं।

जैसे गुलाबी भाभी को दौलत-जैसी दौलत बहुतों के पास नहीं रहती, वैसे गुलाबी भाभी ने जितना भोगा उतना शायद किसी को अपनी जिन्दगी में भोगना नहीं पड़ता।

इतने दिनों बाद इतनी सारी पुरानी बातें याद पड़ने का कारण अवनी है। डाक्टर अवनी सरकार। उसके घर कई दिन रहकर और उसकी प्रेक्टिस देखकर मुझे सिर्फ अपने जोड़ासाँको मुहल्ले के यतीन भैया की याद आती थी।

हालाँकि यतीन भैया से अवनी की तुलना नहीं की जा सकती।

यतीन भैया थे कलकत्ते के डाक्टर जे० एन० दास और अवनी है बिहार के मधुबनी के कस्बे का डाक्टर सरकार। यतीन भैया अमीर घर में पैदा ही हुए थे। उनके पिता भी नामी डाक्टर थे, इसलिए बेटे की प्रेक्टिस बढ़ाने में उन्होंने बड़ी मदद की। हालाँकि वे बेटे का वह यश, बेटे के थियेटर रोडवाले मकान का वह ऐश्वर्य, उसके नर्सिंग होम का वह आडम्बर और अपनी बहू की रईसी देख नहीं पाये थे। यह उनका दुर्भाग्य था। लेकिन वैसा देखना कितने ही बाप देख सकते हैं? देखने के लिए पूर्वजन्म का संचित पुण्य होना चाहिए।

लेकिन अवनी?

अवनी साधारण घर का लड़का है। उसके बाप ईमानदार सरकारी कर्मचारी थे। इसलिए वे चार पैसे का मुँह कभी नहीं देख सके। अगर अवनी के बाप देखते कि उनका बेटा उन्हीं की तरह किसी सरकारी दफ्तर में हेड क्लर्क या सुपरवाइजर हो गया है तो वे धन्य हो जाते। अवनी के बाप ने कभी सपने में भी नहीं सोचा था कि अवनी कभी इतना रुपया कमायेगा। यह उनके सपने के अगोचर था।

खैर, अवनी का रंग-ढंग देखकर मुझे डर भी लगने लगा।

अवनी को मुझसे बात करने की भी फुर्सत नहीं मिलती थी। ऐसा भी हो सकता है कि वह परोक्ष रूप से मुझे अपने समय का अभाव बताता रहता था। शायद वह चाहता था कि मैं देखूँ कि उसके समय का कितना मूल्य है। मैं देखूँ कि उससे इलाज कराने के लिए लोग किस तरह लाइन लगाकर खड़े रहते हैं और वह कितने रुपये का मालिक है। मैं यह सब देखूँ और कलकत्ते जाकर अपने दोस्तों से कहूँ।

अवनी के पास दौलत हो जाने से मैं नाखुश था, ऐसी बात भी नहीं है। आखिर मैं नाखुश क्यों होऊँगा? कोई अगर किसी की तरक्की देखकर नाखुश होता है तो समझना होगा कि उसके पीछे ईर्ष्या का कारण है। ईर्ष्या ही किसी की तरक्की पर किसी को नाखुश करती है। लेकिन मेरे लिये वैसी बात नहीं है, क्योंकि इस जिन्दगी में मैंने अमीरी भी खूब देखी है और गरीबी भी उतनी ही। मदान्ध मनुष्य का आकस्मिक पतन भी देखा है और वह देखकर मुझे जिस तरह इस संसार के सत्य की उपलब्धि हुई है, उसी तरह भयानक दरिद्रता में मानवता का महत्त्व देखकर मेरे मन में अपार श्रद्धा पैदा हुई है।

लेकिन दर्शन की बड़ी-बड़ी बातें करने से क्या फायदा? मैं कहानी-उपन्यास लिखता हूँ। थोड़े में कहा जाय कि मैं मामूली आदमी हूँ। मेरे मुँह से दर्शन की बड़ी-बड़ी बातें अच्छी नहीं लगतीं। हाँ, जिस बात में रस हो वह मेरे अधिकार-क्षेत्र में आती है।

याद है कि जोड़ासाँको में यौवन के वे दिन बिताकर मुझे हमेशा के लिए कलकत्ता छोड़ना पड़ा था। मुख्य रूप से मुझे रोजी-रोटी के लिए ऐसा करना पड़ा था। रोजी-रोटी ही एक ऐसी चीज है जो अक्सर मानव को अमानव बना देती है। मैं भी एक दिन उसी रोजी-रोटी के चक्कर में हमेशा के लिए घर-बार छोड़कर दूसरी जगह जाने को मजबूर हुआ।

लेकिन जाने से पहले मैंने जो कुछ देखा वह हमेशा के लिए मेरे मन को प्रभावित कर गया।

जिस गुलाबी भाभी को मैं इतना चाहता था, जिसकी जिन्दगी के रंग-ढंग से अपना मेल बैठा न पाने पर भी मन-ही-मन जिसकी खुशहाली से खुश हुआ हूँ, जाने से पहले उससे एक बार मुलाकात न कर सका। मेरे मन में इसका अफसोस अन्त तक बना रहा।

मैंने उस वक्त सोचा था कि क्यों ऐसा होता है? क्यों ऐसा हुआ?

कलकत्ता छोड़कर चले आने से पहले मैंने देखा था कि गुलाबी भाभी ने जोड़ासाँकोवाले मकान में मौसीजी से मिलने आना कम कर दिया था।

यतीन भैया की बात अलग थी। यतीन भैया को कहाँ समय मिलता था कि माँ को, छोटे भाई को या अपने परिवार के अन्य लोगों को देखने आते? इष्ट-मित्र या

माँ–मौसी–चाची तो दौलत नहीं हैं। यतीन भैया दौलत के भक्त थे। जिन्दगी भर उन्होंने लक्ष्मी की उपासना की। जिन्दगी भर वे लक्ष्मी के लिए अपने घर–परिवार को भूले रहे। उनके लिये पैसेवाले मरीज ही अपने लोग थे।

लेकिन गुलाबी भाभी के लिए तो ऐसी बात नहीं थी। उनके लिए समयाभाव का कोई न्यायसंगत कारण नहीं था। कार से न्यू मार्केट जाना या राँची–हजारीबाग–कश्मीर घूम आना तो उनके लिए एक बहाना था। लोग जैसे दूसरों को ठगते हैं गुलाबी भाभी वैसे अपने को ठगती थीं। काम का बहाना बनाकर व्यस्त रहने में वे अपने को ही ठगती थीं, लेकिन वह समझने की क्षमता भी उनमें नहीं रह गयी थी।

उन दिनों यह सब समझ नहीं पाया था।

अगर उन दिनों यह सब समझता तो समय रहते गुलाबी भाभी को सावधान कर देता।

सड़क पर चलते–चलते अक्सर देखा है कि बगल से गुलाबी भाभी की कार निकल गयी। यूनीफार्म पहने टोपी लगाये राजबहादुर राजा बना कार चला रहा है और पीछे गद्देदार चौड़ी सीट पर गुलाबी भाभी रानी की तरह बैठी हैं। उस समय मुझे लगता था कि वह गुलाबी भाभी नहीं सचमुच कोई रानी हैं। रानी के समान उनका रूप था और उस रूप से सड़क पर पल भर के लिए चकाचौंध हो जाती थी।

क्या ऐसा दो–चार बार हुआ? नहीं। अक्सर हुआ फिल्म देखने गया तो सिनेमा हॉल में यही हुआ। भीड़ में गुलाबी भाभी रानी–जैसी लगीं। उनके पास तक पहुँचना चाहकर भी मैं पहुँच नहीं सका। फिर फिल्म खत्म होते ही राजबहादुर न जाने किस कायदे से उस भीड़ में से रास्ता बनाकर गुलाबी भाभी को बाहर ले जाता और उन्हें वहाँ खड़ी कार में बिठाकर पलक झपकते में चल देता।

कई बार कई लोगों ने मुझसे अनुरोध किया है। कहा है–तुझसे तो डाक्टर दास को पत्नी की जान–पहचान है, उसी से कहकर मुझे एक बार डाक्टर दास को दिखा दे न। मैं इस बीमारी से छुटकारा पा जाऊँ।

मैं कहता–नहीं भाई, वह मुझसे नहीं हो पायेगा।

लोग पैसा देकर ही डाक्टर दास से अपना इलाज कराते थे, फिर भी उनको सिफारिश के लिए कोशिश करनी पड़ती थी। किससे सिफारिश कराने पर डाक्टर दास जरा जल्दी देखेंगे, इसी को लेकर मरीज परेशान रहते थे। नियम से जाने पर डाक्टर दास से एपायण्टमेण्ट मिलने में दो–तीन महीने लग जाते थे। पहले जाकर डाक्टर दास के असिस्टेण्ट से रजिस्टर में नाम दर्ज कराना होगा। फिर वह असिस्टेण्ट जो तारीख देगा उसी तारीख को जाना पड़ेगा। उससे पहले जाने पर भी काम नहीं बनेगा और बाद में जाने पर भी नहीं। लेकिन जिसके लिए तुरन्त इलाज कराना जरूरी है वह कैसे दो–तीन महीने इन्तजार करेगा?

इसलिए अभी किसी ने सुना है कि डाक्टर दास की पत्नी से मेरी जान-पहचान है, उसने मुझको आकर पकड़ा है।

मैंने उसे समझा दिया है-भाई, किसी जमाने में उनसे मेरी जान-पहचान जरूर थी, कभी डाक्टर दास की पत्नी के साथ घण्टों बैठा लूडो खेला करता था, लेकिन अब वैसी बात नहीं रह गयी है। अब उनसे मुलाकात ही नहीं हो पाती, क्योंकि अब वे बहुत अमीर हो गयी हैं और दूसरे मुहल्ले में चली गयी हैं। पहले हम उन्हें गुलाबी भाभी कहते थे, लेकिन अब तो वे हमें पहचानेंगी भी नहीं।

इस तरह की दलील देकर मैं सब-के-सब आग्रह और अनुरोध को टालता था।

मेरी दलील सरासर गलत थी, ऐसा भी नहीं कहा जा सकता। हमारी भी उम्र बढ़ी है। कालेज से निकलकर हम भी रोजी-रोटी की तलाश में लगे हैं। रोजी-रोटी का रास्ता कम ऊबड़-खाबड़ नहीं है। उस रास्ते से चलना कितना मुश्किल है, यह भुक्तभोगी ही जानता है। इसलिए लूडो खेलकर खुश होने की मानसिकता हम खो चुके थे। फिर उतनी फुर्सत भी नहीं रह गयी थी। इसके अलावा गुलाबी भाभी भी पहले की गुलाबी भाभी नहीं रह गयी थीं। शायद अब उनको भी लूडो खेलने में कोई मजा नहीं मिलता। अगर मिलता तो वे जरूर हमें बुलातीं। खुद न आतीं तो कम-से-कम राजबहादुर से कार भेजकर मुझे या कबलू को अपने घर बुलातीं। उनके पास समय की कमी नहीं थी। बेकार के काम करते-करते भी उनका समय कटता नहीं था। इसलिए सचमुच अगर उनको हमारी बात याद आती रहती तो वे धीरे-धीरे हमसे उतनी दूर क्यों चली जातीं?

ये सब पुरानी बातें हैं। गुलाबी भाभी को भी मैं एक तरह से भूल चुका हूँ। लेकिन अवनी के यहाँ भी मैं जो दो-चार दिन रहा, उससे थोड़ी देर गप-शप भी न कर सका।

फिर भी एक दिन मौका पाकर मैंने अवनी से पूछा-क्यों रे, डाक्टर दास की बात याद है न?

अवनी डाक्टर दास को ठीक से याद नहीं कर पाया।

उसने पूछा-कौन डाक्टर दास? डाक्टर जे० एन० दास की बात कर रहा है।

मैंने कहा-हाँ।

अवनी बोला-अरे! उनको नहीं पहचानूँगा? वे तो बहुत बड़े डाक्टर हैं। लेकिन उनके बारे में क्यों पूछ रहा है?

मैंने कहा-डाक्टर दास मेरे भैया के दोस्त हैं। उनके जोड़ासाँकोवाले मकान के पास हम रहते थे। डाक्टर दास ने जब डाक्टरी शुरू की तब भी उनको देखा है और जब थियेटर रोड पर मकान बनाकर रहने लगे, तब भी उनको जानता था। अन्त में

ऐसा हो गया कि उनको दिखाने के लिए मरीजों को दो-दो, तीन-तीन महीने इन्तजार करना पड़ता था।

अवनी बोला–अब तो उनकी प्रेक्टिस और बढ़ गयी होगी, उनसे मेरा क्या मुकाबला? अगर मैं इस मधुबनी में प्रेक्टिस न कर कलकत्ते में दवाखाना खोल बैठता तो मुझे भूखों मरना पड़ता। कलकत्ते में प्रेक्टिस जमा लेना आसान नहीं है। लेकिन मैं मधुबनी आ गया, इसीलिए मेरे पास मकान और कार वगैरह सब हो गया। लेकिन तुझे डाक्टर दास की याद क्यों आ गयी?

मैंने कहा–तुझे देखकर–

–क्यों? मैं क्या उनकी बराबरी करता हूँ?

मैंने कहा–नहीं। डाक्टर दास को मैं यतीन भैया कहता था। उसी यतीन भैया की प्रेक्टिस जब जम गयी–और खूब जम गयी तब उनकी पत्नी की हालत दयनीय हो गयी।

–क्यों?

मैंने कहा–यतीन भैया की पत्नी को मैं गुलाबी भाभी कहता था। जब मैं छोटा था तब गुलाबी भाभी के संग घण्टों बैठकर लूडो खेलता था। लेकिन वही गुलाबी भाभी जब थियेटर रोडवाले नये मकान में चली गयीं, जब उनके पास बहुत रुपया हो गया, कई नौकर-चाकर बावरची-खानसामा हो गये, अपना ड्राइवर हो गया और जब समय काटने के लिए उनके पास कोई काम न रह गया तब उनको लूडो खेलने की फुर्सत ही नहीं मिलती थी। न जाने उनका कैसा हाल हो गया।

अवनी ने पूछा–फिर उनका वक्त कैसे कटता था?

मैंने कहा–किसी-न-किसी तरह कट ही जाता था। शुरू-शुरू में वे रोज सिनेमा जाती थीं। लेकिन उससे भी वे ऊब गयीं। फिर वे न्यू मार्केट में घूम-घूमकर आलतू-फालतू सामान खरीदकर पैसा बरबाद करने लगीं। फिर उससे भी तबीयत ऊबने लगी तो आज राँची तो कल हजारीबाग, परसों बम्बई तो चौथे दिन वाराणसी जाने लगीं। अपना ड्राइवर था, अपनी कार थी और पेट्रोल खरीदने के लिए पैसे की कमी भी नहीं थी। इसलिए वे और क्या करतीं? अभाव न रहना भी एक तरह का अभाव है इसलिए अभाव न रहना ही गुलाबी भाभी के जीवन में अभिशाप बन गया।

–क्यों? बाल-बच्चे? बाल-बच्चे नहीं हुए?

मैंने कहा–नहीं।

अवनी बोला–हाँ, तब तो समय काटना मुश्किल हो जाता है।

मैंने कहा–इसलिए तू अपनी प्रेक्टिस जरा कम कर दे और परिवार की तरफ थोड़ा ध्यान देना शुरू कर।

अवनी ने कहा–वह असम्भव है।

–क्यों? असम्भव क्यों?

अवनी बोला–तू तो अपनी आँखों से देख रहा है कि सवेरे से मेरे घर में कैसी भीड़ लग जाती है। कभी–कभी तो मैं ऊपर आकर खाना खाने का मौका नहीं पाता। किसी–किसी दिन श्रीमतीजी को खबर भिजवा देता हूँ कि मेरे इन्तजार में समय नष्ट न कर खाना खा लें, आज मुझे देर से छुट्टी मिलेगी।

–तेरी पत्नी खा लेती है?

अवनी बोला–जब पहले पहल आयी थी, तब नहीं खाती थी। मेरे लिये शाम के चार–पाँच बजे तक इन्तजार करती थी। सोचती थी कि मैं जाऊँगा तो एक साथ खाना खायेगी लेकिन अब इन्तजार नहीं करती। नौकर–चाकर सभी खाना खा लेते हैं और मेरा खाना ढककर रख दिया जाता है।

मैंने कहा–यतीन भैया का भी यही हाल हुआ था। शुरू–शुरू में गुलाबी भाभी उनके लिए थाली अगोरती रहती थी, बाद में यतीन भैया ने एक दिन उनको बता दिया कि तुम मेरे इन्तजार में भूखो मत बैठी रहो।

अवनी बोला–हम लोगों का प्रोफेशन ही ऐसा है। प्रोफेशन में कभी कोई छुट्टी नहीं है, आराम करने का मौका नहीं है, बस मरीज देखो। बस, मरीज देखते रहो और पैसा कमाते रहो। इन दो कामों के अलावा हम और सारे काम भूल चुके हैं।

हमारी बातचीत के बीच ही कोई बुलाने आया। उसे देखते ही अवनी फिर अपने चैम्बर में चला गया। उस समय भी उसके चैम्बर में कम–से–कम पचासेक लोग उसके इन्तजार में बैठे थे। मरीजों से जान छुड़ाकर भाग आने से भी उसके लिए छुटकारा पाना मुश्किल था। अगर सब मरीजों को मन लगाकर देखा जाय तो उसके लिए नहाना–खाना तो दूर रहे, शायद रात को सो भी न सके।

उस दिन अचानक अवनी ने कहा–जनकपुर चलेगा?

–जनकपुर?

अवनी बोला–हाँ, वहाँ एक रोगी देखने जा रहा हूँ। वहाँ उनका मोटर ट्रान्सपोर्ट सर्विस का काम है, नाम है मिस्टर शर्मा। उन्होंने ही काल दिया है।

–क्यों? उनको क्या हो गया है?

–होगा और क्या? बड़े आदमी हैं। मामूली कुछ हो गया तो डाक्टर सरकार को बुला भेजा। मुझे विजिट में मोटी रकम देते हैं। मुझे भी कुछ समय के लिए चैम्बर से छुट्टी मिल जाती है। हाँ, तू यहाँ अकेला बैठा क्या करेगा? चल न मेरे साथ, रास्ते में गप–शप करते रहेंगे। फिर तू भी एक नयी जगह देख लेगा।

मैंने पूछा–जनकपुर यहाँ से कितनी दूर है?

—यहाँ से बीसेक मील है। मिस्टर शर्मा के पास बहुत जमीन है। बाग-बगीचे और खेत-खलिहान की भी कमी नहीं है। इसके अलावा मोटर ट्रान्सपोर्ट का बिजनेस है। उस बिजनेस में बहुत-से लोग काम करते हैं। मिस्टर शर्मा और मिसेज शर्मा दोनों उस बिजनेस को देखते हैं। बड़ी हैपी फेमिली है।

जो कई दिन मैं अवनी के घर था, मुझे एकदम अकेला रहना पड़ता था। अवनी अपनी डाक्टरी में लगा रहता था और उसकी पत्नी घर के काम-काज में फँसी रहती थी। परिवार तो पति-पत्नी और दो बच्चों का था, लेकिन उस घर में लोगों की कमी नहीं थी। नौकरों से काम कराना भी आसान नहीं था। फिर सबके खाने-पीने का इन्तजाम करना भी बहुत बड़ा काम था। यह सब अवनी की पत्नी को करना पड़ता था।

अवनी समझता था कि मुझे अकेलापन खल रहा है।

इसलिए वह कहता—तू आया है, तुझसे दो घड़ी दिल खोलकर बात करूँगा, लेकिन मेरा काम ही ऐसा है कि वक्त नहीं निकाल पाता। फिर इन्हीं दिनों मेरा काम भी बढ़ गया है। देख रहा है न, आजकल मरीजों की कैसी भीड़ रहती है।

लेकिन इसके अलावा अवनी के लिए कोई उपाय भी तो नहीं था। उसके लिए पहले मरीज हैं, बाद में मैं हूँ। मेरी वजह से वह अपने मरीजों की उपेक्षा नहीं कर सकता।

अवनी की पत्नी कहती—आप इनको अपने साथ क्यों नहीं ले जाते? आप तो कितनी ही जगह जा रहे हैं, ये भी आपके साथ रहेंगे तो आप लोग गप-शप कर सकेंगे और ये भी इस इलाके को अच्छी तरह देख लेंगे।

फिर अवनी वही करता था। कभी-कभी वह मुझे अपने साथ ले जाता था। फिर दस मील या बीस मील रास्ता तय कर हम किसी गाँव में पहुँच जाते थे। वहीं अवनी को मरीज देखना पड़ता था। कभी-कभी ऐसा दृश्य देखने को मिलता था कि मन को बड़ा कष्ट होता था। डाक्टर मरीज देखने घर आया है और घर के लोग गाय बेचकर डाक्टर की विजिट के पैसे का इन्तजाम कर रहे हैं। अवनी तो घर के अन्दर रहता था, इसलिए वह सब देख-सुन नहीं पाता था। लेकिन मैं बाहर कार में बैठा रहता था, इसलिए वह सब सुनता था और देखता था।

लौटते समय मैं अवनी को वह सब बताता था तो वह हँसता था।

कहता—अच्छा?

फिर कहता—जानता है, इस बिहार में डाक्टरी करने आकर वह सब बहुत देखा है। शुरू-शुरू में मुझे भी बुरा लगता था, गाय-बकरी बेचकर लाया गया पैसा जेब में रखते समय मुझे भी बहुत तकलीफ होती थी। लेकिन मन का भी शायद एक स्टेज है, उस स्टेज को पहुँचने पर मन भी सोचने-समझने का काम करना बन्द कर

देता है। जब अच्छी तरह समझता कि मैं गलत काम कर रहा हूँ, ज्यादती कर रहा हूँ, तब भी एक मनगढ़न्त तर्क खड़ा कर अपने अन्याय और अत्याचार का समर्थन करता। तेरे यतीन भैया की भी शायद यही हालत हुई थी। तेरे यतीन भैया याने डाक्टर जे० एन० दास अच्छी तरह समझते थे कि पत्नी की उपेक्षा हो रही है, पत्नी के साथ अन्याय हो रहा है, लेकिन वह सब समझकर भी वे अपनी गलती के समर्थन के लिए जरूर कोई तर्क ढूँढ़ निकालते थे और शायद अपने मन में सन्तोष करते थे। यही होता है। सभी को ऐसा करना पड़ता है। गाय बेचकर लाया गया पैसा अब भी मेरी जेब में है, लेकिन यह पैसा उन लोगों को लौटा देने का मन भी नहीं हो रहा है। होगा भी नहीं। मैं तो यह समझकर सन्तोष कर रहा हूँ कि मैंने उन लोगों का जो उपकार किया है उसका दाम गाय के दाम से कहीं ज्यादा है। दुनिया भर के लोग इसी तरह झूठा तर्क गढ़कर अपना पाप छिपाने की कोशिश करते हैं। मैं जानता हूँ कि मैं कोई अपवाद नहीं हूँ, क्योंकि मैं भी उसी तरह का पाप कर रहा हूँ।

खैर, अवनी इतना तो समझ सका कि वह पाप कर रहा है और उसे अपने मुँह से स्वीकार भी कर रहा है। यही बहुत है। लेकिन यतीन भैया? क्या यतीन भैया इतना भी नहीं समझते थे?

यतीन भैया से इलाज करने में जरूर कितने ही लोगों ने अपना सब-कुछ बेचा है। गाय-बकरी तो मामूली चीज है। यतीन भैया की विजिट का पैसा जुटाने में तो बहुत-से लोगों ने अपना मकान भी गिरवी रखा होगा। लेकिन यतीन भैया का वह पैसा आज कौन खा रहा है? यतीन भैया या गुलाबी भाभी?

और पाप? मरीजों के घरवालों द्वारा सब-कुछ बेचकर लाया गया रुपया लेने का पाप? उस पाप का तो कोई परिणाम है? उस पाप का परिणाम भी कौन भोग रहा है? यतीन भैया या गुलाबी भाभी?

अवनी की बातों ने सचमुच मुझे नये सिरे से सोचने को मजबूर कर दिया। अवनी जानता है कि वह पाप को छिपाने के लिए अनेक तरह के तर्क गढ़ता है और इस तरह सामाजिक शिष्टता के आदर्श को बनाये रखता है। अवनी स्वयं मानता है कि वह पापी है। लेकिन एक बात है। अगर वह जानता है कि वह पाप कर रहा है तो रोज एक ही पाप की पुनरावृत्ति क्यों कर रहा है? शायद वह इसीलिए ऐसा कर रहा है कि दुनिया की निगाह में उसे इसके लिए कोई नुकसान नहीं उठाना पड़ रहा है।

सिर्फ यतीन भैया और अवनी ही नहीं, देखा जाय तो हम सभी, इस दुनिया के सारे लोग इसी तरह का पाप करते जा रहे हैं। जो असहाय हैं, वे गाय-भैंस और जमीन-जायदाद बेच रहे हैं और उसी पैसे से प्रतिदिन सम्पन्न लोगों के सुख और आराम का इन्तजाम करते जा रहे हैं। इसके लिए हमारे मन में कोई विकार पैदा नहीं होता, पश्चात्ताप की भावना भी नहीं जगती। हमने अपने चरित्र को इस तरह बनाया

है कि हम अपने को भद्र समाज के योग्य कह सकें और उससे अधिक कुछ नहीं। उसी तथाकथित भद्र समाज में सम्मिलित हो सकने पर हम भी अपने मनुष्य जन्म को सार्थक मानते हैं।

अचानक कार हचका खाते ही मेरी चिन्ता का तार टूटा।

अवनी बोला–बस, हम आ गये हैं, चल!

मैंने देखा कि कार एक मकान के बाहरवाले आँगन में रुकी है। यही जनकपुर है। मिस्टर शर्मा यहीं के निवासी हैं। अवनी के पुराने पेशेण्ट हैं। शर्मा ट्रान्सपोर्ट सर्विस के मालिक।

बँगला–जैसा मकान खूब सजा हुआ है। चारों तरफ फूल के बड़े–बड़े पौधे हैं। एक तरफ घोड़े का अस्तबल है। अस्तबल में दो–चार घोड़े दाना खा रहे हैं। उनके गले में रस्सी पड़ी हुई है। रबड़ के टायरवाली गाड़ी आगे की ओर झुकी खड़ी है। ऐसे खड़ी है, मानो किसी को प्रणाम कर रही है।

अवनी को आते देखकर जो सज्जन मकान के अन्दर से निकले, उनको देखकर लगा कि वही मिस्टर शर्मा हैं। अधेड़, लेकिन शरीर बलिष्ठ।

–आइये डाक्टर साहब, आइये।

स्टेथिस्कोप हाथ में लिये आगे बढ़ते हुए अवनी ने कहा–क्या हो गया मिस्टर शर्मा, फिर आपको क्या हो गया? इतना जरूरी कॉल क्यों?

मिस्टर शर्मा ने कहा–मेरी तबीयत ठीक नहीं जा रही है डाक्टर साहब, दो दिन रात को ठीक से नींद नहीं आयी।

अवनी बोला–ब्लड–प्रेशर तो फिर नहीं बढ़ गया? क्या खाया था आपने?

मिस्टर शर्मा बोले–पराँठे और गोश्त–जो रोज खाता हूँ।

अवनी बोला–क्यों, पराँठा क्यों खाते हैं? फिर आपको गोश्त खाना भी बन्द करना पड़ेगा। मैंने तो आपसे कह दिया है कि सिर्फ चपाती और सब्जी लीजिये। अगर मांस खाना ही है तो हफ्ते में एक बार मुर्गा खाइये, वह भी स्ट्यू बनवाकर। मैंने तो वह सब मिसेज शर्मा को बता दिया है। कहाँ गयीं मिसेज शर्मा, बुलाइये उनको।

मिस्टर शर्मा के चेहरे पर घबराहट दिखायी पड़ी।

वे बोले–नहीं, नहीं, मेरी बीबी को यह सब मत बताइये। वे मुझे घर में पराँठे–मांस खाने नहीं देतीं। इसलिए इस बार गया गया था तो वहाँ भरपेट यह सब खाया था।

इस बीच अवनी ने मिस्टर शर्मा के हाथ में ब्लड–प्रेशर देखने का यन्त्र लगाकर ब्लड–प्रेशर देख लिया।

मिस्टर शर्मा ने पूछा–कितना देखा डा० सरकार?

अवनी बोला–यह जानकर आप क्या करेंगे? आप तो मेरी बात नहीं मानते?

मिस्टर शर्मा अब चिरौरी करने लगे। बोले–नहीं डाक्टर साहब, अब से मैं आपकी बात मानूँगा। आप जैसा खाने को कहेंगे, वैसा खाऊँगा। लेकिन कभी–कभी खाने को मन करता है डाक्टर साहब, इसलिए वह सब थोड़ा खा लेता हूँ। मेरे वह सब खाने के बारे में आप मिसेज शर्मा को मत बताइये।

शायद अवनी अब थोड़ा शान्त हुआ।

वह बोला–ठीक है, इस बार नहीं बताऊँगा, लेकिन मैंने जो कुछ बताया है आप सिर्फ वही खायेंगे और यह एक नयी दवा लिख दे रहा हूँ, मँगाकर खाइये।

मिस्टर शर्मा बोले–जी हाँ। आप फिर कब आयेंगे?

–एक हफ्ते बाद फिर आकर देख जाऊँगा। लेकिन अब आप चुपचाप लेट जाइये। आज आप घर से नहीं निकलेंगे। कमरे के दरवाजा-खिड़कियाँ बन्द कर चुपचाप लेट जाइये।

मिस्टर शर्मा ने कहा–लेकिन आज कई जरूरी काम है डाक्टर साहब, बहुत जरूरी काम।

अवनी बोला–भाड़ में जाय आपका जरूरी काम! पहले आप अपनी सेहत देखेंगे या काम? फिर आप इतना काम क्यों करेंगे? आपके पास इतने लोग हैं, वही सब काम करेंगे। फिर मिसेज शर्मा हैं, वे भी तो आपका काम–काज देखती रहती हैं। इसके अलावा इतना रुपया कमाकर आप क्या करेंगे? आप तो बहुत कमा चुके? अब थोड़ा रेस्ट कीजिये।

इतना कहकर अवनी बाहर आया। उसके साथ मैं भी बाहर आ गया।

कार बाहरवाले आँगन में खड़ी थी। मैं उसी तरफ बढ़ने लगा।

अवनी बोला–इधर आ, एक बार मिसेज शर्मा से मुलाकात कर लूँ। उनको बुलाकर अलग से सब बता दूँ।

फिर अवनी मुझको लेकर मिस्टर शर्मा के मकान के दूसरे हिस्से में जाने लगा। वह हिस्सा इस हिस्से से थोड़ा अलग था। वहाँ मिस्टर शर्मा की मोटर सर्विस का दफ्तर था।

उधर चलते–चलते अवनी बोला–मिस्टर शर्मा की बीबी बहुत काम की हैं। कहना चाहिए कि वही बिजनेस का सारा काम–काज देखती हैं। मिस्टर शर्मा को बड़े भाग्य से ऐसी बीबी मिली है।

मोटर ट्रान्सपोर्ट सर्विस के दफ्तर के सामने जाते ही देखा कि दफ्तर में बैठी एक महिला कुछ काम कर रही हैं। अवनी को देखते ही वे हँसती हुई बाहर आयीं।

महिला ने पूछा–आप कब आये डाक्टर सरकार? मैं इधर काम में व्यस्त थी, इसलिए मुझे पता ही नहीं चला। वे कैसे हैं? कैसा देखा?

अवनी बोला–वही बताने के लिए मैं आपके पास आया हूँ मिसेज शर्मा, उनका ब्लड-प्रेशर बहुत हाई हो गया है–दो सौ चालीस से ऊपर।

मिसेज शर्मा बोलीं–क्यों? मैं तो उन्हें बहुत लाइट फूड देती हूँ। आजकल वे मक्खन भी नहीं खाते। पराँठा और मांस जरूर खाना चाहते हैं, लेकिन वह सब मैं उनको नहीं देती। इधर वे सिर्फ चपाती, सब्जी और खिचड़ी खाते हैं।

अवनी बोला–आप खाने नहीं देतीं तो क्या हुआ, वे तो बाहर जाकर सब खाते हैं। उन्होंने खुद बताया कि गया जाकर मांस-पराँठे खूब खाये हैं।

–अरे! मैं अभी जाकर उनसे पूछती हूँ।

अवनी बोला–जी नहीं, आप उनसे यह सब मत कहिये। मैंने उनसे कहा है कि मैं यह सब आपको नहीं बताऊँगा। आप भी उनसे यह मत कहिये कि मैंने आपको सब-कुछ बता दिया है। वे आपसे बहुत डरते हैं।

मिसेज शर्मा बोलीं–खाक डरते हैं। अगर डरते तो ऐसा न करते। मैं सच कहती हूँ डाक्टर सरकार, मैं उनको लेकर बहुत परेशान रहती हूँ। उस उम्र में खाने का इतना लालच क्या ठीक है? इसीलिए मैं उनको कहीं अकेले जाने नहीं देती। फिर भी मुझसे छिपाकर कभी-कभी निकल जाते हैं और मांस-पराँठा खाते हैं, शराब पीते हैं।

–क्या वे शराब भी पीते हैं?

मिसेज शर्मा बोलीं–मैं सामने रहती हूँ तो नहीं पीते, लेकिन बाहर जाते हैं तो पीते हैं। जब घर लौटते हैं तब मुँह में शराब की बू रहती है। उसी से मुझे पता चल जाता है। इसीलिए मैं राजबहादुर को हर वक्त अपनी निगाह के सामने रखती हूँ।

अचानक मिसेज शर्मा के मुँह से मिस्टर शर्मा का नाम निकल गया।

राजबहादुर!! नाम सुनते ही मैं चौंक पड़ा। मैंने मिसेज शर्मा की तरफ गौर से देखा। क्या यही हमारी गुलाबी भाभी हैं? क्या मिस्टर शर्मा भी उसी गुलाबी भाभी की कार का ड्राइवर है?

अवनी का काम हो चुका था। उसने कहा–ठीक है, अभी मैं जा रहा हूँ, सात दिन बाद फिर आऊँगा। प्रेस्क्रिप्शन लिखकर उनको दे आया हूँ। दवा मँगाकर उनको नियम से खिलाते रहिये।

कार में बैठकर अवनी ने इंजन स्टार्ट किया। मैं उसकी बगल में बैठ गया। कार चली और वह काफी दूर निकल आयी, लेकिन मैं मन-ही-मन अतीत में गोता लगाता रहा। अभी जिस महिला को देखा, क्या वह सचमुच गुलाबी भाभी हैं? मिस्टर शर्मा भी क्या गुलाबी भाभी का ड्राइवर राजबहादुर है?

अवनी अचानक बोला–मिस्टर शर्मा की बीबी, जिनसे इतनी देर बात की, बंगाली महिला हैं। पहले मिस्टर शर्मा कलकत्ते में थे। वहीं उन्होंने बंगाली लड़की से शादी की। अब वे यहाँ आकर बिजनेस कर रहे हैं। उनका यह सब बिजनेस उसी बंगाली लड़की के पैसे से है। सुना है कि उस लड़की के बाप के पास बड़ा पैसा था।

अब मुझसे रहा न गया।

मैंने कहा–नहीं, उस बंगाली लड़की के पति के पैसे से यह सब बिजनेस है। उसका पहलेवाला पति बड़ा मालदार था।

अवनी आश्चर्य में पड़ गया। बोला–इसका मतलब?

मैंने कहा–इसका यही मतलब है कि मिसेज शर्मा के पहलेवाले पति के पास बहुत पैसा था।

अवनी ने पूछा–तुझे कैसे मालूम?

मैंने कहा–वही तो गुलाबी भाभी हैं। डाक्टर जे० एन० दास की पत्नी। और वह जो मिस्टर शर्मा हैं, उनका नाम राजबहादुर है, गुलाबी भाभी के खास ड्राइवर थे। गुलाबी भाभी अपना थियेटर रोडवाला घर छोड़कर उसी ड्राइवर के संग भाग गयी थीं। वे अपने साथ डाक्टर दास के तीन–चार लाख रुपये और ढेर–सारे जेवर लेकर भागी थीं। उस समय वे गहने ही कई लाख के थे।

अवनी बोला–अच्छा! मुझे भी अफवाह सुनने को मिली थी कि डाक्टर दास की बीबी ड्राइवर के साथ भाग गयी है। आखिर बात सही निकली। तो यही तेरी गुलाबी भाभी हैं? मैं तो इतने दिन यहाँ आ रहा हूँ लेकिन मुझे कुछ भी नहीं पता चला था। आश्चर्य है।

मुझे भी कम आश्चर्य नहीं हुआ था। क्या मैं भी पहले ऐसा सोच सका था? गुलाबी भाभी कलकत्ता छोड़कर बिहार के एक छोटे–से कस्बे में आकर रहेंगी और मैं इतने दिनों बाद उनको देख पाऊँगा, इसकी कल्पना तो मैंने भी कभी नहीं की थी। वर्षों बाद गुलाबी भाभी को देखा। पहले से वे कितनी मोटी हो गयी हैं। मेरी शक्ल–सूरत भी अब पहले–जैसी नहीं है, बहुत बदल चुकी है। इसके अलावा गुलाबी भाभी भी कैसे सोच सकती हैं कि इतने दिनों बाद किसी बहाने उनकी नयी ससुराल जनकपुर में पहुँच जाऊँगा।

लेकिन मेरी चिन्ता के तार उलझते ही गये और उससे मुझे सिर्फ कष्ट होने लगा। थियेटर रोडवाले मकान में उसने आराम और ऐश्वर्य के बीच रहने के बावजूद वे किस प्रलोभन से अपने ड्राइवर के साथ भागकर जनकपुर–जैसी जगह में आ गयीं! क्या यहाँ उनको सुख मिल रहा है?

सोचते–सोचते अचानक मुझे एक क्षीण सूत्र मिल गया। डाक्टर जे० एन० दास के घर सारी सुख–सुविधा के बीच भी शायद गुलाबी भाभी को असली चीज का

अभाव था। उनके पास मकान था, रुपया था, गहने थे और हर बात का आराम था, लेकिन प्रभुता जताने का मौका नहीं था। शायद इसलिए उनकी आत्मा दुःखी थी। शायद राजबहादुर से शादी कर लेने के बाद उन्हें प्रभुता जताने का अधिकार मिल गया है। डाक्टर जे० एन० दास उनकी बात पर उठते-बैठते नहीं थे, लेकिन राजबहादुर उनके अधीन है और उनसे डरता है। एक स्त्री के जीवन में इससे बड़ा सुख और क्या हो सकता है?

या हो सकता है कि मेरे उस ज्योतिषी मित्र की ही बात सही हो। शायद यह भी एक तरह का विपरीत राजयोग है। शायद गुलाबी भाभी की जन्मपत्रिका में उसी विपरीत राजयोग का लक्षण रहा हो।

क्या पता!

पति-पत्नी संवाद : 3

मेरे एक डाक्टर मित्र ने मुझे इस उपन्यास की कहानी सुनायी थी।

कहानी के लिए लोग पता नहीं कहाँ-कहाँ घूमते रहते हैं, किस तरह जमीन-आसमान एक करते हैं, यह मुझे अच्छी तरह पता है। चार्ल्स डिकेन्स से अमेरिका के ओ' हेनरी तक बहुतों की जीवनी पढ़ी है और देखा है कि उनको कितना कष्ट उठाना पड़ता था। कहानी के प्लाट के लिए आधी रात को उन्हें फुटपाथों का चक्कर लगाना पड़ा और कहानी सुनने की गरज से अपनी जेब से पैसा खर्च कर शराबियों को शराब पिलानी पड़ी।

मेरी सेहत बचपन से ही खराब है। थोड़ी-सी मेहनत कर लेने पर सिर में दर्द होने लगता है। एक घूँट शराब पीने पर गले से पेट तक जलन होने लगती है।

फिर भी मुझे कहानी लिखनी पड़ती है। बिना कहानी लिखे रह नहीं सकता, इसीलिए लिखता रहता हूँ! नहीं तो इसके लिए किसी ने मुझे कसम नहीं दिलायी है। फिर, मेरी कहानी पढ़ने के लिए कोई बेचैन भी नहीं रहता। लेकिन मेरी अपनी गरज है। कहना चाहिए कि मैं ही अपना मालिक हूँ और मैं ही अपना नौकर। मैं एक साथ मालिक और नौकर दोनों हूँ। इसलिए जब मेरा डाक्टर मित्र मेरे घर आया तब उसने पूछ ही लिया-कहो भाई, क्या बात है? वैसे मुँह बनाये क्यों बैठे हो?

मैंने कहा-मेरे मालिक ने डाँट लगायी है।

मेरा डाक्टर मित्र हैरान हो गया। बोला-मालिक? तुम्हारा कौन मालिक है?

अपनी ओर इशारा कर मैंने कहा-मैं। मै ही मेरा मालिक हूँ। मेरा कौन दूसरा मालिक होगा? आज मैंने ही अपने-आपको बहुत डाँटा है। जिन्दगी भर कोई काम नहीं करेगा, बस बैठकर खायेगा, तुझे शर्म नहीं आती?

डाक्टर मित्र मेरी बात सुनकर हँसने लगा।

फिर उसने पूछा-उसके बाद क्या हुआ? मालिक से डाँट खाकर नौकर ने क्या कहा?

बोला-वह क्या कहेगा? उसके पास कहने को है ही क्या? तब से यह नौकर मुँह बनाकर बैठा है और सोच रहा है।

डाक्टर मित्र बोला-अगर मैं एक कहानी सुना दूँ तो तुम्हारा मूड बनेगा?

मैंने पूछा-कैसी कहानी? मनगढ़न्त या कहीं पढ़ी हुई?

डाक्टर मित्र ने कहा–एकदम आँखों देखी कहानी। न मनगढ़न्त और न कहीं पढ़ी हुई। मैंने जैसा देखा है और सुना है वैसा ही बता रहा हूँ। तुम लिख सकते हो। तुम्हें जरा भी सोचना नहीं पड़ेगा।

थोड़ा उत्साहित होकर मैं कुर्सी पर सीधा बैठ गया।

बोला–बोलते जाओ।

डाक्टर मित्र कहने लगा–तुम तो जानते हो कि मेरा नर्सिंग होम है। मेरे नर्सिंग होम का रेट बड़ा हाई है। इसलिए बड़े लोगों के अलावा उस नर्सिंग होम में कोई नहीं आता। हाँ, इस समय मेरे नर्सिंग होम में जो पेशेण्ट हैं, तुम चाहो तो उनका नाम सुन सकते हो। वे हैं ग्रियर्सन बिजनेस काम्प्लेक्स के मालिक मिस्टर पी० सेन। बड़ी पुरानी फर्म है। कलकत्ता, बम्बई और मद्रास में इसकी शाखाएँ हैं। हेड ऑफिस इसी कलकत्ते में है।

वही मिस्टर सेन इस समय मेरे पेशेण्ट हैं। नर्सिंग होम के एक केबिन में रह रहे हैं।

मैंने पूछा–उन्हें क्या हो गया है?

डाक्टर मित्र बोला–बर्निंग केस। जल गये हैं।

पूछा–फैटल केस है? बच जायेंगे? या बचने को उम्मीद नहीं है?

मेरा डाक्टर मित्र मेरे इस सवाल को अनसुनी कर गया। उसने कहा– ग्रियर्सन बिजनेस काम्प्लेक्स-जैसी कम्पनी कैसे इतनी बड़ी हो गयी, यह मैं पहले नहीं जानता था। मिस्टर सेन से पहली बार इसके बारे में सुना। वह कहानी बड़ी पैथेटिक है। उसी कम्पनी के मालिक इतने दुःखी हैं यह भी मैं पहले नहीं जानता था। उस कहानी को सुन लेने के बाद मेरे मन में बस यही सवाल उठ रहा है कि हम पैसा क्यों कमाते हैं? इसके पीछे क्या कारण है?

मिस्टर सेन का पूरा नाम बहुत कम लोग जानते हैं। उनका घर का नाम पल्टू है। पल्टू सेन। हालाँकि लोग उन्हें पी० सेन के नाम से ज्यादा जानते हैं। प्रवीर सेन का ही घर का नाम पल्टू सेन है। अब समझ सकते हो कि उसी पल्टू सेन ने अपने जीवन की पूरी कहानी सुना दी। मैं तो उसके आगे पसँगा भी नहीं हूँ।

मैंने एक दिन उनसे यों ही पूछा था कि आप इतना क्यों सोच रहे हैं? आप जरूर अच्छे हो जायेंगे। अब तो आप धीरे-धीरे ठीक होते जा रहे हैं।

लेकिन पल्टू सेन ने मेरी बात पर ध्यान नहीं दिया। वे रोते हुए बोले– डाक्टर, अब मेरे लिये जिन्दा न रहना ही अच्छा है। मैं भी अब जिन्दा रहना नहीं चाहता। अब मेरे जिन्दा रहने की कोई जरूरत नहीं।

डाक्टर मित्र की भूमिका सुनते-सुनते मुझे भी वही कहानी पूरी सुनने की इच्छा हुई। मैं जहाँ भी जाता हूँ, जिन लोगों में उठता-बैठता हूँ मुझे वहाँ के और उन

लोगों के बारे में जानने की इच्छा होती है। अच्छी कहानी सुन लेने पर मेरा श्रम सार्थक हो जाता है।

मैंने डाक्टर मित्र से कहा–तुम आराम से बैठो और खूब जमाकर यह कहानी सुनाओ।

डाक्टर मित्र ने कहा–जमाने की जरूरत नहीं है, कहानी अपने-आप जम जायेगी। यही कहानी सुनाने के लिए मैं सारा काम छोड़कर तुम्हारे पास आया हूँ। मैं न खुद कहानी लिख सकता हूँ और न कहानी की किताब पढ़ने का मेरे पास मौका है। इसीलिए मैं सीधे तुम्हारे पास चला आया। हो सके तो तुम इस कहानी को लिख लेना लोगों को पसन्द आयेगी।

मैंने कहा–ठीक है, सुनाओ।

पल्टू सेन को आज सभी लोग जानते हैं कि वह बहुत अमीर है। ग्रियर्सन कम्पनी के मैनेजिंग डाइरेक्टर के रूप में लोग उन्हें जानते हैं। उनके सामने लोग ऐसी-वैसी बात करने की हिम्मत नहीं करते। लेकिन एक ऐसा भी समय था जब वे एक सौ बीस रुपये के क्लर्क थे। कलकत्ते के डॉकयार्ड में ग्रियर्सन कम्पनी का जो गोडाउन है, वहीं वे टैली क्लर्क के रूप में काम करते थे। जहाज से जो माल आते थे, उनका मिलान करते थे।

यही बात पल्टू सेन ने भी डाक्टर से कही।

पल्टू सेन बोले–डाक्टर, सब यही जानते हैं कि मैं शायद अपनी बुद्धि से उतनी बड़ी कम्पनी का मालिक बना हूँ। लेकिन वह गलत है डाक्टर, सरासर गलत! अक्ल से कुछ भी नहीं होता।

डाक्टर ने पूछा–अक्ल से नहीं होता तो कैसे होता है?

पल्टू सेन ने कहा–सब ऊपरवाले की मर्जी है सब ऊपरवाले की मर्जी है डाक्टर। मैं बहुत मामूली आदमी हूँ डाक्टर, बहुत मामूली आदमी। लेकिन एक मामूली आदमी होने के बावजूद जो आज मैं इतना बड़ा बना हूँ, इसमें मेरी कोई बहादुरी नहीं है। फिर आज जो मैं आपके नर्सिंग होम में पड़ा-पड़ा कराह रहा हूँ, यह भी वही ऊपरवाले की मर्जी है।

डाक्टर पल्टू सेन की बात सुनकर आश्चर्य में पड़ गये।

आश्चर्य से डाक्टर ने पूछा–आप एक सौ बीस रुपये में टैली क्लर्क थे?

पल्टू सेन बोले–हाँ डाक्टर, उस समय मेरी ऐसी हालत थी कि एक कपड़ा सात दिन पहनता था। मैं इतना गरीब था कि मेरे पास दो की जगह तीन कमीजें नहीं थीं।

इतना कहकर पल्टू सेन ने कहा–फिर सुनो डाक्टर, मैं तुम्हें अपनी कहानी सुनाऊँ।

फिर पल्टू सेन अपनी कहानी सुनाने लगे।

यह सही है कि पल्टू सेन–जैसे अभागे आदमी बहुत कम मिलते हैं। एक जमाना था, जब उनको दोनों वक्त ठीक से खाने को नहीं मिलता था। सिर छुपाने के लिए उनके पास एक कमरा भी नहीं था। कितनी बार ऐसा हुआ कि वे किसी इमारत की बरसाती के नीचे रात को लेटने गये तो वहाँ के दरबान ने उनको भगा दिया। पुराना अखबार उनका बिस्तर था।

आखिर एक दिन ग्रियर्सन कम्पनी के दफ्तर में उनको नौकरी मिल गयी।

कैसी नौकरी? टैली क्लर्क की नौकरी। तनख्वाह कितनी? महीने में एक सौ बीस रुपये।

हालाँकि उन दिनों एक सौ बीस रुपये मामूली रकम नहीं थी। किसी तरह गुजारा हो जाता था। खिदिरपुर में पोर्ट कमिशनर्स के डॉक पर ग्रियर्सन कम्पनी का शेड था। दिन तो हो–हल्ले में किसी तरह कट जाता था, लेकिन रात को परेशानी होती थी। रात को वहीं दुनिया के गुण्डे–बदमाश इकट्ठा होते थे। कितनी बार उनके हाथों पड़कर पल्टू सेन मरते–मरते बचे थे।

हेड ऑफिस के बाबुओं में पल्टू सेन का बड़ा नाम था। वे कहते थे–पल्टू है तो किस बात की फिकर है?

सचमुच फिकर करने की कोई बात नहीं थी। पल्टू सेन अपनी जान देकर भी कम्पनी की सम्पत्ति की रक्षा करेगा। दफ्तर के बाबुओं को यह सब पता था। लेकिन साहबों के पास ये सब खबरें नहीं पहुँचती थीं। साहब लोग सात समुन्दर पार इण्डिया में व्यापार कर धन कमाने आये थे। उन दिनों अंग्रेजों का राज था। इसलिए साहब लोग जितना हो सकता था, रुपया बटोरकर ले जाते थे। इण्डिया उनके लिए कामधेनु के समान था। वे उस कामधेनु को दुहने यहाँ आये थे।

लेकिन जिस दिन से चोरी शुरू हुई उसी दिन से साहब लोगों का माथा ठनका।

एक दिन रात को ग्रियर्सन साहब गोदाम में आ धमके। पहले से किसी को उनके आने का पता नहीं था। अगर पता होता तो पल्टू भी सावधान हो जाता।

पल्टू सेन गोदाम के बाहर चारपाई पर पड़ा खर्राटे भर रहा था। उस समय आधी रात का समय था। गरमी का मौसम था। हो–हल्ला होने से पल्टू सेन की नींद टूटते ही उसने देखा कि दो–चार बदमाशों से किसी की हाथापाई हो रही है। उसी हालत में लुंगी पहने ही पल्टू सेन उन बदमाशों पर टूट पड़ा। उसके बाद पता नहीं क्या हो गया, सारे बदमाश भाग निकले।

पल्टू सेन के सिर में मामूली चोट लगी थी। उसी हालत में उसने देखा कि खुद बड़े साहब सामने खड़े हैं।

साहब को देखते ही पल्टू सेन का दिल काँप उठा।

पल्टू सेन ने सलाम ठोककर कहा–गुड मार्निंग सर!

साहब हँस पड़े। बोले–अभी मार्निंग नहीं, नाइट है। तुमने अभी गुड मार्निंग कह दिया?

पल्टू सेन क्या जवाब देता।

फिर साहब ने पूछा–तुम्हारा क्या नाम है?

पल्टू सेन ने जवाब दिया–पल्टू सेन सर!

ग्रियर्सन साहब बड़े रोबदार थे। वे बहुत दिनों से सुनते आ रहे थे कि कम्पनी के गोदाम से चोरी होती है। उन्होंने और भी सुना था कि गोदाम की देखभाल कोई नहीं करता। रात को गोदाम में शराब पी जाती है और जुआ खेला जाता है।

साहब ने पल्टू सेन से पूछा–तुम्हें कितनी तनख्वाह मिलती है?

पल्टू सेन बोला–जी हुजूर, एक सौ बीस रुपये।

एक सौ बीस रुपये! सुनकर साहब को बड़ा आश्चर्य हुआ। एक सौ बीस रुपये का क्लर्क और इतना मेहनती।

साहब ने फिर पूछा–तुम कितनी देर ड्यूटी करते हो?

–जी हुजूर, सबेरे दस बजे से शाम के पाँच बजे तक।

साहब ने पूछा–तुम कहाँ रहते हो?

पल्टू सेन ने कहा–जी हुजूर, मैं यहीं रहता हूँ। मेरा घर-द्वार नहीं है। मैं इसी गोदाम में पड़ा रहता हूँ, यहीं खाना खाता हूँ और रात को इसी चारपाई पर सो जाता हूँ। मेरे पास मकान किराये पर लेने का पैसा नहीं है।

यह उसी लड़ाई के जमाने की बात है। ग्रियर्सन साहब को बहुत दिनों से शिकायत मिल रही थी कि गोदाम से माल गायब होता है। उनको शक हुआ था कि स्टाफ के लोग ही यह काम करते हैं।

फिर साहब मौके पर जाँच-पड़ताल करने आये तो वहाँ पल्टू सेन को देखकर उनको बड़ा आश्चर्य हुआ। अगर पल्टू सेन न होता तो बदमाश साहब को मार ही डालते।

थोड़ी देर पल्टू सेन को ऊपर से नीचे तक देख लेने के बाद साहब ने कहा–कल हेड ऑफिस आकर तुम मुझसे मुलाकात करना। समझ गये?

पल्टू सेन बोला–जी हुजूर, समझ गया और आऊँगा।

इतना कहकर साहब अपनी कार भगाकर चले गये। पल्टू सेन थोड़ी देर वहीं खड़ा होकर उस तरफ देखता रहा जिधर साहब की कार गयी थी। चारों तरफ अँधेरा था और खामोशी थी। पल्टू सेन ने आसमान की तरफ हाथ जोड़कर नमस्कार किया और कहा–हे भगवान्, शायद इतने दिनों बाद तुमने मुझ पर दया की!

खैर, कुछ भी हो, लेकिन भगवान् अगर किसी पर दया करता है तो शायद इसी तरह करता है। फिर भी पल्टू सेन को जिस तरह भगवान् की दया मिली, उस तरह बहुत कम लोगों को मिलती है।

दूसरे दिन रतन बाबू से पूछकर पल्टू सेन ग्रियर्सन साहब से मिला।

साहब ने कहा–बैठो।

पल्टू सेन बैठ गया। साहब ने उससे तरह-तरह के सवाल किये। पूछा–दिन भर तो वहीं रहते हो, लेकिन कहाँ नहाते हो?

इस पर पल्टू सेन ने कहा–वहीं बाथरूम है, उसी में नहा लेता हूँ।

–और खाना? कहाँ खाना खाते हो? होटल में?

पल्टू सेन बोला–होटल में खाना खाने पर बहुत पैसा लगता है सर, उतना पैसा मेरे पास कहाँ है? इसलिए मैंने दूसरा इन्तजाम किया है। गोदाम के पास एक गरीब औरत रहती है, वही मुझे सुबह-शाम खाना बनाकर खिलाती है। मैं उसे हर महीने एक सौ रुपये देता हूँ।

साहब ने सारी बातें सुनकर न जाने क्या सोचा। उसके बाद उन्होंने पूछा–तुम कहाँ तक पढ़े हो?

पल्टू सेन बोला–हुजूर, गरीबी के कारण मैं ज्यादा पढ़ नहीं सका। ट्यूशन करके मैंने किसी तरह कैलकटा यूनीवर्सिटी से बी० ए० पास किया है।

सुनकर साहब खुश हुए। उसी वक्त आर्डर हो गया। उसी दिन से पल्टू सेन ग्रियर्सन साहब का पर्सनल क्लर्क बन गया और उसकी तनख्वाह चार सौ रुपये महीने हो गयी।

यह सुनकर पल्टू सेन की आँखों में आँसू आ गये। चार सौ रुपये तनख्वाह उससे रहा नहीं गया और वह सचमुच रोने लगा। उसने झुककर टेबल के नीचे से हाथ डालकर साहब के पाँव छुए और हाथ माथे से लगाया।

साहब ने कहा–दैट्स अलराइट सेन, स्टॉप क्राइंग, स्टॉप–

यह सब उस समय हुआ जब लड़ाई चल रही थी–

डाक्टर ने पूछा–उसके बाद क्या हुआ?

पल्टू सेन याने मिस्टर पी० सेन ने कहा–डाक्टर, आज मेरी कम्पनी में कम-से-कम दस आफीसर पाँच-पाँच हजार रुपये तनख्वाह पाते हैं। मैं उनका बॉस हूँ। पाँच हजार से नीचे पानेवाले बीस आफीसर हैं। उनमें से हरेक महीने में साढ़े तीन हजार रुपये पाता है। इसके अलावा कार, फ्लैट, सर्वेण्ट वगैरह सब-कुछ फ्री।

डाक्टर ने पूछा–ऐसा कैसे हुआ सर?

पल्टू सेन याने मिस्टर पी० सेन बोले–बस, हो गया। भगवान् की इच्छा थी, इसलिए हो गया। नहीं तो मैं क्या हूँ डाक्टर? मैं तो आर्डिनरी बी० ए० हूँ, किसी

सूरत से इम्तहान पास हो गया था। मैं इंजीनियरिंग के बारे में कुछ भी नहीं जानता–बिजनेस के बारे में भी कुछ नहीं जानता। उन दिनों अंग्रेजी में एक सेण्टेन्स भी शुद्ध नहीं लिख सकता था। लेकिन अब वही मैं अपनी लेडी स्टेनोग्राफर को अंग्रेजी लेटर का डिक्टेशन फटाफट देता हूँ। मेरी पर्सनल स्टेनोग्राफर असली मेम है।

डाक्टर ने पूछा–उसके बाद सर, क्या हुआ?

पल्टू सेन बोले–आज मैं आपको सारी बातें बता रहा हूँ। इस तरह मैंने कभी किसी को अपने बारे में नहीं बताया। अब तो सुन लिया कि कैसे मैं अमीर बना हूँ और इतने रुपये का मालिक हुआ हूँ। आपको पता नहीं कि मैं कितने रुपये का फॉरेन एक्सचेञ्ज अर्न करता हूँ और मेरी वजह से इण्डिया गवर्नमेण्ट को कितनी फॉरेन मनी मिलती है। लेकिन विश्वास कीजिये डाक्टर, मैं बड़ा अनहैपी मैन हूँ। मैं समझता हूँ कि मेरा–जैसा

दुःखी शायद कोई दूसरा नहीं है। आज मुझे लगता है कि जब मैं सड़कों पर बेकार घूमा करता था, जब मैं किसी मकान की बरसाती के नीचे पुराना अखबार बिछाकर लेटता था, सो जाता था और तभी पुलिसवाला आकर डण्डा मारकर भगा देता था तब ज्यादा सुखी था। मेरे वे दिन ही मानो अच्छे थे। आज मैं महसूस करता हूँ कि ग्रियर्सन कम्पनी का जो आदमी अब डॉक पर गोडाउन में टैली क्लर्क है, शायद वह भी मुझसे ज्यादा खुश है। अब अगर मुझे फिर वही नौकरी मिल जाय तो मैं इससे ज्यादा सुखी हो जाऊँ। अगर ऐसा न हो तो मैं चाहता हूँ कि आपके नर्सिंग होम में मेरी मौत हो जाय और इस झमेले से छुटकारा पा जाऊँ।

डाक्टर बोले–आप ऐसी बातें क्यों कर रहे हैं? आप डरते क्यों हैं? मैं आपको मरने नहीं दूँगा। आप फिर स्वस्थ हो जायेंगे।

पल्टू सेन बोले–नहीं डाक्टर, मैं घर लौटना नहीं चाहता। मैं आपके यहाँ मरना चाहता हूँ। मैं नहीं चाहता कि स्वस्थ होकर घर लौट जाऊँ। अब घर मेरे लिये रेगिस्तान बन चुका है।

डाक्टर पल्टू सेन उर्फ मिस्टर पी० सेन को आश्वासन देने लगे।

बोले–अब चुप हो जाइये सर, थोड़ा आराम कर लीजिये।

इससे पल्टू सेन जरा शान्त हुए। लेकिन वे ज्यादा चुप नहीं रहे। थोड़ी देर चुप रहने के बाद वे फिर कहने लगे–देखिये डाक्टर, जब मेरे पास रुपया नहीं था, तब मैं सोचता था कि मेरे पास रुपया हो जायेगा तो मेरे सारे कष्ट दूर हो जायेंगे। लेकिन देख लीजिये भाग्य का परिहास! आज इतने रुपये का मालिक होकर भी आपके नर्सिंग होम में पड़ा–पड़ा आपके सामने रो रहा हूँ। इससे बड़ी विडम्बना और इससे बड़ा परिहास और क्या हो सकता है?

डाक्टर बोले–आप चुप हो जाइये मिस्टर सेन। आप बहुत जल्दी ठीक हो जायेंगे, ठीक होकर अपने घर चले जायेंगे–घबड़ाने की कोई बात नहीं है।

पल्टू सेन बोले–नहीं डाक्टर, आप भगवान् से वैसी प्रार्थना मत कीजिये। आप यही कामना कीजिये कि मुझे फिर उस घर में न लौटना पड़े। मैं भगवान् से मनाता हूँ कि आपके नर्सिंग होम में ही मेरे इस जीवन का अन्त हो जाय।

डाक्टर ने कहा–लेकिन मैंने आपके शरीर की भली-भाँति जाँच की है और मुझे कहीं कोई गड़बड़ी नहीं मिली। आपका यूरिन ठीक है, आपका प्रेशर नार्मल है और आपके ब्लड में कोई खराबी नहीं है। फिर आप किसलिए डर रहे हैं?

–डर?

पल्टू सेन कहने लगे–डर क्या है जानते हैं डाक्टर? डर मेरे पाप का है। मैंने पाप किया है। आप मेरे शरीर को तो स्वस्थ बना देंगे, लेकिन मन का क्या करेंगे? क्या आप मेरे मन को स्वस्थ बना सकेंगे? क्या मन को स्वस्थ बनाने की दवा आपकी डाक्टरी की किताब में है? आप लोग तो टिकिया खिलाकर मरीज को सुला देते हैं, लेकिन जिसके मन में सुख नहीं है उसके चेहरे पर खुशी लाने की कौन-सी दवा आप लोगों के पास है? अगर ऐसा है तो मैं आप लोगों का लोहा मानूँगा।

रोज इसी तरह की बातें होती रहती हैं। लेकिन डाक्टर के पास भी तमाम काम रहता है। सिर्फ मिस्टर सेन को लेकर पड़े रहने से उनका काम कैसे चलेगा? नर्सिंग होम में और भी बहुत-से मरीज हैं।

लेकिन जब भी थोड़ा मौका मिलता डाक्टर पल्टू सेन के रूम में आकर बैठते। आते ही वे पहला सवाल करते–आज कैसी तबीयत है मिस्टर सेन?

शाम के चार बजते ही मरीजों के घर के लोग और इष्टमित्र मरीजों से मिलने नर्सिंग होम आते हैं। लेकिन मिस्टर पल्टू सेन से मिलने कौन आता है, यह जानने की कोशिश डाक्टर ने कभी नहीं की।

जानने की कोशिश करने से भी क्या होता? सभी के साथ दुःख है। किसी का दुःख कम है तो किसी का ज्यादा। डाक्टर की भी अपनी हजारों तरह की समस्याएँ हैं। मनुष्यमात्र को ही दुःख-कष्ट-समस्या है। मनुष्य जब तक जिन्दा रहता है, तभी तक उसकी समस्या बनी रहती है। मरने के बाद किसी की कोई समस्या शेष नहीं रहती। उस नर्सिंग होम में कितने लोग रोगी बनकर आते हैं और कितने ही लोग रोग दूर हो जाने पर वहाँ से चले जाते हैं। लेकिन जो लोग मर जाते हैं? जो लोग नर्सिंग होम से घर नहीं लौट सकते?

यह भी देखते-देखते डाक्टर का मन निर्विकार बन गया है। जीवन-मृत्यु के बारे में अब उनको कोई कौतूहल नहीं रह गया है। अब वे मानो पत्थर बन गये हैं।

लेकिन वही डाक्टर मिस्टर पल्टू सेन के सम्पर्क में आकर जीवन-मृत्यु के बारे में ज़ानने के लिए आग्रही हो गये। सैकड़ों लोगों को रोजी-रोटी देनेवाले उस व्यक्ति को इस तरह असहाय देखकर न जाने क्यों डाक्टर का मन पसीज उठता है।

डाक्टर को न जाने उस समय कैसा लगता है जब वे यह सोचते हैं कि यह व्यक्ति उन्हीं का कृपाप्रार्थी है। मानो डाक्टर चाहे उसे मार भी सकते हैं और चाहे तो जिला भी सकते हैं। डाक्टर को लगता है कि मिस्टर सेन के केस के पीछे जरूर कोई रहस्य है।

एक दिन डाक्टर ने भी पूछा था–अच्छा मिस्टर सेन, जब आप पहले पहल कम्पनी के मालिक बने तब आपको कैसा लगा था?

मिस्टर पल्टू सेन बोले–अरे, वह भी एक घटना थी। जब लड़ाई खत्म हो गयी, तब ग्रियर्सन साहब ने मुझे बुलाया। मैं उनके कमरे में गया।

साहब ने कहा–बैठो सेन, तुमसे एक बात करनी है।

इतना कहकर साहब ने सिगरेट सुलगा ली। फिर वे बोले–मैं इण्डिया से जा रहा हूँ सेन!

मैंने पूछा–क्यों सर?

ग्रियर्सन साहब बोले–देखो, इण्डिया गवर्नमेण्ट हमारी कम्पनी के साथ अच्छा सुलूक नहीं कर रही है। अनेक तरह के कायदे-कानून बनाये गये हैं जो हमारे हित में नहीं हैं। सात समन्दर पार कर हम इण्डिया में रुपया कमाने आये हैं। लेकिन तुम लोगों की गवर्नमेण्ट तरह-तरह के टैक्स लगा रही है। इसलिए अब हम यहाँ रहना नहीं चाहते। खैर, वे सब बातें छोड़ो। असली बात यह है कि मैं कम्पनी का ऐसेट, याने लाभ-हानि का उत्तरदायित्व तुम्हें सौंपकर जाना चाहता हूँ। क्या तुम उत्तरदायित्व लोगे?

बिजली गिरने से लोगों के मरने की बात सुनी है। यह भी सुना है कि लाटरी में मोटी रकम मिल जाने पर भी कुछ लोगों को दिल का दौरा पड़ा और वे चल बसे। लेकिन न मुझ पर बिजली गिरी और न मुझे दिल का दौरा पड़ा। हाँ, उस एअर कण्डिशण्ड कमरे में बैठा मैं पसीने से तर होने लगा। ऐसा लगा कि मेरा दम घुट जायेगा।

मैंने साहब से कहा–सर, मैं कल आपके सवाल का जवाब दूँगा– इस समय मेरा सिर चकरा रहा है।

इतना कहकर उस दिन तो मैं घर चला गया। उसके बाद मैं सात दिन बुखार से बेहोश रहा। सात दिन और सात रातें कैसे बीतीं, यह मुझे पता ही न चला।

वे सात दिन अगर निम्मो की माँ मेरे पास न रहती तो मैं मर जाता।

डाक्टर ने पूछा–यह निम्मो की माँ कौन है?

पल्टू सेन बोले–जब मैं डॉक में टैली-क्लर्क था तब यही निम्मो की माँ मुझे खाना खिलाती थी और मैं उसे हर महीने एक सौ रुपये देता था। निम्मो की माँ मेरे सारे काम–खाना बनाने से कपड़ा धोने तक–कर देती थी। गरीबी के उन दिनों में

निम्मो की माँ ने ही मुझे जिन्दा रखा था। वह बहुत गरीब थी। ग्रियर्सन कम्पनी के गोदाम के पीछे झोपड़ी में निम्मो और निम्मो की माँ रहती थी।

लेकिन मैं निम्मो को निम्मो कहकर नहीं पुकारता था। उसका नाम निर्मला था। मैं उसे इसी नाम से पुकारा करता था।

निर्मला बड़ी अच्छी लड़की थी डाक्टर। लेकिन दुनिया में सभी लड़कियाँ अच्छी नहीं होतीं, यह तो आप जानते हैं न डाक्टर?

डाक्टर को बड़ा आश्चर्य हुआ। उन्होंने पूछा–आप ऐसा क्यों पूछ रहे हैं सर?

पल्टू सेन बोले–पूछने का कारण है डाक्टर। कारण यह है कि जीवन में पहला प्यार हमेशा अभिशप्त होता है। मानो प्रथम प्रेम पर भगवान् का अभिशाप हो। यह मेरी बात नहीं है डाक्टर, महान् उपन्यासकार वंकिमचन्द्र चट्टोपाध्याय ने ऐसा कहा है। उन्होंने अपने 'चन्द्रशेखर' उपन्यास में यही कहा है। मेरा विवाह हो चुका है। मेरी जो पत्नी है, वह भी मुझसे कम प्यार नहीं करती डाक्टर, लेकिन मेरे जीवन का वही पहला प्यार, जिसका मैं जिक्र कर रहा हूँ, मेरे लिये अभिशाप बन गया और उसी के कारण आज मुझे इतना कष्ट है।

डाक्टर बोले–अब आप वह सब मत सोचिये, थोड़ी देर सोने की कोशिश कीजिये–मैं जा रहा हूँ।

लेकिन पल्टू सेन ने किसी तरह नहीं छोड़ा। उन्होंने कहा–नहीं आप बैठिये डाक्टर। आप तो पिल्स खिलाकर दिनभर मुझे सुला रखते हैं, कितनी देर जगने का मौका मिलता है? इस समय न हो थोड़ी देर मुझे जागते रहने का मौका दीजिये, ताकि मैं आपके साथ गप-शप कर सकूँ। आपका कुछ समय जरूर नष्ट हो रहा है, लेकिन होने दीजिये, कम-से-कम मुझे तो चैन मिलेगा। मुझे आराम देना भी तो आपका कर्त्तव्य है।

समय नष्ट होने पर भी डाक्टर को पल्टू सेन की कहानी सुनना अच्छा लगता है।

पल्टू सेन बोले–जानते हो डाक्टर, पहले मैं उतना समझ नहीं सका था। उन दिनों एक सौ बीस रुपये तनख्वाह मिलती थी और उसमें से एक सौ रुपये निर्मला की माँ को दे देता था। उसी एक सौ रुपये में निर्मला की माँ मुझे चार वक्त खिलाती थी। सवेरे चाय-नाश्ता, दोपहर में दाल-भात-सब्जी, टिफिन के वक्त चाय और रात को रोटी-सब्जी। निर्मला की माँ अपनी झोंपड़ी में बैठी खाना पकाती थी और निर्मला दफ्तरों में जा-जाकर बाबुओं को चाय दे आती थी।

मैंने एक दिन निर्मला की माँ से कहा–देखो निम्मो की माँ, तुम्हारी लड़की अब बड़ी हो गयी है, अब उसे दफ्तर में मत भेजा करो। लोग क्या कहेंगे?

निर्मला की माँ ने कहा–क्या करूँगी बाबू, बेटा तो नहीं है कि उसे भेजूँगी? पाकिस्तान में मेरा घर-द्वार था, पति थे, लेकिन सब-कुछ न जाने कहाँ चला गया।

जब दिन बुरे आते हैं तब भगवान् भी मुँह फेर लेता है बेटा। अभी मेरे दिन बुरे हैं, इसलिए मेरी वही बेटी बेटे का काम कर रही है।

उसके बाद मैंने निर्मला की माँ से कभी कुछ नहीं कहा। लेकिन तभी से मैं रात को अपने दफ्तर में खाना नहीं मँगाता था, क्योंकि वैसा करने पर निर्मला खाना ले आती। उतनी रात को अँधेरे में निर्मला का आना मैं पसन्द नहीं करता था। मैं खुद निर्मला की माँ की झोंपड़ी में जाकर खाना खा आता था।

लेकिन जब ग्रियर्सन कम्पनी में मेरी तनख्वाह बढ़ गयी तब मैंने किराये पर मकान ले लिया। उन दिनों दफ्तर का काम बढ़ जाने से मैं निर्मला की माँ की बात भूल ही गया। उस समय मैं ग्रियर्सन साहब का खास सेक्रेटरी था। मेरे पास अपना फ्लैट और नौकर-चाकर वगैरह थे। सवेरे आठ बजने से पहले दफ्तर चला जाता था और लौटते-लौटते रात नौ-दस बज जाते थे।

हाँ, तो कई दिन बाद बुखार ठीक हो जाने पर मैं दफ्तर गया। मुझे देखते ही ग्रियर्सन साहब ने पूछा-क्या हुआ सेन? तुमने क्या तय किया?

भला मैं क्या जवाब देता?

मैंने सिर्फ कहा-सर, मैं समझ नहीं पा रहा हूँ कि क्या जवाब दूँगा।

साहब बोले-इसमें इतना सोचने का क्या है सेन? तुमने मेरी जान बचायी थी और यह तुम्हें न याद हो लेकिन मुझे याद है। मेरी पत्नी ने भी मुझसे यही कहा है। उसने मुझसे सारा किस्सा सुना था। उसी ने मुझसे कहा है कि यह कम्पनी मैं तुम्हें दान कर दूँ। हम लोग बहुत दिनों से इस इण्डिया में कारोबार कर रहे हैं। इण्डिया से हम करोड़ों पौण्ड अपने देश ले गये हैं। इतनी रकम ले गये हैं कि उसका कोई हिसाब नहीं है। मेरे ग्रैण्डफादर ने इस कम्पनी को स्थापित किया था और हम इतने दिनों तक इससे फायदा उठाते रहे। नाउ आई मस्ट रिटायर। फिर तुम तो जानते हो सेन कि हमारे बाल-बच्चे नहीं हैं। हम किसके लिए इस परदेश में पड़े रहेंगे? कम्पनी के बोर्ड ऑव डाइरेक्टर्स की मीटिंग में भी मैंने इस सम्बन्ध में रेजोल्यूशन पास करा लिया है। अब तुम इस कम्पनी को सँभालो। इसके लिए तुम्हें एक पैसा खर्च नहीं करना पड़ेगा। आई गिव इट टू यू फ्री।

उस वक्त मैं अन्दर-ही-अन्दर थर-थर काँपने लगा था। मुझे ऐसा लगने लगा था कि फिर बुखार आ जायेगा।

साहब फिर कहने लगे-मैं समझ रहा हूँ कि तुम इतनी बड़ी जिम्मेदारी लेने से घबड़ा रहे हो। लेकिन तुम मुझसे एक बात सुन लो कि जिन्दगी में कभी किसी बात से घबड़ाना नहीं चाहिए। जो घबड़ाता है, डरता है, लोग उसी को डरपोक, कावर्ड कहते हैं। खैर, मुझे विश्वास है कि तुम्हारी जिम्मेदारी में यह कम्पनी सुरक्षित रहेगी। अगर हो सके तो तुम इस कम्पनी को और एक्सपैण्ड करना ताकि हमारा नाम

हो। हाँ, इस ग्रियर्सन नाम को मत बदलना। इस नाम के लिए मेरे मन में थोड़ा मोह है। वह क्यों है, उसका कारण तुम जरूर समझ रहे होगे। नाउ, आई ब्लेस यू सेन। मैं तुम्हें आशीर्वाद दे रहा हूँ कि तुम जरूर सक्सेसफुल होगे।

डाक्टर, आप कभी ऐसी हालत में पड़े हैं या नहीं, मैं नहीं जानता। संसार का कोई भी आदमी ऐसी हालत में पड़ा है या नहीं, मैं नहीं जानता। लेकिन आपने तो इस नर्सिंग होम में अनेक तरह के रोगी देखे हैं, इसलिए आपको काफी अनुभव भी है। इसीलिए मैं आपसे कह रहा हूँ कि उस समय मेरी मानसिक स्थिति कैसी हो गयी थी, उसकी आप कल्पना कर लीजिये। आप इसकी भी कल्पना कीजिये कि अगर आप मेरी जैसी स्थिति में होते तो क्या करते?

सच कह रहा हूँ कि डाक्टर, उस दिन मेरे मन की हालत खुशी मनाने लायक नहीं थी। अगर कभी कोई सड़क के किसी भिखारी को करोड़ों रुपये की जिम्मेदारी सौंप देता है तो क्या आप समझ रहे हैं कि वह खुश होगा? मैं तो समझता हूँ कि नहीं होगा।

खैर, दूसरे ही दिन से मेरा संघर्ष शुरू हो गया–भाग्य को लेकर संघर्ष, दौलत लेकर संघर्ष और अतीत–वर्तमान–भविष्य लेकर संघर्ष। वह कैसा संघर्ष था, मैं आपको कैसे समझाऊँ? अगर कोई किसी को अचानक इण्डिया का प्रेसीडेण्ट बना देता या प्राइम मिनिस्टर तो शायद वह भी उतना मुश्किल काम न होता जितना मुश्किल उतनी बड़ी कम्पनी को चलाना था।

हाँ, तो क्या हुआ कि एक दिन साहब बोरिया–बिस्तर बाँधकर इण्डिया से चले गये। मैं कम्पनी लेकर पड़ा रहा। फिर रात और दिन कैसे कटे मुझे पता ही न चला। लोग समझते थे कि मैं एकाएक अमीर बन गया हूँ, शायद इसीलिए मेरा घमण्ड बढ़ गया है। खैर, लोग समझा करें, मुझे वह सब सोचने की फुर्सत नहीं थी।

लेकिन एक बात है डाक्टर, सब यही कहते हैं कि दुःख के दिनों में अपने लोग दूर हो जाते हैं, परन्तु मेरा अनुभव यह है कि सुख के दिनों में अपने लोग जितना दूर हो जाते हैं शायद दुःख के दिनों में भी उतना नहीं।

फिर जरा रुककर मिस्टर सेन कहने लगे–अच्छा डाक्टर, आपका परिचित कोई लेखक है?

डाक्टर बोले–लेखक? कैसा लेखक?

पल्टू सेन ने कहा–यही जो लोग कहानी–उपन्यास वगैरह लिखते हैं।

डाक्टर ने कहा–जी हाँ, मेरा एक दोस्त है। उसने उपन्यास लिखकर खूब नाम कमाया है।

पल्टू सेन बोले–फिर आप उनको एक बार मेरे पास ले आइये।

डाक्टर बोले–वह तो मैं ला सकता हूँ। लेकिन क्यों?

पल्टू सेन बोले–फिर मैं उनको अपनी जिन्दगी का सारा हाल बताऊँ। यदि सम्भव होगा, वे लिख लेंगे। फिर तो मेरी कहानी छपे अक्षरों में स्थायी बन जायेगी।

डाक्टर बोले–ठीक है सर, मैं उसे एक दिन आपके पास ले आऊँगा। लेकिन पहले आप ठीक तो हो जाइये, फिर उसे ले आऊँगा।

पल्टू सेन बोले–लेकिन डाक्टर, मैं उतने दिन जिन्दा नहीं रहूँगा।

डाक्टर बोले–जिन्दा रहेंगे, जरूर जिन्दा रहेंगे। मैं किसलिए हूँ? मैं आपको पूरी तरह स्वस्थ किये बिना नहीं मानूँगा।

पल्टू सेन बोले–लेकिन डाक्टर, मैं ही अब जिन्दा रहना नहीं चाहता। मुझे जिन्दा रहने की इच्छा भी नहीं है। मैं मरना चाहता हूँ।

डाक्टर ने पूछा–क्यों? ऐसी क्या बात हो गयी?

पल्टू सेन बोले–फिर सुनिये डाक्टर, मैं सब बता रहा हूँ। जो बात कोई नहीं जानता, मेरी पत्नी भी नहीं जानती, मैं वही आपको बताऊँगा।

डाक्टर बोले–बताइये न, मैं तो सुनना ही चाहता हूँ।

–लेकिन आपके काम में हर्ज तो नहीं होगा? मैं नहीं चाहता कि मेरी वजह से आपके काम में हर्ज हो। मेरे अलावा आपके यहाँ और भी तो मरीज हैं।

डाक्टर बोले–रहने दीजिये, उनकी देखभाल के लिए मेरे यहाँ कई डाक्टर हैं। मैं तो और किसी को देखने नहीं जाता। मैं इस तरह किसी के केबिन में बैठकर गप-शप भी नहीं करता।

हाँ, तो उस दिन तय हो गया कि रोज सवेरे साढ़े सात बजे डाक्टर पल्टू सेन के कमरे में आ जायेंगे और उस समय से दोपहर में लंच टाइम तक पल्टू सेन अपने जीवन की कहानी सुनायेंगे।

डाक्टर दोस्त बता रहा था और मैं सुन रहा था।

मैंने पूछा–फिर क्या हुआ?

पल्टू सेन ऐसे व्यक्ति हैं जिनको इस देश की जनता के एक सेक्शन या एक वर्ग का प्रतीक कहा जा सकता है। ऐसे लोगों के पास पैसा आते ही वे विलासिता की ऊँची चोटी पर पहुँच जाते हैं। अगर ये सिगरेट पीते हैं तो वह सिगरेट नहीं पीते जो आम आदमी पीते हैं। ये वही सिगरेट पीते हैं जो बाजार में सबसे महँगी हो और सबसे नामी। रुपया ही सामान्य मनुष्य को असामान्य बना देता है और यही दुनिया का नियम है।

फिर पार्टी है।

पार्टी ही इस युग में ऊपर पहुँचने की सीढ़ी है। इसी सीढ़ी से मनुष्य अपने वर्ग से और परिवेश से और ऊँचे वर्ग और परिवेश में पहुँच जाता है।

पल्टू सेन के साथ भी यही हुआ इंग्लैण्ड या अमेरिका से अगर कोई फारेन बिजनेस मैगनेट आता है तो पार्टी देकर उसकी खातिर करनी पड़ती है। यही नियम है। फिर वह सम्मानित अतिथि अकेले तो खाना नहीं खायेंगे। अकेले पियेंगे भी नहीं। उनके खाने-पीने के वक्त उनके साथ औरत-मर्दों का एक झुण्ड होना चाहिए। फिर होस्टेस न हो तो पार्टी भी नहीं जमती। इसलिए मिस्टर सेन को होस्टेस का जुगाड़ भी करना पड़ा।

–क्या आपने शादी कर ली?

पल्टू सेन बोले–हाँ डाक्टर। लेकिन मैंने शादी की, यह कहना ठीक न होगा, बल्कि मेरी शादी हो गयी। फिर वह शादी कैसे हुई, वह भी विस्तार से बताना जरूरी है। क्योंकि वह शादी न होती तो शायद आज मुझे इस तरह आपके नर्सिंग होम में नहीं आना पड़ता।

डाक्टर ने पूछा–क्या मिसेज सेन आपको देखने यहाँ आती हैं?

पल्टू सेन बोले–वह कैसे आयेगी? वह तो कभी मर चुकी है।

–मर चुकी हैं?

पल्टू सेन बोले–जी हाँ, मर चुकी है। लेकिन बहुत देर में मरी है। अगर वह और पहले मरती तो शायद मुझे शान्ति मिलती। गलती सभी इनसान करते हैं, लेकिन मैंने जो गलती की थी वैसी गलती शायद दुनिया में कोई नहीं करता। डाक्टर, अब मैं उसी गलती की सजा भोग रहा हूँ।

एक थे कर्नल चटर्जी। न जाने वे कब रिटायर हुए थे। वही सेण्ट्रल क्लब के मेम्बर थे। क्या आप कभी सेण्ट्रल में गये हैं डाक्टर? नहीं गये? हाँ, आपके पास क्लब जाने की फुर्सत कहाँ है? लेकिन मेरे पास भी फुर्सत कहाँ थी? फिर भी मुझे क्लब जाना पड़ता था। कलकत्ते के सभी क्लबों का मेम्बर बनना पड़ा था। उससे रेफरेन्स बढ़ती है। उन क्लबों में कितने बड़े-बड़े सोसाइटी किंग आते हैं और उनसे जान-पहचान होती है। व्यापारियों के लिए यह बहुत जरूरी है।

लेकिन मेरी क्या हालत थी जानते हैं डाक्टर? खाना खाते समय काँटा-चम्मच कैसे पकड़ना चाहिए, यह मैं नहीं जानता था। मैं तो था डॉक पर का एक सौ बीस रुपये तनख्वाह पानेवाला टैली-क्लर्क, लेकिन बन गया एकदम बिग बॉस! इण्डिया की सभी कम्पनियों के बिजनेस एक्जिक्यूटिव्स पार्टी देकर मेरा सम्मान करना चाहते थे। अब समझ लीजिये कि मेरी क्या हालत हो गयी डाक्टर, जमीन पर पाँव नहीं पड़ते थे। इतना मैं इतराने लगा। समझने लगा कि अपने पुरुषार्थ के बल पर ही इतना बन गया हूँ। यह मैं भूल ही गया कि कभी मुझे महीने में एक सौ बीस

रुपये मिलते थे और मैं एक अदना टैली-क्लर्क था। मैं तो अपने को इतना महत्त्वपूर्ण समझने लगा था कि सामान्य लोग कृतार्थ हो जाते थे। मिनिस्टर तो सभी मेरे खरीदे हुए थे। असल में मैं ही उन दिनों किंग और किंग-मेकर दोनों था।

डाक्टर, आज मैं यह सब आपको बता रहा हूँ तो यह मत समझ लीजिये कि मैं घमण्ड कर रहा हूँ। हाँ, आपसे और एक बात कहना चाहता हूँ, लेकिन बुरा मत मानियेगा। आप कभी भी घमण्ड मत कीजिये। घमण्ड से बढ़कर बुरी चीज इस दुनिया में और कुछ नहीं है। मनुष्य के लिए यह अभिशाप के समान है। आज जो मैं आपके नर्सिंग होम में बिस्तर पर पड़ा हूँ, इसके लिए भी मेरा घमण्ड ही जिम्मेदार है। आप जानते हैं कि दफ्तर से टेलीफोन करके मेरा हाल पूछनेवालों की कमी नहीं। लेकिन मैंने आपसे मना करवा दिया है इसलिए कोई टेलीफोन नहीं कर रहा है। लेकिन मैं तो समझ रहा हूँ कि दफ्तर में मेरे न रहने से कितना नुकसान हो रहा है। रोज हजारों रुपये का नुकसान हो रहा है।

एक दिन उसी रिटायर्ड कर्नल चटर्जी के साथ बैठकर ड्रिंक कर रहा था। अचानक उन्होंने मुझसे पूछा-आपने शादी की है मिस्टर सेन?

मैंने उपेक्षा से कहा-मैं शादी में विश्वास नहीं करता।

-ह्वाई? क्यों?

मैंने कहा-क्योंकि शादी करने का मौका नहीं मिला।

कर्नल चटर्जी बोले-लेकिन अब तो मौका है। अब तो आप सेटल्ड हैं, अब तो शादी कर सकते हैं।

मैने हँसते हुए कहा-लेकिन वैसी लड़की कहाँ है कर्नल?

कर्नल चटर्जी ने कहा-यहीं तो वैसी लड़की है।

इतना कहकर कर्नल ने अपनी बेटी को बुलाया। उनकी लड़की दूसरे टेबिल पर थी।

-रीटा, कम हियर बेबी।

बड़ी विचित्र लड़की थी रीटा। वह मुझे बड़ी अच्छी लगी। लेकिन डाक्टर, उस समय मैं नहीं जानता था कि वही लड़की मेरे जीवन में अभिशाप बनकर आयेगी।

या हो सकता है कि नशे की हालत में उस समय मुझे रीटा बहुत अच्छी लगी थी। नशा, खासकर ह्विस्की का नशा बड़ा विचित्र है। वह किसी भी आदमी को दो-चार घण्टे के लिए एकदम दूसरा आदमी बना देता है। भला आदमी बुरा बन जाता है और मक्खीचूस महादानी। कभी-कभी क्रिमिनल अचानक साधु बन जाता है।

शायद मुझे भी कुछ वैसा ही हो गया था। मैं उस कर्नल की बेटी के साथ क्लब के बगीचे में थोड़ी देर घूमा।

आधे घण्टे बाद मैं कर्नल चटर्जी के पास पहुँचा।

मैंने उनसे कहा–आई एग्री।

कर्नल चटर्जी की वही एकमात्र बेटी थी। कर्नल चटर्जी के पास बहुत पैसा था! बाप की सारी सम्पत्ति उत्तराधिकार में रीटा को ही मिलेगी। शायद उस समय नशे की हालत में भी मुझे यह बात याद आयी थी। नहीं तो मैंने वैसी गलती क्यों की?

फिर ह्विस्की के मत्थे सारा दोष मढ़ देना भी शायद गलत होगा। शायद उस समय मुझमें रुपये का लालच जोर मारने लगा था। रुपये में गुण अनेक हैं, लेकिन उसके दोष कितने हैं यह बताकर खत्म नहीं किया जा सकता। उस समय मेरे पास अपार धन था, फिर शायद रुपये के लिए मेरा लोभ खत्म नहीं हुआ था।

हाँ, रीटा देखने में सुन्दर थी। जिसे सुन्दरी कहा जाय, वही।

लेकिन कलकत्ते में सुन्दर लड़कियों की तो कोई कमी नहीं।

अगर कमी है तो प्यार की। सच कहता हूँ डाक्टर, दुनिया में जब से रुपये की कद्र बढ़ी है, तभी से प्यार की कद्र घटी है।

लेकिन उस समय मुझे इसका ज्ञान नहीं था। मैं बचपन से रुपये की कमी को ही एकमात्र कमी मानता आया था। इसलिए जब बहुत रुपया मिल गया तब मुझे लगा कि स्वर्ग मिल गया है। लगा कि मुझे सब–कुछ मिल गया है। अब और कुछ मिलना बाकी नहीं है।

उस समय मुझे यह पता नहीं था कि मनुष्य को वही पाने में सबसे बड़ा आनन्द मिलता है, जिसे पाने के साथ थोड़ा न–पाना भी जुड़ा रहता है। खैर, बाद में रवीन्द्रनाथ ठाकुर का एक निबन्ध पढ़कर मैं समझ गया कि मेरा ख्याल गलत है। लेकिन उस समय तक बहुत देर हो चुकी थी। गलती ठीक करने की उम्र ही नहीं रह गयी थी। इसलिए जब मेरी आँखें खुलीं, तब मैंने देखा कि मेरे करोड़ों रुपये और अपार सम्पदा सब झूठे हो चुके हैं।

–आपको मैंने अपनी पत्नी का नाम बताया है न?

डाक्टर बोले–जी हाँ, आपने बताया है। रीटा।

–आपने अपने जीवन में कितनी स्त्रियाँ देखी हैं डाक्टर, यह मैं नहीं जानता। लेकिन यह तो मैं दावे के साथ कह सकता हूँ कि आपने मेरी पत्नी–जैसी स्त्री कभी नहीं देखी। कर्नल चटर्जी की बेटी रीटा की जिस तरह परवरिश हुई थी और जिस कलचर में वह पली थी उससे मैं पहले से परिचित नहीं था।

फिर भी मैंने सोचा था कि जब मेरे पास रुपया है तब किस बात की चिन्ता? रुपया उड़ायेगी? उड़ाये। ड्रिंक करेगी? करे। जेब–खर्च के लिए कितना रुपया चाहिए? ले लो। रीटा के लिए मैं कभी रुपये की कमी नहीं रखता था। समझ गये

डाक्टर? मेरे पास उतना रुपया है, कौन खायेगा? मनुष्य तो सोना नहीं खा सकता, रुपया ही खाता है, तो रीटा चाहे जितना रुपया खा सके खाय। मैं उसे साथ लिये रोज क्लब जाता था। वहाँ वह रोज खूब रुपया खर्च करती थी। मैं जानता था कि मुफ्त में रुपया मिला है, इसलिए मुझे उस रुपये से कोई मोह नहीं था। रीटा भी जानती थी कि मेरी दौलत मेरी कमायी हुई नहीं है, इसलिए उस दौलत को वह भी पराया समझती थी।

लेकिन उसके लिए मुझे कोई अफसोस नहीं था। दो प्राणियों का परिवार, उसके लिए कितना रुपया खर्च हो सकता है? महीने में दो लाख, तीन लाख या पाँच लाख। उस पर भी मुझे कोई आपत्ति नहीं थी। घर में तो हम दो ही प्राणी थे। नौकर-खानसामा-चपरासी-आया दस-बारह थे। रीटा के लिए चौबीस घण्टे नौकरानी थी। दो नौकरानियाँ पारी-पारी से ड्यूटी देती थीं। एक दिन में और दूसरी रात में। रात को रीटा जब लेटती थी तब एक नौकरानी उसके पाँव दबाती थी। जब वह नहाने जाती थी तब एक नौकरानी कपड़े उतराने और पहनने में उसकी मदद करती थी। जब वह नहा चुकती थी तब तक एक नौकरानी उसके बदन पर पाउडर छिड़कती थी। फिर बाथरूम के लिए एक माली अलग था। वह रोज बाथरूम के लिए फूल का इन्तजाम करता था। बताइये डाक्टर, आपने कभी बाथरूम में फूलों का वास देखा है? अगर नहीं तो कभी मेरे घर आइये, देखेंगे कि रोज बाथरूम में चालीस रुपये का गुलदस्ता रखा जाता है। बाथरूम के लिए फूल सप्लाई करने का हर महीने कितना बिल होता है, पता है? सात सौ रुपये।

शायद आप सोच रहे होंगे कि इस खर्च के लिए मैं अपनी पत्नी की बुराई कर रहा हूँ। लेकिन ऐसी बात नहीं है डाक्टर। रुपया पाकर अगर कोई खुश होता है तो उससे बड़ा मूर्ख कोई नहीं है। उसी रुपये से किसी को वश में किया जाय तो उससे आसान और कुछ नहीं है।

लेकिन ऐसी बात नहीं है। रीटा क्लब जाकर ड्रिंक करेगी तो किया करे, उसके लिए पैसे की कमी नहीं है। अगर बाल-बच्चे होते तो उनके लिए भी तो पैसा खर्च करना पड़ता।

एक दिन क्या हुआ डाक्टर कि मैं क्लब में ड्रिंक कर रहा हूँ और रीटा भी मेरे साथ है। अचानक रीटा ने क्या किया जानते हो? मेरे सिर को निशाना बनाकर उसने शराब की गिलास फेंका।

मैं तो दंग रह गया। मैंने रूमाल से सिर को दबा लिया। खैर, चोट ज्यादा नहीं लगी थी। खून भी नहीं निकला। लेकिन उसकी हरकत से मुझे बड़ा आश्चर्य हुआ। मैं झटपट रीटा को लेकर कार में बैठ गया। घर लौटने के बाद उसे बेडरूम में ले जाकर उससे पूछा-तुम्हें क्या हो गया है रीटा? मुझे गिलास फेंककर क्यों मारा? मैंने क्या किया था?

रीटा रोने लगी।

बोली–बुरा मत मानना, मुझे बड़ा गुस्सा आ गया था।

यह कहकर रीटा ने माफी माँगी। मैं भी दो–चार दिन बाद उस बात को भूल गया। लेकिन दो–चार दिन बाद फिर वही बात हो गयी। क्लब में उसने कप–प्लेट–गिलास खूब तोड़े। उस दिन मुझे बहुत शर्म लगी। क्लब को जो नुकसान हुआ था, उसके लिए तो मैंने पैसा दे दिया, लेकिन–

दूसरे दिन दूसरे क्लब में गया। दो–चार दिन बाद वहाँ भी रीटा ने वही हरकत की। मुझे फिर सबके सामने शर्मिन्दा होना पड़ा। रुपया जो बरबाद हुआ, उसके लिए मैं परेशान नहीं था। लेकिन मैं यही सोचने लगा कि लोगों को मुँह कैसे दिखाऊँगा?

उसके बाद मैं कभी किसी क्लब में नहीं गया। रीटा घर ही पर शाम को बैठी ड्रिंक करती थी। पाँच–छह पेग पी लेने के बाद वह अपने–आप निढाल होकर सो जाती थी। रीटा की नौकरानी जब उसके पाँव दबाने लगती थी तब मैं अपने कमरे में चला जाता था।

फिर कुछ दिन बाद सवेरे हम दोनों ब्रेकफास्ट कर रहे थे कि कहीं कोई बात नहीं, लेकिन अचानक वही बात हो गयी।

रीटा ने अण्डे का प्लेट सीधे मेरे मुँह पर दे मारा। मैंने कुछ नहीं कहा। सीधे बाथरूम में जाकर मुँह धो लिया।

लेकिन नौकर–चाकरों ने वह तमाशा देख लिया था। कहीं उन लोगों में इस बात को लेकर कानाफूसी हो, इसलिए मैंने भी रीटा से कुछ नहीं कहा। चुपचाप, मानो कुछ भी नहीं हुआ, दफ्तर जाने के लिए मैं कार में जाकर बैठ गया।

दफ्तर जाकर मुझे यह सब–कुछ याद भी न रहा। उन दिनों दफ्तर ही ऐसा स्थान था जहाँ मुझे अपनी अन्तरात्मा को शान्ति मिलती थी। गेट से मुझे सलाम मिलना शुरू होता तो वह तब तक नहीं रुकता जब तक मैं अपने कमरे में अपनी कुर्सी पर बैठ न जाता।

वहाँ भी दिनभर सलाम–ही–सलाम। 'सर' के अलावा और कुछ कोई कहता नहीं था। मैं सबका 'सर' हूँ और सबको रोजी–रोटी देनेवाला मालिक। मानो मैं सबके लिए विधाता पुरुष हूँ। ऐसा समझने में भी बड़ा नशा है डाक्टर। यह भी एक तरह का जहर है, समझ रहे हैं न? जिधर देखता हूँ उधर ही मुझे अपना साम्राज्य नजर आता है और मैं ही उस साम्राज्य का एकमात्र अधिकारी हूँ, ऐसा सोचना भी किसी मनुष्य के लिए कितना हानिकारक है, वह मैं आज समझ रहा हूँ। लेकिन उन दिनों मुझे ऐसा ही सोचना अच्छा लगता था। शराब या सिगरेट जहर है जानकर भी लोग जैसे शराब या सिगरेट पीते हैं, वैसे 'सर' कहकर पुकारा जाना बुरा है जानकर भी लोगों को अच्छा लगता है। फिर मुझे भी अच्छा क्यों न लगे? लेकिन मैं समझता हूँ कि यह मेरी कमजोरी है।

लेकिन जब दुनिया में पैदा हुआ हूँ तब तो ऐसी कमजोरियाँ रहेंगी ही। इसके लिए मैं क्यों अफसोस करूँगा? यह तो दुनियादारी की माँग है। मैं अमीर बना हूँ तो तुम लोग मेरी इज्जत क्यों नहीं करोगे?

इसलिए लोग भी मेरी इज्जत करते हैं। मेरा दफ्तर मेरी इज्जत करता है, मेरा क्लब मेरी इज्जत करता है और यह बंगाली समाज भी मेरी इज्जत करता है।

लेकिन मैं आपसे बता रहा हूँ डाक्टर, यही तो सब-कुछ नहीं है। मेरी इस बाहरी शक्ल के अन्दर तो एक आदमी है जो इस सलाम के अलावा भी कुछ चाहता है।

–वह और कुछ क्या है?

वह और कुछ है मन की खुराक। मैं आपको बता रहा हूँ कि जहाँ तक मन की खुराक का सवाल है, मैं एक भिखारी से बढ़कर हूँ। उस मामले में मैं एक कंगाल के अलावा और कुछ नहीं हूँ।

खैर, इन बेकार की बातों को छोड़िये, असली बात बताऊँ। एक दिन मैं एक डाक्टर के पास गया। मैंने उनको सब-कुछ बताया। उन्होंने अलग कमरे में रीटा की जाँच की। मैं बाहर था। कमरे से निकलकर डाक्टर ने मुझसे पूछा–आपने कब शादी की थी?

मैंने कहा–पाँच साल पहले।

डाक्टर ने पूछा–बाल-बच्चे हुए?

मैंने कहा–नहीं।

डाक्टर ने पूछा–डाक्टरी जाँच करायी थी?

मैंने कहा–जी हाँ, कोई डिफेक्ट नहीं है?

यह कहकर मैंने उनको मेडिकल रिपोर्ट दिखायी। उन्होंने उसे देखने के बाद मुझे लौटा दिया। फिर उन्होंने सवालों की झड़ी लगा दी।

पूछा–आप दिनभर में कितना समय अपनी पत्नी के पास रहते हैं?

मैंने कहा–दफ्तर के काम में मुझे बहुत बिजी रहना पड़ता है, इसलिए मैं समय नहीं निकाल पाता। लेकिन हर शनिवार और रविवार को मैं पत्नी को क्लब ले जाता हूँ। एक दिन मेरी पत्नी ने मुझे शराब का गिलास फेंककर मारा और उसके बाद से आये दिन ऐसी घटना होने लगी। एक दिन ब्रेकफास्ट के समय उसने अण्डा सहित प्लेट मेरे मुँह पर दे मारा। तभी मैं डर गया। तभी मैं आप के पास पहुँचा।

उसके बाद मैंने पूछा–क्या अन्त तक मेरी पत्नी का दिमाग खराब हो जायेगा?

डाक्टर बोले–हो जाता, लेकिन अभी से इलाज कराने पर वैसा नहीं होगा।

उन्होंने दवाएँ लिख दीं और क्या-क्या करना होगा, बता दिया। उन्होंने कहा-मैंने दवाएँ तो लिख दीं, लेकिन इस रोग की चिकित्सा के लिए आपको भी थोड़ा समय देना पड़ेगा।

मैंने पूछा-बताइये, क्या करना होगा?

डाक्टर बोले-क्या आप अपनी पत्नी को लेकर कहीं घूमने निकले हैं? कलकत्ते के बाहर या इण्डिया के बाहर?

मैंने कहा-नहीं।

डाक्टर बोले-क्यों नहीं गये? क्या आपके पास रुपये की कमी है?

मैंने कहा-जी नहीं।

-फिर?

मैंने कहा-समय की कमी-

डाक्टर बोले-आपके समय की कीमत अधिक है या आपकी मानसिक शान्ति की?अगर आप अपनी पत्नी के लिए थोड़ा समय नहीं दे सकते तो आपने शादी ही क्यों की थी? आपकी पत्नी की बीमारी के लिए आप ही जिम्मेदार हैं।

अब मैं इसका जवाब नहीं दे सका।

डाक्टर बोले-आपके सास-ससुर या साला-साली कोई हैं?

मैंने कहा-जी नहीं।

डाक्टर बोले-तब तो आपके लिए और परेशानी है। आपकी जिम्मेदारी और बढ़ जाती है। अगर आप चाहते हैं कि आपकी पत्नी स्वस्थ हो जायँ तो आज ही से आप दफ्तर जाना बन्द कर दीजिये। रुपया तो आपने बहुत कमाया है। इतना रुपया लेकर आप करेंगे भी क्या? इसलिए अब आप एक काम कीजिये। आप अपनी पत्नी को लेकर कहीं-न-कहीं घूमने जाइये। यही समझ लीजिये कि सवेरे अपनी पत्नी के साथ कार में निकल जाइये फिर जेसोर रोड से जितनी दूर चाहें चलते रहिये। फिर कहीं रुककर किसी मैदान में घूमिये-टहलिये, बैठिये-लेटिये। शर्म या संकोच मत कीजिये, वहीं मैदान में घास पर लेट जाइये और देखिये कि आकाश कितना सुन्दर है-अपनी पत्नी को भी दिखाइये। प्रकृति के नजदीक पहुँचकर स्वाभाविक बनिये। फिर जब भूख लगे, पास के किसी होटल में जाकर खाना खा लीजिये। यह मत देखिये कि होटल छोटा है या बड़ा, बढ़िया या घटिया। अगर यह भी न हो सके तो टिफिन कैरियर में खाना और फ्लास्क में पानी ले जाइये। वहीं मैदान में बैठकर खाना खा लीजिये। अपनी जिन्दगी को नेचर के साथ मिला दीजिये। नेचर से दूर होकर ही मनुष्य ने इतने सारे रोग पैदा कर लिये हैं। जब यह सभ्यता नहीं थी, तब ये रोग भी नहीं थे। लेकिन हम नेचर से जितना ही दूर होते जा रहे हैं, नीले आसमान के नीचे से और खुले मैदान की हवा से कतराकर एअर कण्डीशनवाले महल की शरण

ले रहे हैं, प्रकृति हमसे उतना ही बदला ले रही है। हमें नयी-नयी बीमारियाँ हो रही हैं।

मुझे क्या करना होगा और क्या नहीं, डाक्टर वही बताने लगे। उनका उपदेश लम्बा भाषण बन गया। लेकिन मैं सुनता रहा, जैसे मैं एक शिशु हूँ। डाक्टर ने उस दिन जो कुछ बताया, वह सब तो मैं जानता था। फिर भी मैंने यह न जाने क्यों नहीं कहा। शायद इसीलिए नहीं कहा कि मैंने यह सोचा कि मुझे भी थोड़ा आघात पहुँचना जरूरी है। रुपये ने ही मेरा सर्वनाश कर दिया डाक्टर, सिर्फ रुपये ने। अचानक बहुत रुपये का मालिक बनकर मैं प्रकृति तक को इनकार करने लगा था। वही मेरा पाप था और वही मेरा अपराध।

खैर, डाक्टर तो सब-कुछ बताकर, समझाकर चिकित्सा की व्यवस्था कर चले गये। जाते समय उन्होंने एक महीने बाद रिपोर्ट देने के लिए कहा।

उसी दिन से मैंने रीटा का इलाज शुरू कर दिया था। मैं सवेरे ही उसे साथ लेकर जेसोर रोड से चलने लगता था। अस्सी-नब्बे मील की रफ्तार में कार चलती थी। मैं ड्राइवर से कह देता था कि चाहे जहाँ चलो और चाहे जितना तेज चलो। मेरे पास बैग में रुपया रहता था और खाने की तरह-तरह की चीजें भी रहती थीं। उस समय यह नहीं सोचता था कि धूप लगेगी या ठण्ड लगकर जुकाम होगा। उस समय भी मेरे मन में यही बात होती थी कि मैं मिलियनेयर हूँ। फिर भी मुझे एक बात का आभास हुआ कि मैं प्रकृति के साथ घुल-मिल गया हूँ। उस समय मुझे यह नहीं लगता था कि मैं सिर्फ ग्रियर्सन ऐण्ड कम्पनी का मैनेजिंग डाइरेक्टर हूँ, बल्कि मैं महसूस करता था कि मैं एक सामान्य मनुष्य हूँ। उस समय मेरे मन में एक बार भी यह बात नहीं आती थी कि कम्पनी के ऑडिट का समय आ गया है। या अभी तक कम्पनी का बजट बनना बाकी था। या इण्डिया गवर्नमेण्ट और शेयर होल्डरों के पास कम्पनी का बैलेन्स-शीट सबमिट करना है। या मुझे यह चिन्ता भी नहीं रहती थी कि अभी तक बोर्ड ऑव डाइरेक्टर्स की मीटिंग नहीं बुलायी गयी। मुझे कम्पनी की बात याद नहीं आती थी। मुझे सिर्फ एक ही बात याद रहती थी कि मैं रीटा का पति हूँ और रीटा मेरी पत्नी।

इन तरह एक महीना बीतने के बाद मैंने फिर डाक्टर को घर पर बुलाया।

डाक्टर आये। उन्होंने फिर अच्छी तरह मेरी पत्नी की जाँच की।

अन्त में वे बोले-अब मिसेज सेन का स्वास्थ्य पहले से काफी सुधर गया है। आप इस तरह और कई महीने करते रहिये। हाँ, अगर आप लोगों के एक बच्चा हो जाता तो यह सुधार और तेज होता।

डाक्टर तो चले गये, लेकिन उसी दिन से हमारे जीवन में और एक परेशानी शुरू हो गयी।

जानते हैं डाक्टर, एक बार कार्ल मार्क्स से पूछा गया था–ह्वाट इज हैपीनेस? उन्होंने उत्तर दिया था–स्ट्रगल! याने संघर्ष। इसका मतलब है कि जो आदमी सुख की खोज करता है उससे बड़ा मूर्ख इस दुनिया में नहीं है। संघर्ष ही एकमात्र सुख है। अगर रुपये में सुख होता तो आज मुझसे बढ़कर कौन सुखी होता? मकान–कार–नौकर–चाकर रहने से अगर सुखी होना सम्भव होता तो मैं ही सबसे पहले सुखी होता।

लेकिन मुझे अपने जीवन से यह शिक्षा मिली है कि काम में ही सुख की तलाश करनी चाहिए और इसीलिए मैं आपसे यह कह रहा हूँ। आप रोगियों की सेवा करते रहिये उसी में आपको सुख मिलेगा।

हाँ, तो अब बताऊँ कि उसके बाद क्या परेशानी हुई।

उस दिन भी मैं घर से रीटा को साथ लिये कार से चला था।

एक जगह देखा कि सड़क के बायें किनारे ग्राम्य परिवेश में चाय की एक दुकान है।

रीटा ने कहा–चलिये, उस चाय की दुकान में चलकर चाय पी जाय।

मेरे साथ फ्लास्क में ढेर–सारी चाय थी।

मैंने कहा–फ्लास्क में तो चाय है, पीना चाहो तो पियो न!

रीटा बोली–नहीं, यह चाय नहीं, यह तो रोज पीती हूँ, दुकान की सस्ती चाय पियूँगी। देखिये, सब लोग कुल्हड़ में चाय पी रहे हैं, मैं वही चाय पियूँगी।

बहुतायत का यह भी एक दोष है। प्राचुर्य का यह भी एक अभिशाप है। जरूरत से ज्यादा कोई चीज अच्छी नहीं होती। ज्यादा औरतें, ज्यादा शौक और ज्यादा रुपया जैसे अच्छा नहीं होता वैसे ज्यादा आराम और ज्यादा अवकाश भी अच्छा नहीं है। कुछ भी ज्यादा होना अच्छा नहीं है। उससे जिन्दगी कड़वी बन जाती है। जिन्दा रहने में कोई मजा नहीं रहता।

दुकानदार हमें देखकर आश्चर्य में पड़ गया।

उस दुकान को एक झोंपड़ी कहना ही ठीक रहेगा।

दुकान के सामने बाँस का मचिया था। उस पर दो–चार देहाती लोग बैठे थे। उनके बदन पर कपड़ा नहीं था, पाँवों में जूते नहीं थे और जो धोती पहने हुए थे वह भी गन्दी थी।

हम दुकान के सामने गये तो वे हटकर खड़े हो गये। उतनी बड़ी मोटरगाड़ी से निकलकर हम उनकी दुकान के सामने जाकर खड़े होंगे, इसकी कल्पना भी उन

लोगों ने नहीं की थी। क्या हम उस मचिया पर बैठकर चाय पियेंगे? खैर, उन लोगों के आश्चर्य का ठिकाना नहीं था। उन लोगों ने सोचा था कि कोई बात होगी, इसलिए कार रुकी, लेकिन हम तो उनकी दुकान पर पहुँच गये।

खैर, दुकानदार ने बड़े अदब के साथ तीन चाय बनायी। एक चाय ड्राइवर के लिए। शीशे का गिलास गरम पानी से धोकर दुकानदार उसी में चाय देने का इन्तजाम करने लगा तो रीटा ने कहा–नहीं, कुल्हड़ में चाय दो।

दुकानदार जरा घबड़ा गया। उसकी दुकान पर कभी पहले ऐसी घटना नहीं घटी थी।

वह बोला–आप लोग तकलीफ उठाकर यहाँ तक क्यों आ गये हुजूर। चलिये, कार में बैठिये, मैं वहीं चाय दे आता हूँ। आप लोग गाड़ी में आराम से बैठकर चाय पीजिये। यह जगह कितनी गन्दी है।

मैंने भी रीटा से कहा–हाँ, चलो, कार में चलकर बैठो, यहाँ तो कीचड़ भी है।

रीटा बोली–नहीं, रहने दीजिये कीचड़, मैं यहीं चाय पियूँगी।

ज्यादा जोर करने पर कहीं रीटा की बीमारी बढ़ न जाय, इसलिए मैं चुप हो गया। मैंने सहारा देने के लिए रीटा का हाथ पकड़ा और फिर हम दुकान की उसी मचिया पर जाकर बैठ गये। देखा कि रीटा के चेहरे पर खुशी छा गयी है।

वह मिट्टी के कुल्हड़ में ही चाय पीने और गर्दन घुमा-घुमाकर चारों तरफ के दृश्य देखने लगी।

दुकानदार मानो हाथ बाँधे खड़ा रहा। उसने पूछा–चीनी ठीक है न और चीनी दूँ?

रीटा बोली–नहीं, बहुत बढ़िया चाय बनी है।

लेकिन मुझे वह चाय कड़वी लग रही थी। शायद ऐसी चाय मेरी कम्पनी का चपरासी भी पीना पसन्द नहीं करेगा। फिर जो चाय मुझे अच्छी नहीं लग रही थी, वही रीटा को क्यों अच्छी लग रही है यह मैं समझ नहीं सका।

दुकानदार ने पूछा–बिस्कुट दूँ हूजूर?

मैंने कहा–नहीं, वह बिस्कुट मत दो।

रीटा बोली–हाँ-हाँ, वही बिस्कुट दो।

जो बिस्कुट हमारे घर का कुत्ता भी नहीं खायेगा, उस दिन रीटा वही बिस्कुट बड़े आराम से खाने लगी थी। खैर, जिसमें रीटा को सुख मिले, मुझे वही करना था। मुझे डाक्टर के निर्देश के अनुसार चलना था। मैंने वैसा ही किया जैसा डाक्टर ने बताया था।

मैंने देखा कि थोड़े ही दिनों में रीटा की शक्ल-सूरत बदल गयी। मैंने देखा कि अब उसके मिजाज में उग्रता नहीं है। अब वह सबसे मधुर व्यवहार कर रही है।

डाक्टर ने भी ऐसा ही कहा था। वे आकर पूछते थे–अब मिसेज सेन कैसी हैं?

मैं कहता था–पहले से बहुत अच्छी।

–अब तो वे कप-प्लेट नहीं तोड़तीं।

मैं कहता–जी नहीं, अब बहुत नार्मल हैं।

डाक्टर कहते थे–फिर वही दवा चलाते रहिये और मिसेज सेन को लेकर जैसे घूम रहे हैं, घूमते रहिये। अभी आप अपनी कम्पनी को एकदम भूल जाइये।

लेकिन वही जो बताया डाक्टर, कि यह जिन्दगी एक पहेली है। मेरी जिन्दगी भी पहेली साबित हुई। मैंने अपनी पत्नी के लिए दफ्तर जाना बन्द किया, कम्पनी की देखभाल करना छोड़ दिया और अपना सारा काम भविष्य के लिए टाल दिया, लेकिन मेरी वही पत्नी अन्त तक मेरी सबसे बड़ी दुश्मन बन गयी। आज मैं वही कहानी आपको सुनाऊँगा।

उस दिन क्या हुआ कि मैं रीटा को साथ लिये एक गाँव गया। वहीं यह बात हो गयी। हम गाँव के बाहर मैदान में बैठे थे। वहाँ से दूर, मैदान के दूसरे छोर पर कई छोटे-छोटे बच्चे खेल रहे थे। रीटा उन बच्चों को देख रही थी। थोड़ी देर बाद उसने कहा–वह देखिये, वह लड़का कितना सुन्दर है।

मैंने उधर देखा। सचमुच वह लड़का बड़ा प्यारा था।

रीटा ने पूछा–क्या वह लड़का हमें नहीं मिल सकता?

मैंने कहा–तुम भी कैसी बात करती हो! पता नहीं, वह लड़का किसका है, उसके माँ-बाप अपना लड़का हमें क्यों देंगे।

रीटा बोली–क्यों नहीं देंगे? हम उनको रुपया देंगे।

मैंने रीटा को समझाते हुए कहा–देखो, हर किसी को रुपया प्यारा नहीं होता। रुपया पा जाने पर वे अपना बच्चा दे देंगे, इसका क्या ठिकाना है?

रीटा बोली–रुपया देने पर सब-कुछ खरीदा जा सकता है। उस लड़के को बुलाइये न, बुलाइये।

मुझे बहुत बुरा लगा। लेकिन कोई उपाय नहीं था। रीटा ने जिद की है।

मैं जाकर उस लड़के को बुला लाया। वह लड़का पास आया तो रीटा का चेहरा खुशी से उज्ज्वल हो उठा। उसने लड़के का हाथ पकड़कर अपनी तरफ खींचा।

पूछा–तुम्हारा क्या नाम है बच्चा?

हमें देखकर वह लड़का बहुत डर गया था। उसे बुलाने के साथ-ही-साथ उसके साथ के और भी बहुत-से बच्चे हमारे पास आकर खड़े हो गये थे।

उन बच्चों में से एक ने कहा–उसका नाम बिशु है।

रीटा ने पूछा–तुम्हारा घर कहाँ है?

बिशु ने उँगली से दूर गाँव की तरफ इशारा किया–वहाँ।

रीटा ने पूछा–तुम कितने भाई-बहन हो?

बिशु बोला–हम तीन भाई और एक बहन हैं।

पास खड़े एक बच्चे ने कहा–मैं उसका छोटा भाई हूँ। मेरा नाम शिशु है।

रीटा बोली–तुम दोनों के नाम कितने अच्छे हैं–बिशु और शिशु। घर में तुम्हारे कौन-कौन है?

एक लड़के ने कहा–उसके बाप, माँ और एक बुआ है।

क्या तुम लोग मुझे अपने घर ले जाओगे?

बिशु शरमा गया। बोला–आप हमारे घर कैसे जायेंगी?

रीटा बोली–क्यों, मैं पैदल जाऊँगी।

बिशु बोला–नहीं, आप नहीं जा सकेंगी। उधर रास्ते में बहुत कीचड़ है, आपके साफ कपड़े में लग जायेगा।

रीटा खड़ी हो गयी। बोली–लगने दो कीचड़, फिर भी मैं जाऊँगी। मुझे ले चलो।

फिर डाक्टर, एक तमाशा खड़ा हो गया। सोचिये, उतने सारे बच्चे हल्ला मचाते हुए गाँव की तरफ चलने लगे और रीटा उनके साथ चलने लगी। फिर मेरी क्या हालत हुई, उसकी भी कल्पना कीजिये। मुझे भी उसी कीचड़ में से उनके पीछे-पीछे चलना पड़ा। मैं न कुछ बोल पा रहा था और न ही रीटा को रोक पा रहा था। अगर रोकता तो रीटा बिगड़ जाती। डाक्टर ने वैसा करने से मना किया था।

वह रास्ता इतना खराब था कि क्या बताऊँ! मेरे पैण्ट, मोजों और जूतों की जो हालत हुई, आप उसकी कल्पना कर लीजिये। रीटा की साड़ी का जो हाल हुआ उसका वर्णन करना असम्भव है। लेकिन रीटा ने उधर ध्यान नहीं दिया। वह बच्चों के साथ खूब हँसती-बोलती चलने लगी।

मैं उसकी वह हालत देखकर हैरान हो रहा था। अब तो उसमें पागलपन का कोई लक्षण नहीं है। जो अपने घर में एक गिलास पानी लेकर पी नहीं सकती, रात को नौकरानी के पाँव न दबाने पर जिसे नींद नहीं आती, वही कैसे इतनी मेहनत कर रही है, उसकी मैं कल्पना नहीं कर सका।

मैं अपनी पत्नी का उत्साह देखकर आश्चर्य में पड़ गया। सचमुच डाक्टर, कीचड़ और पानी में धँसकर उस तरह जाने की बात मैं सोच भी नहीं सकता। खैर, जो पल्टू सेन एअर कण्डीशन कमरे के अलावा और कहीं एक मिनट भी नहीं रह सकता, वही न जाने किस गाँव के कीचड़-पानी-झाड़-झंखाड़ भरे रास्ते से चलने लगा था। पैदल चलने लगा था। पागलपन की भी एक हद होती है, लेकिन रीटा के पागलपन की हद नहीं थी।

अन्त में वह लड़का एक घर के सामने पहुँचकर रुका। बोला-यही हमारा घर है।

हम दोनों को देखकर तब तक वहाँ गाँव के औरत-मर्दों की भीड़ इकट्ठी हो गयी थी। वे लोग समझ नहीं पा रहे थे कि हम कौन हैं, किसलिए आये हैं और किससे मिलना चाहते हैं। हम लोगों की जैसी शक्ल-सूरतवाला या हम लोगों की तरह कीमती पोशाक पहना कोई व्यक्ति शायद पहले कभी उस गाँव में गया नहीं था। इसलिए उन लोगों में उतनी उत्सुकता थी। चिड़ियाखाना जाकर लोग जिस तरह सहमी हुई दृष्टि से बाघ को देखते हैं उसी तरह गाँववाले हमें देखने लगे। उनका उस तरह आँखें फाड़-फाड़कर देखना मुझे बुरा लगने लगा। उन लोगों को क्या पता था कि मैं उस गाँव के सारे लोगों को नौकरी दे सकता हूँ या जरूरत पड़ने पर उस पूरे गाँव को खरीद सकता हूँ।

लेकिन नहीं, मुझे उस समय दूसरी बात याद आयी। मुझे ऐसा लगा कि मैं उन गाँववालों के बीच अपने असली 'मैं' को देख सका। एक दिन मेरी हालत भी उन्हीं लोगों की तरह थी। उन्हीं लोगों की तरह गन्दा कपड़ा पहनकर मैं दिन गुजारता था।

मैं कितनी देर वहाँ अनमना खड़ा रहा यह मुझे पता नहीं था। अचानक किसी की आवाज कानों में पड़ते ही मुझे वस्तुस्थिति का आभास हुआ।

कोई महिला चिल्लाकर मेरी पत्नी से कह रही थी-रुपया? आप मुझे रुपया दिखा रही हैं? मैं अपना लड़का बेचूँगी? आप लोग मेरे घर के सामने से चले जाइये।

अब अपनी पत्नी को उस स्थिति से बचाने के लिए मुझे आगे बढ़ना पड़ा।

मैंने कहा-माताजी, आप इतना नाराज क्यों हो रही हैं? हमारे बाल-बच्चे नहीं हैं, इसलिए मेरी पत्नी आपके बेटे को अपने पास रखकर अपने बेटे की तरह पालना-पोसना चाहती है। इसके अलावा उसका और कोई उद्देश्य नहीं है। अगर आप अपने लड़के को हमारे पास रहने देंगी तो वह सुख से ही रहेगा। मैं उसे महीने में एक बार आपके पास ले आऊँगा और आप उसे देख लेंगी। आप नाराज मत होइये।

वह महिला बोली-आपकी भी हिम्मत कम नहीं है बाबू! हम गरीब हो सकते हैं, लेकिन इतने कंगाल नहीं हैं कि हम अपना बेटा बेचकर पैसा कमायेंगे।

मैंने कहा–जी नहीं, बेचने की बात कहाँ हो रही है? आपके पास तीन बच्चे हैं, लेकिन भगवान् ने हमें एक भी बच्चा नहीं दिया। आपके बच्चे को हम बहुत ही आराम से रखेंगे, मास्टर घर आकर उसे पढ़ायेंगे और उसके पास अच्छे-अच्छे कपड़े होंगे। फिर आप भी जब चाहेंगी, अपने बच्चे को देख आयेंगी। आपका लड़का हमें बड़ा प्यारा लगा, इसीलिए हम इतना कह रहे हैं।

इतने में शायद उस लड़के का बाप ही आ पहुँचा। शायद वह कहीं दूर किसी काम से गया था।

उसने पूछा–क्या हुआ है? क्या हुआ है? यहाँ इतनी भीड़ क्यों है बिशु की माँ?

फिर उसकी पत्नी ने वहाँ उतनी भीड़ होने का कारण उसे समझा दिया। सुनकर वह भी बिगड़ गया।

वह बोला–आप लोग अमीर हैं तो अपने घर के हैं, लेकिन हम लोग गरीब हैं तो क्या इनसान नहीं हैं? क्या गरीब अपने बच्चे से प्यार नहीं करते? हमारा बेटा हमारे ही पास रहेगा। क्या वह यहाँ नहीं रहेगा तो हम खाना खा सकेंगे? फिर वह लड़का थोड़ा बड़ा हो जायेगा तो उससे हमारा कितना उपकार होगा, यह तो आपको पता नहीं है। आजकल मजदूरों को रोज तीन रुपये मिलते हैं। एक बेटा चले जाने का मतलब एक हाथ कट जाना है।

मैंने कहा–मैं इस लड़के के लिए हमेशा हर महीने पाँच सौ रुपये भेज दिया करूँगा। मैं वादा कर रहा हूँ। अगर मेरी बात पर आपको विश्वास न हो तो मैं स्टाम्प कागज पर यह लिखकर दस्तखत कर दूँगा।

उसी वक्त उस ग्रामीण की पत्नी हाथ नचाकर बोल उठी–तुम क्यों उन लोगों से बेकार बात कर रहे हो? रुपया बड़ा है या बेटा? मैं अपना बेटा नहीं दूँगी–तुम उन लोगों को बता दो।

इतना कहकर उस महिला ने अपने बेटे को मकान के अन्दर खींचकर धम्म से दरवाजा बन्द कर लिया। दरवाजा बन्द होते वक्त उसकी आवाज सुनायी पड़ी, वह अपने बेटे से कह रही थी–आ जा बिशु, अन्दर आ जा।

रीटा ने मेरी तरफ देखा। उसकी आँखों में मानो पानी भर आया था। मुझे डर लगने लगा कि कहीं उसका पागलपन फिर न शुरू हो जाय।

मैंने उसका हाथ पकड़कर उससे कहा–चलो, घर चलें।

गाँव के दूसरे लोग जो अब तक सब-कुछ देख और सुन रहे थे, हमारी तरफ बढ़ आये।

एक ने कहा–बाबूजी, आप बुरा मत मानिये, भुवन की घरवाली बड़ी लड़ाकिन है। आप लोग कहाँ से आये हैं?

मैंने कहा–कलकत्ते से।

हम धीरे-धीरे चलते हुए कार की तरफ लौटने लगे। वे भी कई लोग हमारे साथ आने लगे।

जब हम कार में बैठने लगे तब गाँववालों में से एक ने हिम्मत कर मेरे पास आकर कहा–क्या आप और किसी का बच्चा लेना पसन्द करेंगे?

मैंने पूछा–क्या और किसी के पास ऐसा बच्चा है?

उस आदमी ने कहा–हाँ बाबूजी, बच्चों की क्या कमी है? आपको कितने बच्चे चाहिए?

मैंने कहा–क्या बच्चा दिखा सकोगे?

उसने कहा–अगर आप फिर आयेंगे तो दिखा दूँगा। बताइये, आप लोग फिर कब आयेंगे?

मैंने कहा–किसी दिन आ जाऊँगा। अभी इस वक्त दिन बताना मुश्किल है।

तब उस आदमी ने कहा–फिर आप अपना कलकत्तेवाला पता दे दीजिये बाबू, मैं ही किसी दिन बच्चे को लेकर आपके घर पहुँच जाऊँगा।

मैंने उस आदमी को अपना पता बता दिया और उसे दस रुपये का एक नोट भी थमाया।

मैं तो वहाँ से जल्दी भागना चाह रहा था। कीचड़, पानी और पसीने से मेरे कपड़े गीले हो चुके थे।

मैंने अपने ड्राइवर मदन से कहा–कार चलाओ।

उन गाँववालों के हाथ से छुटकारा पाकर मैं अपनी जान की खैर मनाने लगा।

डाक्टर, मनुष्य को कितनी ही विचित्र स्थितियों से गुजरना पड़ता है, वही बताने के लिए मैंने तुम्हें यह घटना सुनायी। एक बेटे के अलावा मेरे जीवन में और किस चीज की कमी थी? मैं तो रुपये से उस कमी को पूरा कर सकता था। लेकिन जो होने का नहीं है, अगर वही होता तो मनुष्य को किस बात की चिन्ता होती?

डाक्टर ने पूछा–फिर क्या हुआ?

पल्टू सेन बोले–फिर उसके दो-चार दिन बाद एक घटना हो गयी। मेरा तो मिजाज बिगड़ा हुआ था ही, बच्चेवाली घटना के बाद मैंने डाक्टर को बुला भेजा।

डाक्टर ने आकर पूछा–मिसेज सेन कैसी हैं?

मैंने सारा किस्सा डाक्टर को बताया। डाक्टर ने अच्छी तरह मिसेज की जाँच की। उसके बाद मेरे कमरे में आकर उन्होंने कहा–मिसेज सेन का मन बड़ा डिस्टर्ब्ड है।

मैंने कहा–इसके लिए अब मैं क्या करूँगा? आप मुझसे और क्या करने को कहते हैं?

डाक्टर बोले–अगर हो सके तो आप किसी के बच्चे को गोद ले लीजिये। क्या आपके कोई रिश्तेदार नहीं हैं, जिनके कई बाल-बच्चे हों और जिनमें से एक को आप अपने पास रख सकते हैं?

मैंने कहा–मेरा वैसा कोई रिश्तेदार नहीं है डाक्टर।

डाक्टर ने पूछा–आपकी मिसेज के?

मैंने कहा–जी नहीं, मेरी मिसेज का भी ऐसा कोई रिश्तेदार नहीं है।

डाक्टर बोले–इस हालत में दूसरा इन्तजाम भी हो सकता है। मेडिकल कालेज में ऐसे बच्चे मिल सकते हैं। जिस बच्चे की माँ अस्पताल में मर गयी हो या जिसका कोई क्लेमेण्ट नहीं, वह आसानी से मिल सकता है।

मैंने डाक्टर से ही कहा–क्या आप ही वैसा कोई इन्तजाम नहीं कर सकते?

डाक्टर ने कहा–वह तो मेरा डिपार्टमेण्ट नहीं है। खैर, कोशिश करने पर किसी नर्सिंग होम से भी वैसा बच्चा मिल सकता है।

मैंने कहा–मैं जो बच्चा ढूँढ़ रहा हूँ यह दूसरों को मालूम हो जाने पर मेरे लिये क्लब में मुँह दिखाना मुश्किल हो जायेगा। इसलिए यही अच्छा होगा कि आप कोशिश कीजिये। आपके बहुत-से दोस्तों के नर्सिंग होम होंगे।

इस पर डाक्टर सहमत हो गये।

इधर मैं रीटा को लेकर पहले की तरह घूमने निकलता था। कभी-कभी दफ्तर में टेलीफोन करके पता लगा लेता था कि कैसा काम-काज चल रहा है। जरूरत पड़ने पर दफ्तर से लोग आ जाते थे। चालू कम्पनी के लिए यही आराम रहता है कि मालिक न रहने पर भी काम चलने में कोई दिक्कत नहीं होती। हाँ, कोई खास निर्णय लेने की जरूरत पड़ने पर ही मैनेजिंग डाइरेक्टर की खोज होती है। खैर, उतना तो मैं घर बैठे ही कर सकता था। मैंने दफ्तर में सबसे कह दिया था कि मेरी तबीयत ठीक नहीं है, कुछ दिन आराम करने के बाद ही दफ्तर आऊँगा।

लेकिन रीटा को कैसे पूरी तरह स्वस्थ किया जाय उसका कोई उपाय ही नहीं सूझ रहा था। ठीक उसी वक्त यह घटना घटी।

आपको तो पता है डाक्टर कि घर-गृहस्थीवाले लोगों के लिए पत्नी की बीमारी कितनी बड़ी परेशानी होती है। मेरे पास सब-कुछ रहते हुए भी मानो उस समय मेरे पास कुछ नहीं था। मानो मैं फिर पहले की तरह असहाय हो गया था। उन दिनों बस मुझे यही लगता था कि पहले ही जिन्दगी कितनी अच्छी थी।

उस दिन मैं ब्रेकफास्ट कर रहा था कि अचानक दरबान ने आकर खबर दी कि एक आदमी मुझसे मिलना चाहता है।

मैं आश्चर्य में पड़ गया। इस समय कौन मुझसे मिलने आ सकता है?

मैंने दरबान बीरसिंह से कहा–उससे दफ्तर में आने के लिए कह दो। बोल दो कि मैं किसी से घर पर नहीं मिलता।

बीरसिंह बोला–मैंने उससे कहा, लेकिन वह नहीं मान रहा है।

मुझे वह बात बुरी लगी। मेरा नियम ही था कि मैं किसी से घर पर नहीं मिलता था। अगर लोगों से घर पर मिलने लगता तो कोई नौकरी माँगने आता तो कोई प्रोमोशन। फिर ऐसे भी लोग हैं जो चैरिटी माँगने आते हैं। अगर चौबीस घण्टे में एक बार भी थोड़ी देर के लिए कोई आराम से नहीं बैठ सकता तो मैं उसे आदमी कहने को तैयार नहीं हूँ डाक्टर। अगर आदमी सचमुच आदमी बनना चाहता है तो उसे जैसे सबके बीच जाना होगा वैसे अपने-आपमें सिमटना भी होगा। जो आदमी बहुतों के बीच अपने को एक बना सकता है, वही सच्चा मनुष्य है। नहीं तो कलकत्ते में अपने को बिखेर देने के लिए बहानों की कमी नहीं है। फुटबाल, क्रिकेट, सिनेमा और राजनीति वगैरह ऐसे ही बहाने हैं। इस जमाने में ऐसे न जाने कितने बहाने हैं कि मनुष्य अगर इनमें से एक के भी चक्कर में आ गया तो उसे अपने बारे में सोचने की भी फुर्सत नहीं मिलेगी। इसलिए मेरा ख्याल है डाक्टर, कि हरेक की जिन्दगी में थोड़ी फुर्सत होनी चाहिए ताकि उसी मौके वह अपने में झाँक सके।

जब मैंने सुना कि वह आदमी मुझसे मिले बिना नहीं जायेगा, तब मैंने दरबान से कहा–ठीक है, तुम उसे इसी कमरे में बुला लाओ।

वह आदमी जब कमरे में आया तब उसे देखकर लगा कि उसे यहाँ बुलाना ठीक नहीं हुआ। उसके बदन पर मैली कमीज थी, पाँव नंगे थे और साथ में पाँच-छह साल का एक लड़का था। लड़का देखने में बड़ा खूबसूरत था। समझ गया कि सहायता लेने आये हैं।

मैंने पूछा–क्या चाहिए? मैं कोई सहायता नहीं कर सकता।

उस आदमी ने कहा–मैं सहायता के लिए नहीं आया हुजूर। मैं इसे आपके पास लाया हूँ। आपने लड़का माँगा था।

मैं सुनकर आश्चर्य में पड़ गया। बोला–मैंने कब तुमसे लड़का माँगा था।

उस आदमी ने कहा–आप हमारे मयराडाँगा गये थे, याद है न आपको?

मैंने पूछा–तुम कौन हो?

उस आदमी ने कहा–जी, मेरा नाम भैरव अड्डी है–मैं मयराडाँगा में रहता हूँ।

–क्या यह तुम्हारा लड़का है?

भैरव अड्डी ने कहा–जी नहीं, मेरा कोई बाल-बच्चा नहीं है। यह मयराडाँगा की एक विधवा का भानजा है। उस विधवा की माली हालत बहुत खराब है, वह

अपने भानजे को भरपेट खाना नहीं खिला सकती। वह स्वयं दूसरे के घर काम करती है। आपने लड़के के लिए कहा था, इसलिए इसे ले आया।

मैं समझ नहीं पा रहा था कि क्या करूँ। याद आया कि उस दिन मयराडाँगा से लौटते समय मैंने वहाँ के दो-चार गाँववालों से कहा था कि अगर कोई अच्छा लड़का मिले तो मेरे पास ले आयें। याद आया कि मैंने एक आदमी को कलकत्ते का पता भी दिया था।

हाँ, तो डाक्टर, वह लड़का मुझे बड़ा अच्छा लगा।

मैंने उस लड़के से पूछा–तुम्हारा क्या नाम है बेटा?

वह लड़का बड़ा स्मार्ट लगा। बोला–मेरा नाम बेटा नहीं है, मेरा नाम तो राजा बेटा है। मेरा एक बढ़िया नाम भी है। बढ़िया नाम भी बताऊँ?

मैंने कहा–बताओ।

उस लड़के ने कहा–मेरा बढ़िया नाम देवव्रत सेन है। देवव्रत सेन।

उस आदमी ने कहा–मौसी ने कहा है कि अगर आप इसे अपने पास रख लें तो उसका बड़ा उपकार हो।

–मौसी ने क्यों कहा? मौसी कौन है?

उस आदमी ने कहा–इसकी मौसी ही मेरी मौसी है। मयराडाँगा में हम सब उसे मौसी कहा करते हैं। विधवा है। भले लोगों के घर काम-काज करके उसे जो दो-चार रुपये मिल जाते हैं, उसी से उसका खर्चा चलता है। वह इस लड़के के लिए बहुत सोचती रहती है। वह चाहती है कि यह लड़का पढ़-लिखकर लायक बने। अगर यह आपके पास रह जायेगा तो इसे भरपेट खाना भी मिलेगा और तन पर कपड़ा भी, फिर पढ़-लिखकर आदमी भी बन जायेगा। यह लड़का बन जाय तो इसकी मौसी को चैन मिले–वह और कुछ नहीं चाहती हुजूर।

मैं क्या करूँगा, क्या जवाब दूँगा, ठीक से समझ नहीं पाया। उस समय मेरे मन की क्या हालत थी, यह तो आप समझ रहे होंगे डाक्टर। मैं थोड़ी देर चुपचाप सोचता रहा कि क्या किया जाय।

तभी उस लड़के ने एक तमाशा किया।

उसने मुझसे पूछा–क्या आपके पास पियानो है।

मैं तो उस बच्चे को देखता रह गया। आखिर इसने पियानो का नाम कैसे जाना।

मैंने कहा–नहीं, मेरे पास पियानो नहीं है।

मेरे घर पियानो नहीं है सुनकर मानो उस बच्चे को बड़ा आश्चर्य हुआ। उसने कहा–आपके घर में पियानो नहीं है? मेरे घर में पियानो है।

मैंने उस बच्चे के साथ आये आदमी से पूछा–क्या इसके घर में पियानो है?

उस आदमी ने पूछा–पियानो क्या होता है? मैं तो कभी इसके घर के अन्दर नहीं गया, इसलिए मैं नहीं जानता कि इसके घर में पियानो है या नहीं।

उस लड़के ने कहा–नहीं, नहीं, है। मेरे पास पियानो है। मौसी ने उस पियानो को बक्से में बन्द करके रख दिया है।

पियानो कैसे बक्से में बन्द करके रख दिया गया है, मैं समझ नहीं पाया।

मैंने कहा–पियानो कैसे बक्से में बन्द रखा जा सकता है? वह कितना बड़ा पियानो है?

उस लड़के ने दोनों हाथों से पियानो की नाप बतायी। पियानो चार–पाँच इंच से बड़ा नहीं है। समझ गया कि वह एक खिलौना है। बोला–वह असली पियानो नहीं, खिलौना है।

लड़के ने कहा–खिलौना नहीं, मौसीजी ने कहा है कि वह असली पियानो है। मेरी मौसीजी झूठ नहीं कहतीं।

मैं उस लड़के की बात सुनकर दंग रह गया। वह मेरे बहुत बड़े कमरे में घूम–घूमकर हर चीज को देख रहा था और बीच–बीच में हमारे पास आकर हमारी बातें सुन रहा था।

एक बार उसने मेरे पास आकर मुझसे पूछा–बताइये वह क्या है? वह–

कमरे की दीवार में घड़ी लगी थी, उसी की तरफ इशारा कर उसने पूछा–वह क्या है?

मैंने कहा–वह घड़ी है।

लड़के ने पूछा–उसका नाम घड़ी क्यों है?

घड़ी का नाम घड़ी क्यों है, यह मैं उसे कैसे समझाता डाक्टर? अगर कोई पूछे आदमी का नाम आदमी क्यों है तो उसका क्या जवाब दिया जा सकता है?

हर चीज के बारे में जानने की उस लड़के में बेहद इच्छा थी। मेरे कमरे की अलमारी में किताबें थीं और मेरी पत्नी का फोटो था। उसने वह भी जानना चाहा कि वह किसका फोटो है।

उस लड़के के साथ आये आदमी ने कहा–बेचारा बड़ा दुःखी है हुजूर। मौसी ने बार–बार मुझसे कह दिया है कि मैं आपसे कहकर उसे आपके पास रखवा दूँ।

मैंने उस लड़के से पूछा–क्या तुम हमारे घर में रहोगे?

लड़के ने कहा–अगर मैं आपके घर रहूँगा तो मेरी मौसीजी कहाँ रहेंगी?

मैंने कहा–तुम्हारी मौसी जी मयराडाँगा में रहेंगी।

मेरी बात सुनकर उस लड़के का चेहरा उतर गया। उसने कहा–फिर मैं आपके घर नहीं रहूँगा। मैं अपनी मौसीजी के पास मयराडाँगा में रहूँगा।

लड़के की बात सुनकर उसे लानेवाला आदमी मानो परेशान हो गया।

उसने कहा–नहीं राजा बेटा, तुम यहीं रहो। कल मैं तुम्हारी मौसी को यहाँ ले आऊँगा। आज तुम यहीं रहो। देखो न, कितना बड़ा मकान है। यहाँ मोटरगाड़ी है, ढेर-सारे खिलौने हैं। यहाँ कलकत्ते में कितना बड़ा चिड़ियाखाना है। उस चिड़ियाखाने में भालू, बाघ और शेर हैं।

मैंने उस लड़के से पूछा–तुम चिड़ियाखाना देखोगे?

लड़के ने पलटकर पूछा–क्या आप दिखायेंगे?

मैंने कहा–हाँ, दिखाऊँगा।

लड़के ने कहा–फिर हम और मौसीजी दोनों देखेंगे।

अब वह आदमी बिगड़ गया।

बोला–तुम्हारी मौसी बाद में देख लेंगी, अभी तुम अकेले देख आओ। बाबूजी तुम्हें ले जायेंगे।

उस लड़के ने कहा–मैं अकेला नहीं जाऊँगा।

उस आदमी ने कहा–ऐसी बात नहीं करनी चाहिए, बाबूजी नाराज होंगे।

फिर मेरी तरफ देखकर उस आदमी ने कहा–बचपन में इसकी माँ मर गयी है न, इसलिए यह अपनी मौसी को बहुत चाहता है। यह मौसी को ही अपनी माँ समझता है।

उस लड़के ने कहा–नहीं, मौसी ही मेरी माँ है।

मैंने उस लड़के से पूछा–किसने कहा है कि मौसी तुम्हारी माँ है?

लड़के ने कहा–हाँ, मौसी ने मुझसे कहा है कि मैं तुम्हारी माँ हूँ। आप कुछ नहीं जानते।

मैं उस बच्चे की बात सुनकर हँसने लगा, लेकिन वह आदमी बिगड़ गया। बोला–घर जायेगा तो तेरी मौसी तुझे डाँटेगी। यह समझ ले!

उस बच्चे ने कहा–क्यों? मैंने क्या किया है?

उस आदमी ने मेरी तरफ देखकर कहा–आप देख रहे हैं न, यह मुझसे क्या कह रहा है? मौसी ने उसे बार-बार समझा दिया है कि आपके पास आकर शान्त रहे, ज्यादा बात न करे, लेकिन यह मौसी की बात नहीं मान रहा। मैंने भी आते समय इसे समझा दिया था कि बाबू के घर जाकर शरारत मत करना, लेकिन मेरी बात नहीं मान रहा है। आप बुरा मत मानिये बाबूजी, यों यह लड़का बहुत अच्छा है।

मैंने पूछा–क्या इसने कुछ पढ़ाई की है?

–पढ़ाई?

उस आदमी ने कहा–हुजूर, हम गाँव में रहते हैं, वहाँ स्कूल कहाँ है? हमारे गाँव में स्कूल-उस्कूल नहीं है। स्कूल फलता में है। लेकिन वहाँ पढ़ने के लिए भी पैसा लगता है बाबूजी। बताइये हमको उतना पैसा कहाँ से मिलेगा? आप अगर इसे स्कूल में भरती कराकर पढ़ायें-लिखायें तो देखेंगे कि यह बहुत बड़ा बनेगा, सबका सिरमौर बन जायेगा।

हम लोगों की बातचीत उस लड़के ने सुन ली थी। उसने पूछा–क्या आपके यहाँ स्कूल है?

मैंने कहा–हाँ, है।

डाक्टर, एक बात बताऊँ? बच्चों की कोई जात नहीं होती। उम्र बढ़ने पर बच्चों की जात बनती है। नहीं तो उस दिन उस मयराडाँगा गाँव के उस गरीब घर का बच्चा मुझे क्यों उतना अच्छा लगा? उस समय तो मेरे मन में एक बार भी यह सवाल पैदा नहीं हुआ कि कौन उसका बाप है, कौन उसकी माँ है, उसकी क्या जात है और उसका क्या गोत्र है। इसीलिए तो कह रहा हूँ कि छोटे बच्चों के माथे पर उसकी जात या धर्म वगैरह कुछ नहीं लिखा रहता। बगीचे के फूल जैसे हैं, छोटे बच्चे भी वैसे हैं।

उस आदमी ने पूछा–हुजूर, फिर हम जायें?

उस लड़के ने उससे कहा–मैं भी आपके साथ जाऊँगा भैया।

मैंने उस लड़के से कहा–तुम यहीं रहो न।

उस लड़के ने कहा–मैं आपके पास नहीं रहूँगा। आप मेरी मौसी को यहाँ ले आइये। मेरी मौसी यहाँ रहेंगी तो मैं रहूँगा।

उस आदमी ने उस लड़के से कहा–देख लेना, तेरी मौसी तुझे बहुत डाँटेगी। वह मुझे भी डाँटेगी। बता, मैं क्या जवाब दूँगा?

लेकिन उस लड़के ने उस आदमी की बात पर ध्यान नहीं दिया। कहा–मैं यहाँ नहीं रहूँगा। मैं आपके साथ घर जाऊँगा।

उस लड़के ने किसी तरह मेरे पास रहना नहीं चाहा। फिर मैंने भी जोर नहीं दिया। वह आदमी उस लड़के को ले जाते समय भी डाँटता रहा। मैं क्या करता चुप रहा।

डाक्टर ने पूछा–फिर क्या हुआ? वह आदमी दोबारा नहीं आया।

पल्टू सेन ने कहा–देखिये डाक्टर, लोगों को रुपये का अभाव रहता है, यह मैं जानता हूँ। बहुतों का स्वास्थ्य भी ठीक नहीं रहता। यह सारी परेशानी मैं अपनी

जिन्दगी में खूब भोग चुका हूँ। इसलिए मैं जिन्दगी भर यही चाहता रहा कि मुझे रुपया मिले। रुपये के अलावा मैंने जिन्दगी में कुछ नहीं चाहा था। मैं सोचता था कि रुपया मिल जाने पर ही तो मनुष्य को सब-कुछ मिल जाता है। मैं सोचता था कि जिसके पास रुपया है, वही तो इस संसार में सबसे ज्यादा सुखी है। लेकिन मैं अपनी गलती तब समझ सका जब मेरे पास रुपया आया। अगर मैं मध्यम वर्ग का होता तो मेरी पत्नी को वह बीमारी भी न होती। आये दिन घर में किसी-न-किसी चीज का अभाव बना रहता और उस अभाव में उसे बेकार की बातें सोचने का मौका ही न मिलता। खाना बनाने और बर्तन माँजने में ही उसका दिन बीत जाता। इससे उसका स्वास्थ्य ठीक रहता।

लेकिन जितनी सारी बीमारियाँ अमीरों को होती हैं। खासकर अमीरों की बीबियों को। उनको अपने हाथ से कोई काम नहीं करना पड़ता। न उनको खाना बनाना पड़ता, न बर्तन मलना और न कमरे साफ करना। उनको अपने हाथ से अपना कपड़ा भी साफ करना नहीं पड़ता। फिर मेरी पत्नी को तो और भी कम काम करना पड़ता था। उसे खुद नहाना भी नहीं पड़ता। उसके लिए उसकी नौकरानी थी। वह रीटा को बाथरूम में ले जाकर नहलाती थी और जब रीटा लेटती थी तब उसके पाँव दबा देती थी। एक गिलास पानी लेकर पीना भी मानो उसके लिए बड़ा कष्टकर काम था।

हाँ, तो इन लोगों को बीमारी नहीं होगी तो किनको होगी? सभ्यता का जहर अमीरों के घरों में कैन्सर बनकर घुस चुका है। मेरा बाथरूम तक एअर कण्डीशन किया हुआ है। इस हालत में वहाँ रोग क्यों नहीं पहुँचेगा? इसमें रोग का क्या दोष है?

जो आदमी उस लड़के को लाया था, मैंने उसे दस रुपये दिये थे।

मैंने उससे कहा था-यह रुपया लो, इससे गाड़ी भाड़ा देना और इस लड़के को भूख लगे तो इसे कुछ खिला देना। बाद में अगर यह मेरे पास रहना चाहे तो इसे समझा-बुझाकर ले आना।

यह सुनकर वह आदमी चला गया।

इस घटना के कुछ दिन बाद हम शाम को नियम से घूम-टहलकर रात को घर लौटे। घर लौटकर हमने देखा कि उस लड़के को साथ लिये वह आदमी फिर आया है। हम घर में नहीं थे, इसलिए दोनों फाटक की सीढ़ी पर बैठे-बैठे सो गये थे। मेरे दरबान बीरसिंह ने उनको अन्दर घुसने नहीं दिया था।

मैं दोनों को देखते ही पहचान गया था।

दरबान से मैंने पूछा–ये दोनों कब आये?

दरबान बोला–आप लोग घूमने निकले तो उसके थोड़ी देर बाद ये आये। मैंने इनको यहीं बैठने के लिए कहा था। फिर दोनों बैठे-बैठे ही सो गये।

मैंने सोचा कि इसमें दरबान का क्या दोष है, उसने अपनी ड्यूटी पूरी की है।

रीटा ने पूछा–ये कौन हैं?

मैंने कहा–ये सभी मयराडाँगा से आये हैं।

मयराडाँगा का नाम सुनते ही मानो रीटा को बुरा लगा। मयराडाँगा के बारे में उसका बड़ा कटु अनुभव था। उस दिन वहाँ जाकर वह जिस तरह अपमानित हुई थी, शायद उसे वह भूल नहीं पायी थी। उसने पूछा–ये लोग फिर क्यों आये हैं? आप इन लोगों से मत मिलिये, इनको भगा दीजिये। मयराडाँगा के लोग अच्छे नहीं हैं, वे बहुत बुरे हैं।

मैंने रीटा की बात का कोई जवाब नहीं दिया। रीटा मकान के अन्दर चली गयी।

मैंने दरबान को बुलाकर कहा–इनको जगाकर मेरे पास ले आओ। मैं ड्राइंग-रूम में रहूँगा। देखो, इनसे प्रेम से बोलना।

इतना कहकर मैं अपने ड्राइंग-रूम में चला गया।

मेरे दरबान ने उनको नींद से जगाया। लड़का तो धीरे से उठकर बैठ गया, लेकिन वह आदमी हड़बड़ाकर उठा। उसने दरबान से पूछा–क्यों भाई, कितनी रात हो गयी! बाबूजी आ गये?

दरबान बोला–हाँ, बाबूजी आ गये?

उतनी रात तक सोये रहने के कारण वह आदमी घबड़ा गया। उसे यह चिन्ता हुई कि वह उतनी रात को घर कैसे लौटेगा? उस वक्त मयराडाँगा जाने के लिए कोई बस भी नहीं थी।

दरबान ने कहा–चलो, बाबूजी ने तुम दोनों को बुलाया है।

इसी बीच वह लड़का फिर सो गया था। वह आदमी उसे ठेलकर जगाने लगा। बोला–उठ राजा भैया, उठ। बाबूजी बुला रहे हैं।

सीमेण्ट की चौड़ी सीढ़ी धूल से भरी थी। लेकिन वहीं सो जाने में उनको जरा भी परेशानी नहीं हुई थी। वे दोनों बड़े आराम से सो रहे थे। राजा भैया उठा। उसकी आँखों में नींद भरी हुई थी। नींद के मारे उसकी पलकें गिर-गिरकर आँखों को बन्द किये दे रही थीं।

उस आदमी ने उससे कहा–राजा भैया, उठ! अब उठ जा!

राजा भैया की हालत खड़े होने लायक नहीं थी। फिर भी उस आदमी ने उससे कहा–चल, पैदल चल।

लेकिन राजा भैया को तो नींद सता रही थी, वह कैसे पैदल चलता? हारकर उस आदमी ने उसे गोद में ले लिया। राजा भैया को गोद में लेकर वह दरबान के साथ मकान के अन्दर चला। बहुत बड़ा मकान। इस मकान में वह पहले भी एक बार आया था। लेकिन वह दिन का समय था। आज रात के समय उसे यह मकान एकदम अपरिचित लगने लगा। फिर उसकी गोद में पाँच-छह साल का लड़का भी था। वह लड़का सो रहा था। उसे सम्हालने में भी वह परेशान होने लगा।

मेरे कमरे के सामने आकर दरबान ने कहा–हूजूर, दोनों आ गये हैं।

मैंने उस आदमी की तरफ देखा। वह बच्चे को गोद में लिये कमरे में आकर खड़ा हो गया था।

मैंने उससे कहा–खड़े क्यों हो, बैठो।

कमरे में कोच पड़ा था। मैंने कहा–बच्चे को वहीं लिटा दो। आज तो तुम्हें बड़ी तकलीफ हुई।

बच्चे को कोच पर लिटाकर मानो उस आदमी ने चैन की साँस ली। उसके बाद उसने धोती के छोर से माथे का पसीना पोंछा।

मैंने उससे पूछा–तुम कब आये?

उस आदमी ने कहा–जी, उसकी मौसी ने दोपहर में उसे खिला-पिलाकर मेरे पास भेज दिया था। मौसी ने मुझे चार रुपये भी दिये थे। हमारे आने-जाने का गाड़ी भाड़ा। फिर हम बस से आने लगे। रास्ते में अचानक बस का इंजन ही बिगड़ गया। फिर हम दो घण्टे बस में बैठे रहे। इसीलिए इतनी देर हो गयी। फिर हम यहाँ आये तो पता चला कि आप निकल गये हैं। दरवान ने हमें अन्दर नहीं आने दिया। फिर हम क्या करते, वहीं सीढ़ी पर बैठ गये। उसके बाद न जाने कब हम सो गये और कब रात हो गयी।

मैंने कहा–फिर तो तुम दोनों ने इस वक्त खाना भी नहीं खाया।

उस आदमी ने कहा–हुजूर, मैं बूढ़ा हूँ, एक वक्त नहीं खाऊँगा तो कोई फर्क नहीं पड़ेगा। हाँ, राजा भैया को कुछ खिला दीजिये, उसे जरूर भूख लगी होगी।

मैंने उस वक्त अपने नौकर से दोनों के खाने के लिए इन्तजाम करने के लिए कह दिया।

फिर मैंने उस आदमी से कहा–तुम लोग उस आदमी के साथ जाकर खाना खा आओ।

खाने की बात सुनकर वह उस लड़के को बुलाने लगा–राजा भैया, जल्दी उठ। चल खाना खा ले। उठ जल्दी।

लेकिन वह लड़का उस समय नींद के मारे बेहोश था। उसने उठने का क्या, हिलने-डुलने का नाम नहीं लिया। जब उस आदमी ने उसे जगाने के लिए ज्यादा जोर किया तब वह एक बार के लिए आँखें खोलकर करवट बदलकर सो गया।

उस आदमी ने मुझसे कहा–यह खूब सोता है हुजूर, एक बार सो जाने पर इसे कोई नहीं जगा सकता। इसीलिए मौसी कहती है–उसे अमीर के घर पैदा होना चाहिए था। यही कहकर मौसी उसे रात-दिन डाँटती है।

मैंने पूछा–क्या वह खूब शरारत करता है?

मेरे सवाल से मानो वह आदमी घबड़ा गया। उसने सोचा कि शायद वह लड़का शरारती है जानकर मैं उसे अपने पास नहीं रखूँगा, इसलिए झटपट कहा–नहीं हुजूर, वह एकदम शरारती नहीं है, बस उसमें थोड़ा बड़प्पन है!

मैंने पूछा–बड़प्पन कैसा?

उस आदमी ने कहा–बड़प्पन यही कि उसकी चाल एकदम अमीरों की-सी है। किसानों के घर के लड़के जैसे पेड़ पर चढ़कर आम तोड़ते हैं, तालाब में उछल-कूद मचाकर नहाते हैं और खेत से लौकी या बाग से अमरूद चुराकर भागते हैं, वैसा वह नहीं करता, बस, मौसी का बड़ा पिछलगा है।

–पिछलगा कैसा?

उस आदमी ने मतलब समझा दिया। बताया–गाँव-देहात के लड़के तो दिनभर खेत-मैदान में हुल्लड़ मचाते रहते हैं, लेकिन वह वैसा नहीं है। वह बस मौसी के साथ घूमा करेगा। उसकी मौसी तो दूसरों के घर कपड़ा धोती है, बर्तन मलती है, धान उबालती है और इस तरह उसे चार घरों में काम करना पड़ता है, लेकिन वह हर वक्त मौसी के पीछे लगा रहता है। मौसी जहाँ जायेगी, वह भी वहीं जायेगा। उसके माँ-बाप तो नहीं हैं न, इसलिए वह मौसी को ही अपनी माँ समझता है।

मैंने पूछा–उसके माँ-बाप कहाँ हैं?

उस आदमी ने कहा–उसका बाप बजबज की जूट मिल में काम करता था हुजूर, फिर एक दिन वह वहीं मर गया। यह उस समय और छोटा था हुजूर। यह खबर पाकर मौसी अपनी दीदी के पास बजबज गयी। उस समय उसकी माँ भी बीमार थी। फिर उसकी माँ भी मर गयी। उस समय वह मुश्किल से तीन साल का था। तभी से वह मौसी के पास है।

नौकर ने दोनों का खाना लगा दिया था। मैंने उस आदमी से कहा– जाओ, खाना खा लो, नहीं तो रात ज्यादा हो जायेगी। अभी तुम दोनों को घर लौटना भी है।

उस आदमी ने कहा–हुजूर, वह यहीं रहे, मैं अकेला लौट जाऊँगा।

मैंने उससे कहा–लेकिन तुम तो लड़के के कोई नहीं हो, तुम्हारी बात पर मैं लड़के को कैसे अपने पास रख लूँ? अगर बाद में उसकी मौसी कुछ कहे तो?

उस आदमी ने कहा–जी नहीं, मौसी कुछ नहीं कहेगी। उसकी मौसी ने ही तो उसे मेरे साथ भेजा है। आप उसको रख लेंगे तो उसकी मौसी खुश होगी। दूसरों के घर काम करके मौसी को जो पैसा मिलता है उससे उसी का खर्च नहीं चलता, वह अपने भानजे की परवरिश कैसे करेगी? आखिर वह भी तो नौकरानी का ही काम करती है हुजूर।

लेकिन मैंने सोचा कि बाद में कहीं उस बार की तरह कोई बखेड़ा न हो, इसलिए मैंने कहा–नहीं भाई, अगर उसकी मौसी आकर खुद कहेगी तो मैं तुम लोगों के राजा बेटा को अपने पास रखूँगा। नहीं तो नहीं रखूँगा। तुम उसकी मौसी को एक बार मेरे पास ले आना।

मेरी बात सुनकर वह आदमी मानो सोच में पड़ गया।

बोला–फिर मैं मौसी से क्या कहूँगा हुजूर।

मैंने कहा–मैंने तुमसे जो बातें कहीं तुम उसकी मौसी से वही कह देना।

उस आदमी ने फिर भी कहा–मैं तो कह रहा हूँ हुजूर, कि आप निस्संकोच इस बच्चे को अपने पास रखें। उस बार की तरह इस बार कोई बात नहीं होगी। यह मैं दावे के साथ कह रहा हूँ हुजूर।

मैंने कहा–नहीं, ऐसा नहीं होता। मैं तैयार भी हो जाऊँगा, लेकिन मेरी पत्नी तैयार नहीं होगी। इस बार मैं उस बच्चे को गोद लेने का काम पक्का करना चाहता हूँ। स्टाम्प कागज पर उसकी मौसी से दस्तखत करा लेना चाहता हूँ। अगर मैं ऐसा नहीं करूँगा तो मेरी पत्नी उस बच्चे को यहाँ रहने नहीं देगी। इसलिए तुम आज उसे खाना खिलाकर अपने साथ ले जाओ, फिर उसकी मौसी को साथ लेकर चले आना।

अब उस आदमी को क्या करना था, वह मेरी बात पर राजी हो गया। फिर वह उस सो रहे बच्चे को जगाने लगा–राजा भैया, उठ। उठ जा। चल, खाना खा ले। रात हो गयी है। अभी घर लौटना है।

फिर बड़ी कोशिश के बाद लड़का जगा। वह चारों तरफ देखने लगा। मानो उसे सब-कुछ अपरिचित लग रहा था।

उसने पूछा–मेरी मौसी कहाँ है? मौसी?

उस आदमी ने कहा–तेरी मौसी मयराडाँगा में है। चल, अभी तुझे मौसी के पास ले चलूँगा।

इतना कहकर वह उस बच्चे को उठाने लगा। लेकिन अचानक उसे कुछ शक होते ही वह चौंक पड़ा।

बोला–अरे, तुझे बुखार आया है क्या? देखूँ तो।

फिर उसने उस बच्चे के माथे पर हाथ रखकर देखने के बाद कहा– हाँ, मैंने जो सोचा था, वही हुआ।

उसने मेरी तरफ देखकर कहा–अब मैं क्या करूँ हुजूर?

मैंने पूछा–क्या सचमुच बुखार आया है?

यह कहकर मैंने भी उस बच्चे के माथे पर और गाल पर हाथ रखकर देखा कि बहुत गरम है। फिर मुझे भी बड़ा डर लगा। अगर सचमुच उस बच्चे को बुखार आ गया हो तो इतनी रात को वह मयराडाँगा कैसे जायेगा? उससे तो उसकी तबीयत और ज्यादा खराब हो जायेगी, उसका बुखार और तेज हो जायेगा।

वह लड़का आँखें खोलकर देख नहीं पा रहा था। फिर भी उसने एक-दो बार आँखें खोलीं तो देखा कि उसकी आँखें लाल हो गयी हैं।

अब मैंने सोचा कि इस हालत में उस बच्चे को मयराडाँगा भेजना मेरे लिए उचित न होगा। मैंने तुरन्त डाक्टर को टेलीफोन कर दिया।

मैंने उस आदमी से कहा–तब तक तुम जाकर खाना खा लो–मैंने डाक्टर को बुला लिया है। अगर डाक्टर आकर कहते हैं कि तुम उसे ले जा सकते हो तो ले जाना, नहीं तो तुम लोगों का बच्चा यहीं रहे।

फिर वह आदमी खाना खाने चला गया।

थोड़ी ही देर बाद डाक्टर आ गये। डाक्टर ने देर तक उस बच्चे की जाँच की।

फिर डाक्टर ने पूछा–यह बच्चा कौन है मिस्टर सेन?

मैंने कहा–यह बच्चा मेरा कोई नहीं है डाक्टर। यह गाँव में रहता है, यहाँ आया था। दिनभर धूप लगने से बुखार आया है। क्या इस हालत में इतनी रात को इसे घर भेजना ठीक रहेगा?

डाक्टर ने कहा–जी नहीं, बुखार एक सौ चार से ऊपर है।

मैंने कहा–डाक्टर, मैं सोच रहा हूँ कि इसे एडाप्ट करूँगा।

–मतलब?

मैंने कहा–आपने तो कहा था कि किसी बच्चे को गोद ले लीजिये, मैं सोच रहा हूँ कि इसी को लूँगा। आप क्या कहते हैं? आपकी क्या राय है?

डाक्टर ने कहा–अगर आप मेरी राय लेते हैं तो मैं कहूँगा कि आपका सेलेक्शन सही है।

मैंने–लेकिन अभी तक मिसेज की राय नहीं ली गयी है। अगर आप मेरी मिसेज को राजी कर दें तो बड़ा अच्छा हो डाक्टर, मेरी बहुत बड़ी समस्या दूर हो जाय।

डाक्टर तैयार हो गये। वे अन्दर गये। मैं भी उनके साथ गया।

डाक्टर ने मेरी पत्नी से कहा–मिसेज सेन, आपने बच्चे को देखा है?

मेरी पत्नी ने बच्चे को नहीं देखा था। उन्होंने पूछा–कौन बच्चा? आप किसकी बात कर रहे हैं डाक्टर?

डाक्टर ने कहा–आप मेरे साथ आइये, मैं आपको बच्चा दिखा देता हूँ।

बाहरवाले कमरे में आकर डाक्टर ने कहा–यह देखिये मिसेज सेन, दिस इज दि बॉय। आप अगर मेरी बात मानें तो इस बच्चे को अपने साथ रख सकती हैं। मैं अपने अनुभव से बता सकता हूँ कि बड़ा होने पर यह बच्चा शाइन करेगा।

बच्चा कोच पर बेखबर सो रहा था। सुन्दर स्वास्थ्य, गोल–मटोल चेहरा और सिर के बाल अस्त–व्यस्त। उसे दोपहर भर धूप लगी थी। उसके बाद उस समय उसे एक सौ चार बुखार था। उसका चेहरा लाल, तमतमाया हुआ था।

रीटा ने पूछा–उसके माँ–बाप नहीं हैं?

मैंने कहा–नहीं, कोई नहीं है, सब मर चुके हैं। इसलिए उधर से कभी कोई आब्जेक्शन नहीं उठेगा। सिर्फ एक विधवा मौसी है, उसी के पास वह रहता है। उसकी मौसी बड़ी गरीब है।

रीटा ने पूछा–वह उस तरह क्यों सो रहा है?

डाक्टर बोले–उसे बुखार आया है।

रीटा ने कहा–फिर वह घर कैसे जायेगा?

डाक्टर ने कहा–आज आप उसे घर मत जाने दीजिये। वह यहीं रहे, मैं दवा भेज देता हूँ।

डाक्टर चले गये। मैंने बॉय से कहकर बच्चे के लिए तकिया मँगाया और उसके सिर के नीचे रखवा दिया। फिर दवा आ जाने पर मैंने उसे पिला दी। वह बेखबर सो रहा था।

उस बच्चे को लानेवाला, मयराडाँगा का वह आदमी खाना खाकर आ गया।

मैंने उससे पूछा–खाना खा लिया? पेट भरा?

उसने कहा–जी हाँ हुजूर। तो अब मैं जाऊँ? वह यहीं रहे।

मैंने कहा–उसे एक सौ चार बुखार है। अभी डाक्टर साहब आये थे, देख गये हैं। मैंने दवा पिला दी है। उसकी मौसी को बता देना कि न घबड़ाये। तीन–चार दिन बाद वह ठीक हो जाय तो तुम आकर ले जाना।

उस आदमी ने झुककर मेरे पाँव छुए और कहा–फिर मैं चलूँ हुजूर। उसे आपके पास छोड़ गया, इसलिए हमें कोई चिन्ता नहीं है।

मैंने कहा–लेकिन वह नींद से जगकर अगर तुमको न देखकर रोने लगे तो क्या करूँगा?

–आप उससे कह दीजियेगा हुजूर, कि मैं एक–दो दिन बाद उसे देखने आ जाऊँगा। बच्चा है, आपके घर रहते–रहते सब भूल जायेगा। आप लोगों के पास उसे अच्छा खाने और पहनने को मिलेगा, फिर तो उसको कोई दुःख नहीं रहेगा।

–लेकिन उसकी मौसी? उसकी मौसी तो उसके लिए बहुत परेशान होगी?

उस आदमी ने कहा–जी नहीं हुजूर, आपने तो उसकी मौसी का भला किया। अब तो उसकी मौसी चैन से रहेगी।

मैंने राह खर्च के लिए उस आदमी को दस रुपये का एक नोट दिया।

उस आदमी ने नोट हाथ में लेकर कहा–आप फिर क्यों रुपया दे रहे हैं हुजूर? उसकी मौसी ने तो हमें आते समय चार रुपये दिये थे। फिर भी जब आप दे रहे हैं तब शौक से ले रहा हूँ।

इतना कहकर उसने नोट को माथे से लगाकर जेब में रख लिया। उसके बाद उसने अन्तिम बार राजा भैया को देख लिया। उसका राजा भैया उस समय बेखबर सो रहा था। उसे पता भी नहीं चला कि जो उसे अपने साथ लाया था वह उसे छोड़कर जा रहा है।

मैंने कहा–क्या तुम्हारे राजा भैया को जगा दूँ? तुम उससे कुछ कहकर जाओगे?

उस आदमी ने कहा–उसकी जरूरत नहीं है बाबूजी, कहीं वह रोने न लग जाय। इसलिए यह ठीक है कि मैं चुपचाप चला जाऊँ। आप तो उसका ख्याल रखेंगे ही। बल्कि आप उसकी मौसी का पता लिख लीजिये हुजूर, अगर कोई जरूरत पड़े तो खबर भिजवा दीजियेगा।

मैंने उस बच्चे की मौसी का पता लिख लिया तो वह आदमी चला गया।

डाक्टर कहने लगे–मैं रोज थोड़ी–थोड़ी कहानी सुनता था और ज्यों ही मिस्टर सेन के घर से डिनर आता था, मैं अपने काम से चला जाता था। मैंने नर्सिंग होम का नियम कड़ा कर दिया था। सवेरे से हर काम ठीक–ठाक हो रहा है या नहीं, यह देखना भी मेरा काम था। शाम के चार बजे से विजिटर्स आने लगते थे और वह सिलसिला छह बजे तक चलता था। लेकिन मिस्टर सेन ने कह दिया था कि किसी को उनसे मिलने न दिया जाय। खासकर उनके दफ्तर से किसी का उनके पास आना एकदम मना था।

मिस्टर सेन के केबिन में दिन-रात नर्स रहती थी-दिन में एक और रात को एक। दोनों बारी-बारी उनकी देखभाल करती थीं।

उस दिन सवेरे नौ बजे मिस्टर सेन की नर्स मुझे बुलाने आयी। बोली-आपको मिस्टर सेन बुला रहे हैं।

मैं रोज नियम से सवेरे आठ बजे मिस्टर सेन के केबिन में पहुँच जाता था। फिर सवेरे आठ बजे से दिन में साढ़े ग्यारह बजे तक मुझे वहाँ बैठकर मिस्टर सेन की कहानी सुननी पड़ती थी। यही नियम बन गया था फिर अपराह्ण तीन बजे से रात आठ बजे तक मुझे उनके केबिन में जाकर कहानी सुननी पड़ती थी। इस नियम में व्यवधान पड़ते ही उनके पास से बुलावा आता था। वे कहते थे-अरे, आज तो आप नहीं आये डाक्टर?

मुझे उनके पास जाने में और वहाँ बैठकर उनकी कहानी सुनने में बुरा नहीं लगता था। मेरे कई असिस्टेण्ट थे और उन पर सारे काम का जिम्मा सौंपकर मैं निश्चिन्त रहता था। फिर सभी को यह पता रहता था कि उस समय मैं मिस्टर सेन के केबिन में रहता हूँ।

उस दिन भी मेरे जाते ही मिस्टर सेन ने कहा-कहिये डाक्टर, आज आप नहीं आये? बीमार आदमी की बातें सुनते रहना किसी को अच्छा नहीं लगता-है न?

मैंने कहा-नहीं मिस्टर सेन, आप ऐसा क्यों कह रहे हैं? आपकी कहानी सुनना मुझे बहुत अच्छा लगता है, नहीं तो मैं सारा कामकाज छोड़कर क्यों आपके पास चला आता हूँ? आप बुलायें या न बुलायें, मैं आ ही जाता हूँ।

शायद बीमार पड़ने पर सभी लोग बच्चों की-सी हरकत करने लगते हैं। मैंने मिस्टर सेन के लोगों से सुना था कि मिस्टर सेन का मिजाज बहुत कड़ा है। उनके दफ्तर के मामूली चपरासी से डिप्टी तक सब उनसे डरते थे। बिना किसी जरूरत के कोई उनके पास जाना नहीं चाहता था।

मिस्टर सेन की कम्पनी से डिप्टी अफसर कभी-कभी मेरे पास आते थे। वे अपने बॉस का हाल पूछते थे।

मैं उनसे पूछता था-क्या आप अपने बॉस से मिलना चाहते हैं?

डिप्टी अफसर कहते थे-नहीं डाक्टर, बॉस नाराज होंगे। मैंने दफ्तर में सर्कुलर जारी करके सबको सूचित कर दिया है कि कोई बॉस से मिलने न आये।

मैं कहता था-यह तो आपके बॉस ने भी मुझे बता दिया है। मैंने भी यहाँ नर्सिंग होम में सबको यह निर्देश दिया है। नर्स से डाक्टर तक सबको यह पता है।

डिप्टी अफसर कहते थे-मैं सिर्फ यही जानने आया हूँ कि अब मिस्टर सेन कैसे हैं।

मैं कहता था–अब तो वे ठीक हैं, दिन–पर–दिन प्रोग्रेस कर रहे हैं।

डिप्टी अफसर पूछते थे–फिर भी आप कब तक उनको रिलीज करेंगे?

मैं कहता था–यह तो बताना मुश्किल है। मिस्टर सेन जब तक चाहेंगे तब तक हम उनको यहाँ रखेंगे। उनकी इच्छा के विरुद्ध हम कोई काम नहीं कर सकते।

डिप्टी अफसर कहते थे–फिर अब मैं चलूँ डाक्टर। मैंने यहाँ आकर उनका हाल पूछा है, यह उनको हर्गिज मत बताइये। उनके अस्वस्थ रहने से मैं बहुत परेशान हूँ।

मैं कहता था–यह तो मैं समझ रहा हूँ।

डिप्टी अफसर कहते थे–जी नहीं, ऐसी बात नहीं है। मेरे बॉस ने मेरा जो उपकार किया है वह मैं जानता हूँ और भगवान् जानते हैं। मद्रास में मैं एक मामूली क्लर्क था। मिस्टर सेन उन दिनों मद्रास जाते थे। मेरा काम देखकर वे इतना खुश हो गये थे कि मुझे यहाँ अपने ऑफिस में ले आये। आज मैं उन्हीं की दया से तीस रुपये के क्लर्क से ग्रियर्सन कम्पनी का सात हजार रुपये पानेवाला डेपुटी चीफ हूँ। मैं उनका यह उपकार जिन्दगी में कभी नहीं भूल सकता।

यह सब कहकर वे चले जाते थे।

मिस्टर सेन ने एक दिन मुझसे कहा था–डाक्टर, आपके इस नर्सिंग होम में रहना मुझे कितना अच्छा लग रहा है कि क्या बताऊँ! मुझे ऐसा लग रहा है कि इतने दिनों बाद अब मैं आदमी बन सका हूँ–कम–से–कम एक स्वतन्त्र आदमी!

इस पर मैंने पूछा था–क्या इतने दिनों तक आप स्वतन्त्र नहीं थे?

मिस्टर सेन ने कहा था–नहीं डाक्टर, इसके पहले मैं कभी इतना आजाद नहीं था। मैं कम्पनी का मालिक नहीं था, कम्पनी ही मेरी मालकिन थी। कम्पनी का बैलेन्स–शीट समय से तैयार हो जाय, कम्पनी के शेयर–होल्डरों का स्वार्थ बना रहे, कम्पनी और बड़ी बने और उसे ज्यादा प्रॉफिट हो, मैं बराबर यही कोशिश करता रहा। लेकिन मैं कम्पनी के बारे में जितना ज्यादा सोचता रहा, मेरी जिन्दगी मुझे उतना ही बेकार बनाती रही। जिन्दगी मुझे बराबर धोखा देती रही। डाक्टर, अब तक मैं सिर्फ कम्पनी की ही गुलामी करता रहा और मेरी जिन्दगी मेरी उपेक्षा करती रही है। इसीलिए अभी तक मैं कहीं का नहीं रहा।

इस पर मैंने कहा था–आप ऐसी बात क्यों कह रहे हैं? फिर मैंने जो यह नर्सिंग होम वनाया है तो क्या आप कहना चाहते हैं कि मैं इसकी गुलामी करता हूँ?

मिस्टर सेन ने इसके उत्तर में कहा था–आपकी बात अलग है डाक्टर, आपकी अपनी फेमिली है, जरूर आपके बाल–बच्चे हैं और आप जरूर उनसे प्यार करते हैं। दिन भर में आप कुछ समय तो उनके लिए डिवोट करते हैं। लेकिन मैंने तो

नहीं किया। अब मैं तो वह भी नहीं कर सकता, क्योंकि मेरी फेमिली ही नहीं है। मेरे बाल-बच्चे भी नहीं हैं।

मैंने कहा था–हरेक की तो फेमिली नहीं रहती मिस्टर सेन?

मिस्टर सेन ने कहा था–नहीं है तो करने को कुछ नहीं है, लेकिन जहाँ फेमिली होकर भी नहीं है? जहाँ पत्नी पति के लिए बोझ बन जाय वहाँ क्या हो? आपके मेडिकल साइन्स में क्या इसका कोई सल्यूशन है? मैं जानता हूँ कि नहीं है। अगर होता तो क्या मैं अपनी समस्या का समाधान न कर लेता? पूरी कहानी सुनेंगे तो समझ जायेंगे कि उसका क्या परिणाम हुआ था।

मैंने कहा था–सुनाइये न, मैं सुनूँगा।

फिर पल्टू सेन कहानी सुनाने लगे थे। अपने व्यक्तिगत जीवन की कहानी।

उन्होंने कहा था–मैंने सोचा था कि किसी बच्चे को गोद ले लेने पर मेरी फेमिली में पूरी शान्ति हो जायेगी। मेरी पत्नी को एक खिलौना मिल जायेगा तो वह खुश हो जायेगी और मैं निश्चिन्त होकर अपनी पूरी क्षमता अपने व्यापार में लगा सकूँगा। मैं जिस तरह रात-दिन कम्पनी लेकर पड़ा रहता था, फिर उसी तरह रह सकूँगा।

लेकिन नहीं, मिस्टर ग्रियर्सन ने शायद उस दिन शनि बनकर मुझ पर प्रभाव डाला था। मैं मानता हूँ कि मेरे पास रुपया हो गया था, लेकिन रुपया हो जाने के कारण मुझ पर रुपये का नशा सवार हो गया था। साथ ही मेरा जीवन बरबाद हो गया और मेरे इहलोक-परलोक सब बिगड़ चुके थे। लेकिन डाक्टर जिस दिन मयराडाँगा से आकर वह लड़का मेरे यहाँ बीमार पड़ा, मानो उसी दिन से मेरे जीवन का दूसरा अध्याय शुरू हो गया।

मयराडाँगा का वह आदमी तो रुपया लेकर चला गया, लेकिन मुझे बड़ी चिन्ता होने लगी।

दूसरे का लड़का मेरे घर पड़ा रहा, कहीं उसे कुछ हो न जाय।

डाक्टर जा चुका था। मैंने अपनी पत्नी रीटा से पूछा–यह लड़का कैसा लग रहा है?

रीटा ने पलटकर पूछा–आखिर यह रहेगा तो?

मैंने कहा–इसके माँ-बाप नहीं हैं, क्यों नहीं रहेगा?

–माँ-बाप नहीं हैं तो और कौन है?

मैंने कहा–बस, इसकी एक मौसी है। मौसी के सिवा इसका इस दुनिया में और कोई नहीं है।

रीटा ने पूछा–मौसी अपना भानजा दूसरों को क्यों देगी?

मैं बोला–मौसी बहुत गरीब है, भानजे की परवरिश के लिए उसके पास पैसा नहीं है। इसीलिए उसने इसे हमारे पास भेजा है कि हम इसे अपने पास रख लें।

रीटा ने फिर पूछा–लेकिन यह आपको कैसे मिल गया?

मैंने कहा–अरे, वही हम जो मयराडाँगा गये थे, यह वहीं का है। शायद किसी से इसकी मौसी को हमारे बारे में पता चल गया होगा। फिर हमने भी तो वहाँ लोगों से कह रखा था कि कोई अगर अपने बच्चे को हमारे पास रखना चाहे तो हमें खबर करे। इसीलिए वहाँ का एक आदमी इसे यहाँ ले आया। अब इसे बुखार आ गया है, इस हालत में इसे कैसे वापस भेजता?

रीटा एकटक उस बच्चे को देख रही थी। थोड़ी देर बाद उसने कहा–क्या यह रात भर यहीं अकेला पड़ा रहेगा?

मैंने कहा–नहीं, मैंने बीरसिंह से कह दिया है, वह यहाँ इसके पास बैठा रहेगा।

रीटा बोली–बल्कि मैं अपनी नौकरानी से कह देती हूँ, वह यहाँ आ जाय।

मैंने कहा–फिर तुम्हारे पास कौन रहेगा?

रीटा ने कहा–मेरे पास किसी की रहने की जरूरत नहीं है।

फिर रीटा को न जाने क्या याद आया, उसने कहा–इसके साथ एक्स्ट्रा पैण्ट-शर्ट भी तो नहीं हैं, यह सवेरे क्या पहनेगा?

मैंने कहा–हाँ, यह भी तो एक समस्या है। मेरे दिमाग में यह बात आयी ही नहीं।

रीटा ने कहा–आप अभी अपने दर्जी को टेलीफोन कर दीजिये, वह आकर इसकी नाप ले जाय। सवेरे वह एक दर्जन पैण्ट-शर्ट बनाकर भेज देगा।

सुझाव मुझे अच्छा लगा। सवेरे ही तो इसके लिए पैण्ट-शर्ट की जरूरत पड़ेगी।

फिर सारा इन्तजाम पक्का हो गया। रीटा की नौकरानी बच्चे के पास आ गयी। उसे सब-कुछ समझा दिया गया। मैंने अपने टेलर को टेलीफोन कर दिया, वह भी थोड़ी देर बाद आ गया। फिर वह बच्चे की नाप लेकर चला गया। जाते समय वह कह गया कि रात ही में बच्चे के पैण्ट-शर्ट बन जायेंगे। रातोंरात एक दर्जन पैण्ट-शर्ट बनाकर दूसरे दिन सवेरे सात बजने से पहले ही वह मुझे डेलिवरी दे जायेगा।

यह सब इन्तजाम कर चुकने के बाद मैं रीटा के साथ डाइनिंग टेबिल के सामने जाकर बैठ गया। फिर हम खाना खा ही रहे थे कि बगल के कमरे से उस लड़के की आवाज सुनायी पड़ी। वह कह रहा था–मौसी कहाँ है? मेरी मौसी कहाँ गयी?

नौकरानी उसे फुसलाकर चुप कराने लगी थी। खाना छोड़कर हम दोनों फिर उस कमरे में गये।

वह लड़का हमें पहचान नहीं पाया। वह यह भी नहीं समझ पाया कि वह कहाँ है।

उसने फिर पूछा–मौसी कहाँ है? मेरी मौसी?

मैंने उससे कहा–तुम मौसी के लिए परेशान मत होओ। हम तो हैं न। पानी पियोगे? प्यास लगी है?

लेकिन वह लड़का एक ही रट लगाता रहा–मेरी मौसी कहाँ है?

उसे चुप कराने के लिए मैंने कहा–आयेगी, आयेगी। तुम्हारी मौसी अभी आ जायेगी, तुम सो जाओ।

लेकिन उस बच्चे ने फिर कहा–नहीं, मैं मौसी के पास जाऊँगा।

मैंने कहा–तुम राजा बेटा हो न? रोओ मत। तुम्हारी मौसी यहीं है, अभी आ जायेगी, तुम सो जाओ।

यह कहकर मैं उसके माथे पर धीरे-धीरे हाथ फेरने लगा।

फिर भी उस बच्चे का ठुनकना बन्द नहीं हुआ। वह बड़बड़ाता रहा– नहीं, तुम जाओ मैं मौसी के पास लेटूँगा। तुम मेरी मौसी को बुला दो।

मैं अच्छी परेशानी में फँस गया। देखा, रीटा का चेहरा भी गम्भीर हो गया है।

रीटा ने कहा–मैंने तभी आपसे कहा था कि यह मौसी की रट लगायेगा। यह यहाँ नहीं रहेगा। आपने जबरदस्ती इसे यहाँ रख लिया।

मैंने कहा–इसे बुखार आ गया न। मैंने इसके बदन पर हाथ रखकर देखा कि बुखार तेज है। फिर इसे कैसे वापस भेजता? तुम्हीं बताओ न, क्या वह अच्छा होता?

रीटा बोली–लेकिन बुखार उतर जाने पर भी क्या वह यहाँ रहना चाहेगा? क्या उसका यहाँ मन लगेगा?

मैंने कहा–शुरू-शुरू में तो नहीं लगेगा, लेकिन जब उसे यहाँ रहने की आदत पड़ जायेगी, तब जरूर लगेगा। तुम देख लेना।

इस पर रीटा ने कहा–एक बात और है। जब यह मौसी को इतना चाहता है, तब इसकी मौसी भी इससे जरूर इतना ही प्यार करती है। इसलिए मौसी ज्यादा दिन इससे दूर नहीं रह सकेगी और एक दिन अपने भानजे को देखने के लिए यहाँ आ पहुँचेगी। तब यह बच्चा फिर मौसी के पास रहने के लिए मचलेगा।

मैं रीटा के इस तर्क का कोई समुचित उत्तर नहीं दे सका।

लेकिन इस बीच वह बच्चा सो चुका था। बुखार की गर्मी से शायद वह जग गया था, अब दवा के असर से सो गया।

उसे सोते देखकर मैं मन-ही-मन खुश हुआ। फिर हम खाना खाकर अपने-अपने कमरे में सोने चले गये।

दूसरे दिन सवेरे सोकर उठने में देर हो गयी थी। सोकर उठा तो पता चला कि डाक्टर ने बहुत सवेरे ही टेलीफोन किया था।

मैंने उसी वक्त डाक्टर को टेलीफोन किया।

डाक्टर ने टेलीफोन पर मुझसे पूछा-मेरा पेशेण्ट कैसा है मिस्टर सेन?

मैंने कहा-अभी तक तो उसे देखा नहीं, असल में कल रात सोने में बहुत देर हो गयी थी। अब सोकर उठा हूँ, अब थोड़ी देर बाद आपको टेलीफोन करके बताऊँगा।

डाक्टर ने फिर कहा-आप घबराइये मत। मैंने उस बच्चे के हार्ट, पल्स और लंग्स वगैरह की अच्छी तरह जाँच कर ली है, सब ठीक-ठाक है। लगता है, यह हिट-फीवर है, उसी दवा से ठीक हो जायेगा। टेम्परेचर भी आज कम हो जायेगा। आज किसी वक्त उसका ब्लड ले आयेंगे और उसकी भी जाँच कर लेंगे। हाँ, आपकी मिसेज क्या कह रही हैं?

मैंने कहा-अभी तक तो मिसेज से कोई खास बात नहीं हुई, शायद वे अभी तक सो रही हैं। कल तो उसी बच्चे के कारण हम दोनों को सोने में देर हो गयी।

डाक्टर ने पूछा-कल मेरे चले जाने के बाद पेशेण्ट ने आप लोगों को परेशान तो नहीं किया।

मैंने कहा-नहीं, कोई ऐसी बात नहीं हुई। एक बार जग गया था। तभी वह अपनी मौसी के लिए रोने लगा था। उसके बाद सो गया।

डाक्टर ने कहा-ठीक है, मैं दिन में एक बार आ जाऊँगा।

इतना कहकर डाक्टर ने टेलीफोन का रिसीवर रख दिया।

फिर मैं हाथ-मुँह धोकर जल्दी-जल्दी उस बच्चे के पास गया। उसकी देखभाल का जिम्मा बीरसिंह और रीटा की नौकरानी पर था। वे दोनों ही बड़े ईमानदार और अपने काम में होशियार थे। हमें विश्वास था कि वे बच्चे की देखभाल में कोई कसर नहीं करेंगे। लेकिन उस कमरे में जाकर मैंने एक अजीब बात देखी।

मैंने देखा कि रीटा उस बच्चे को गोद में लिये बिस्तर पर बैठी है।

पूछा-अरे, तुम!

रीटा धीरे से बोली-जोर से मत बोलिये, अभी-अभी सोया है।

फिर मैंने बहुत धीमी आवाज में पूछा–तुम कब आयी? क्या कल रात को सोयीं नहीं?

नौकरानी ने कहा–मेम साहब तो रात भर यहीं हैं।

रीटा बोली–रात को नींद नहीं आयी तो क्या करती? फिर नींद न आने से अच्छा ही हुआ। यह सोते–सोते फिर एक बार रोने और मौसी की रट लगाने लगा था। तब मैंने कहा कि मैं तुम्हारी मौसी हूँ। यह सुनकर यह फिर सो गया। तब से मैं इसे गोद में लिए बैठी हूँ। कहीं नीचे उतारने पर रोने न लगे। बताइये, आपने दूसरे के बच्चे को घर में रखकर कैसी परेशानी मोल ली!

मैंने कहा–फिर तो तुम्हें बड़ी तकलीफ हुई रीटा। चलो, अब तुम उठो, उसे मुझे दे दो और तुम हाथ–मुँह धो आओ।

रीटा की सिल्क की साड़ी में न जाने कैसा धब्बा लगा था।

मैंने पूछा–तुम्हारी साड़ी में वह कैसा धब्बा लगा?

रीटा बोली–इसी ने कै कर दिया था, जिसे साड़ी से पोंछना पड़ गया।

मेरे बदले नौकरानी ने बच्चे को गोद में ले लिया। रीटा उठकर अपने कमरे में चली गयी। वह जब जाने लगी थी, मैं उसे एकटक देखने लगा था। सचमुच डाक्टर, औरतों का मन भी बड़ा विचित्र होता है। वह कितना विचित्र होता है, उसकी कल्पना भी हम मर्द नहीं कर सकते। वह रीटा जब क्लब जाती थी, तब दूसरी तरह की थी। रोज तीन पेग ह्विस्की पिये बिना उसका मिजाज ठण्डा नहीं होता था। उसके बाप कर्नल थे। मिलिट्री सर्विस के आदमी। उनके समाज में वही फैशन था! जो शराब नहीं पीता, वह उस समाज में शामिल नहीं हो सकता। याने वह उस समाज में अस्पृश्य होता है। बैंगन–मूली की सब्जी खाकर कोई उस समाज में इज्जत से नहीं रह सकता। हाँ, बात–बात पर ह्विस्की और रम पीने पर उस समाज में इज्जत होती है। मुझे याद है, जब मुझसे रीटा की शादी हुई तब उस शादी की दावत में शराब का बिल ही ग्यारह हजार रुपये का हुआ था।

शायद जिन्दगी भर वही रवैया चलता। शायद क्लब, काकटेल पार्टी और शराब का दौर कभी बन्द न होता। लेकिन रीटा को भगवान् ने मारा। जब भी मनुष्य प्रकृति के विरुद्ध गया है, प्रकृति उसके लिए भयानक दुश्मन बन गयी है। आज अगर मनुष्य जंगल के सभी बाघ–सिंहों को मार डाले तो हिरनों और अन्य जानवरों की तादाद बढ़ जायेगी जिससे जंगल के सारे पेड़–पौधे साफ हो जायेंगे। इस तरह जंगल का विनाश होगा तो देश रेगिस्तान बन जायेगा–पानी बरसना बन्द हो जायेगा।

यही बात मनुष्य पर भी लागू होती है डाक्टर। हमारे आधुनिक समाज में ऐसी अनेक औरतें हैं डाक्टर, जिनका अन्त देखकर मुझे बड़ा कष्ट हुआ है। एक दिन देखा कि एक महिला टेबिल के सामने बैठी ड्रिंक कर रही है और अपनी सहेलियों के

साथ ताश खेल रही है। उस टेबिल से थोड़ा हटकर मैं बैठा था। शराब के नशे में अचानक वे हा-हा कर हँसने लगीं और देखते-ही-देखते उनके शरीर का दाहिना हिस्सा सुन्न पड़ गया। याने उनके आधे शरीर में लकवा मार गया था। मनुष्य से प्रकृति इसी तरह बदला लेती है। संसार के हर क्षेत्र में यही नियम अटल है।

मैंने अपनी आँखों से यह घटना देखी है डाक्टर। शायद रीटा को भी अन्त तक ऐसा ही कोई रोग हो जाता, लेकिन नहीं हुआ। उसके गुस्से ने उसे बचा लिया। एकाएक उसमें गुस्सा बढ़ जाने से यह कप-प्लेट तोड़ने लगी थी, जिसमें मैं डाक्टर के पास गया।

याद है, उस दिन थोड़ी देर बाद डाक्टर आ गये। मैंने उनको सब बताया।

सब सुनकर डाक्टर ने कहा-यह तो अच्छा लक्षण है। खैर, आप अपनी मिसेज पर वाच रखिये और उस बच्चे की देखभाल कीजिये। बस, उस बच्चे के कारण आपकी पत्नी स्वस्थ हो जायेंगी! हाँ, इसका ख्याल जरूर रखिये कि उस बच्चे पर आपकी पत्नी का अटैचमेण्ट बढ़े।

यह कहकर डाक्टर बच्चे का ब्लड लेने गये। लेकिन बच्चा सो रहा था, इसलिए उन्होंने उसे जगाकर ब्लड नहीं लिया।

उन्होंने कहा-अब बुखार भी बहुत कम हो गया है, इसलिए आराम से सो रहा है। इस हालत में ब्लड नहीं लूँगा। कल या परसों या उसके बाद किसी दिन ब्लड लेने से भी काम चलेगा। हाँ, शाम को खबर कीजियेगा कि कैसा है।

यह कहकर डाक्टर चले गये।

मिस्टर सेन ने पूछा-डाक्टर, आपको यह कहानी अच्छी लग रही है न? लगे तो बताइये। मैं बड़बड़ाना बन्द करूँ। मनुष्य जब अपने दु:ख के बारे में दूसरे को बताता है तब वह यही समझता है कि सुननेवाला मुझसे सहानुभूति दिखायेगा। लेकिन मैं आपसे किसी तरह की सहानुभूति नहीं चाहता डाक्टर। मैं ग्रियर्सन ऐण्ड कम्पनी का मैनिजिंग डाइरेक्टर हूँ। इसलिए मुझे कोई दु:ख नहीं हो सकता और मेरी जिन्दगी में कोई कमजोरी नहीं रह सकती। अगर मेरे अन्दर ऐसी कोई बात हो तो मेरे अधीन काम करनेवाले मेरी बात नहीं मानेंगे। वे मेरे हुक्म की तामील नहीं करेंगे।

लेकिन यहाँ तो मैं वह सब नहीं हूँ। यहाँ तो मैं आपका एक मरीज हूँ। आप डाक्टर हैं और मैं पेशेण्ट हूँ। हमारे बीच यही तो सम्पर्क है। इसीलिए मैं आपको मन की बातें सुनाकर मन को हल्का कर रहा हूँ। अगर आपको यह राम कहानी अच्छी न लग रही हो तो बताइये, मैं बन्द कर दूँ।

हाँ, एक बात है। चरम दरिद्रता किसे कहते हैं, यह मैंने देखा है। फिर परम ऐश्वर्य क्या है, वह भी मैंने परखा है। लेकिन एक बात अच्छी तरह जान गया हूँ कि इन दोनों में कोई अन्तर नहीं है। आज मेरी स्थिति में परिवर्तन आया है, आज बैंक में

मेरा बहुत रुपया है, अपने पैसे से बनाया मकान भी मेरे पास है, लेकिन मैं वही पहलेवाला 'मैं' रह गया हूँ। फिर भी आज का 'मैं' बनने के लिए पहले मैं कितना लालायित रहता था।

आज जो आदमी लेटे-लेटे आपसे बात कर रहा है, यह वही पहलेवाला 'मैं' है। वही पहले का आदिम अदना आदमी। वह आदमी अब भी दूसरों की आँख बचाकर सुख में हँसता है और दुःख में रोता है। आज भी उसे जलन होती है तो वह बदला लेता है और भूख लगने पर बाघ की तरह छटपटाता है। लेकिन वह यह सब दूसरों की आँख बचाकर करता है। पहले उसकी सभी प्रतिक्रियाएँ सब लोग देखते थे, लेकिन अब ऐसा नहीं होता, बस इतना ही फर्क आ गया है।

डाक्टर ने पूछा-फिर क्या हुआ?

मिस्टर सेन बोले-हाँ, बताता हूँ, उसके बाद क्या हुआ। बाहर से दरबान ने आकर खबर दी कि कल रात को जो आदमी आया था, वही आया है।

मैं मन-ही-मन थोड़ा चिढ़ गया। इस वक्त वह फिर क्यों आया? अभी तो कल रात को आया था, फिर आज आने की क्या जरूरत पड़ गयी।

फिर मैंने सोचा कि नहीं, उसका आना गलत नहीं हुआ है। वही लड़के को लाया है, इसलिए उसको आने का पूरा हक है। हमने उसके बच्चे को रोक रखा है, इसलिए वह तो पता लगाने आयेगा ही।

वह आया। देखा, उसके साथ एक महिला भी है। उस महिला ने घूँघट काढ़ रखा था।

उस आदमी ने उस महिला का परिचय दिया-हुजूर, यह देवव्रत की मौसी है।

मैंने उस महिला की तरफ अच्छी तरह से देखा। लेकिन वह महिला कहीं से दिखायी नहीं पड़ी। शरीर को सफेद साड़ी से पूरी तरह ढक रखा था। पाँव नंगे थे। चेहरे पर घूँघट पड़ा था।

उस आदमी ने कहा-कल राजा भैया का बुखार देख गया तो मैंने मौसी को वह सब बताया। वह सब सुनकर मौसी से रहा नहीं गया तो मेरे साथ भागी-भागी यहाँ तक चली आयी। कल रात मौसी सो भी नहीं सकी, बस अपने भानजे के लिए परेशान रही। इस वक्त राजा भैया कैसा है?

मैंने सब बताया। डाक्टर ने देखकर क्या रिपोर्ट दी है, उसके बारे में भी बताया। अन्त में कहा-घबड़ाने की कोई बात नहीं है। दवा दी जा रही है। इस समय बहुत आराम है, इसलिए सो रहा है।

उस महिला ने उस आदमी के कान के पास मुँह ले जाकर कुछ कहा।

वह सुनकर उस आदमी ने कहा–मौसी पूछ रही है कि क्या कल रात को राजा भैया मौसी को ढूँढ़ रहा था?

मैंने कहा–हाँ, मौसी को कई बार ढूँढ़ा था। जब भी वह जगा, मौसी को पुकारता रहा। फिर उसे बहलाकर फुसलाकर सुलाया गया। सवेरे ही डाक्टर साहब आये थे। उन्होंने उसे अच्छी तरह से देखा है, बुखार कम हो चुका है, एक–दो दिन बाद खून की जाँच होगी तो ठीक–ठीक पता चल पायेगा कि बुखार क्यों आया या और कोई बीमारी तो नहीं है।

फिर मैंने उस महिला की तरफ देखकर कहा–आप क्यों तकलीफ करके इतनी दूर आयीं? बिला वजह आपके पैसे भी खर्च हुए। देवव्रत जैसा रहेगा, मैं ही आपको खबर करूँगा। आपको कष्ट करने की जरूरत नहीं है।

उस महिला ने फिर उस आदमी के कान में कुछ कहा। वह सुनकर उस आदमी ने मुझसे कहा–मौसी अपने भानजे को देखना चाहती है।

मैंने कहा–देखना चाहती हैं? लेकिन अभी तो वह सो रहा है।

उस आदमी ने कहा–फिर भी मौसी उसे देखना चाहती है। असल में मौसी का मन नहीं मानता। भले ही भानजा हो, लेकिन मौसी ने उसे अपनी सन्तान की तरह पाला है।

मैंने उस महिला से कहा–अगर आप भानजे के लिए इस तरह परेशान होंगी तो उसे यहाँ छोड़कर कैसे रह पायेंगी?

उस महिला ने फिर उस आदमी के कान में कुछ कहा। उसकी बात सुनकर उस आदमी ने मुझसे कहा–मौसी कह रही है कि रह पायेगी। इस समय बच्चा बीमार है सुनकर देखने आयी है।

मैंने उस महिला से कहा–ठीक है, आइये।

यह कहकर मैं उनको मकान के अन्दर ले चला। वे दोनों मेरे पीछे–पीछे चलने लगे। मैंने वहाँ पहुँचकर देखा कि मेरी पत्नी उस समय तक अपने कमरे से लौटकर नहीं आयी थी नौकरानी की गोद में बच्चा सो रहा था।

उस आदमी के साथ बच्चे की मौसी बच्चे के पास आकर खड़ी हो गयी। घूँघट की आड़ से वह बच्चे की ओर एकटक देखने लगी। मानो उसका उस तरह देखना खत्म नहीं होगा।

मैंने उसे टोका।

कहा–अगर भानजे को छोड़कर रहने में आपको तकलीफ हो तो उसके थोड़ा ठीक होते ही आप अपने घर ले जायँ। मैं आपको कष्ट पहुँचाकर उसे आपसे छीनना नहीं चाहता।

मेरे ऐसा कहने पर बच्चे की मौसी और उसके साथ आये उस आदमी के बीच न जाने क्या बात हुई, फिर उस आदमी ने मुझसे कहा–मौसी बच्चे के माथे पर हाथ रखकर उसे आशीर्वाद देना चाहती है, क्या आप आज्ञा देंगे?

मुझे इसमें क्या आपत्ति हो सकती है सुनकर उस महिला ने बच्चे के माथे पर हाथ रखा। उसके दूसरे ही क्षण वह फफक-फफककर रोने

लगी।

इस पर मैं अपने को अपराधी महसूस करने लगा। मेरे पास रुपया है। इसीलिए मैं किसी की गोद से उसके दिल के टुकड़े को छीन रहा हूँ। अगर मेरे पास रुपया न होता तो क्या मैं ऐसा कर पाता? लेकिन इस दुनिया में क्या रुपया ही सब-कुछ है? बहुत रुपया होने पर ही तो मेरी पत्नी बीमार हो गयी। फिर उसकी बीमारी ठीक करने के लिए रुपये के बल पर मैंने दूसरे का बच्चा परवरिश करने के नाम पर छीना। लेकिन मेरे पास रुपया न होता और अपनी सन्तान होती तो मुझे भी अपनी सन्तान इसी तरह दूसरे को सौंपनी पड़ती। फिर उस समय मुझ पर क्या गुजरता?

जब वह आदमी और वह महिला बाहर आकर खड़े हुए तब मैंने उनसे पूछा–क्या तुम लोग जा रहे हो?

वह महिला घूँघट में छिपी आँखें पोंछ रही थी।

उस आदमी ने कहा–जी हाँ, अब हम चलेंगे। रात रहते मयराडाँगा से चले हैं, अब वहाँ लौटने में बहुत देर लग जायेगी।

मैंने कहा–फिर तुम दोनों थोड़ा नाश्ता कर लो, यों ही मत चले जाओ। मैं इन्तजाम कराये देता हूँ।

शायद वह आदमी नाश्ता करने को तैयार था, लेकिन वह महिला राजी नहीं हुई।

मैंने कहा–फिर जरा रुको।

अन्दर से कुछ रुपया लाकर मैंने उस महिला को दिया। मैंने उससे कहा–आप यह रुपया अपने पास रख लीजिये। आपको रुपये की जरूरत पड़ सकती है, तब यह काम आयेगा। पाँच सौ रुपये हैं, रख लीजिये।

वह महिला जैसे खड़ी थी, खड़ी रही।

मैं भी रुपया हाथ में लिये खड़ा रहा।

फिर बोला–लीजिये।

महिला ने रुपया नहीं लिया। वह उसी तरह घूँघट काढ़े खड़ी रही।

उस आदमी ने भी उस महिला से कहा–ले लो मौसी, ले लो। तुमको गरीबी में दिन गुजारना पड़ता है, लेकिन हूज़ूर के पास पैसे की कमी नहीं है। इसलिए लेने में क्या हर्ज है? ले लो मौसी, रुपया रख लो।

मौसी ने उसकी बात का जवाब नहीं दिया।

मैंने उस महिला से कहा–आपने बच्चे को इतने दिन पाला-पोसा है, उसमें भी तो कुछ खर्चा पड़ा है। आपने दूसरों के घर काम करके उसकी परवरिश की है, समझ लीजिये कि उसी के बदले कुछ ले रही हैं।

अब उस महिला ने उस आदमी के कान में कुछ कहा। उसके बाद उस आदमी ने मुझसे कहा–सुनिये हुजूर, मौसी क्या कह रही है। मौसी कह रही है कि वह अपने भानजे को बेच तो नहीं रही है कि दाम लेगी। वह बच्चे को आपके हाथ यों ही सौंप रही है। आप बुरा मत मानिये हुजूर, मौसी भले घर की बेटी है, लेकिन उसका भाग्य खराब है इसलिए आज उसे दूसरों के घर नौकरानी का काम करना पड़ रहा है, नहीं तो उसकी भी शादी अच्छे घर में हुई थी। मौसी का कहना है कि यह उसके भाग्य में लिखा है, इसे कोई मेट नहीं सकता। बस, उसके भानजे को खाने-पहनने का कष्ट न हो, आप इतना ही ख्याल रखें। मौसी इससे ज्यादा आपसे और कुछ नहीं चाहती।

मैं समझ नहीं पा रहा था कि क्या जवाब दूँ।

अन्त में मैंने कहा–फिर मैं एक काम करता हूँ। मैं तुम्हारा और तुम्हारी मौसी का पता लिख रखता हूँ, जब वह अच्छा हो जायेगा तब मैं ही उसे लेकर तुम्हारे यहाँ आऊँगा। हाँ, तुम्हारा क्या नाम है?

उस आदमी ने अपना नाम बताया–मेरा नाम भैरव है। भैरव अड्डी।

मैंने उस आदमी का नाम-पता लिख लिया। फिर उससे पूछा–तुम क्या करते हो?

उसने मुस्कराकर कहा–कुछ नहीं हुजूर, पहले यात्रा* करता था, इस समय कोई काम नहीं है।

मैंने कहा–ठीक है। राजा बेटा ठीक हो जाय तो मैं उसे तुम्हारी मौसी के पास ले जाऊँगा।

फिर दोनों चले गये।

उसके कुछ ही दिन बाद वह बच्चा स्वस्थ हो गया। शुरू-शुरू में वह कभी-कभी अनमना-सा हो जाता था। खाना खाते-खाते एकाएक कह उठता था–अब नहीं खाऊँगा, पेट भर गया है।

रीटा उसे फुसलाती–तुम अच्छे बेटे हो न, थोड़ा-सा और खा लो।

वह बच्चा कहता–अब खाया नहीं जा रहा है।

---

* बँगला लोकनाट्य। 'यात्रा' का बँगला उच्चारण 'जात्रा है।

रीटा कहती–नहीं, थोड़ा–सा और खा लो तो तुम्हें तस्वीरवाली किताब खरीद दूँगी!

तस्वीरवाली किताब खरीदने का आश्वासन पाकर वह पूरा खाना खा लेता और उसके बाद कहता–लाइये, तस्वीरवाली किताब दीजिये।

तब मेरी पत्नी उसे कार में बिठाकर न्यू मार्केट ले जाती। वहाँ वह जो मन होता, खरीदती और जितना रुपया चाहती खर्च करती। वह बच्चा जो भी चीज माँगता, उसे मिल जाती। हम दोनों उसके लिए कभी कंजूसी नहीं करते थे।

वह बच्चा मिल जाने के बाद मुझे बड़ा चैन मिला। मैंने तो आपको बताया है डाक्टर कि कैसे मेरा भाग्य बदलता जा रहा है। मैं कितना गरीब था और कितना अमीर बन गया। फिर न जाने कैसे किस संयोग से मेरी शादी हो गयी। फिर शादी के बाद पत्नी की विचित्र बीमारी को लेकर किस कदर परेशान रहा। लेकिन उस परेशानी से छुटकारा मिल गया।

मैंने सोचा कि चलो, अब स्वाभाविक ढंग से काम–काज कर सकूँगा। रीटा को मैंने एक बच्चा दे दिया था, भले ही वह दूसरे का हो। इसलिए मैंने समझ लिया कि पत्नी के लिए मेरी सारी जिम्मेदारी खत्म हो चुकी है।

मुझे दफ्तर आया देखकर मेरे सभी साथी आफिसर्स खुश हुए।

इतने दिनों तक मेरी गैर–हाजिरी के दौरान दफ्तर में क्या–क्या हुआ और क्या नहीं हुआ उसकी सारी रिपोर्ट मुझे दी गयी। मेरे नीचे के आफिसर नरसिंहम ने आकर मेरे घर का हाल–चाल पूछा।

यह नरसिंहम बड़ा अच्छा लड़का है डाक्टर। जब मैं एक बार साउथ इण्डिया गया था, तब उससे परिचय हुआ था। उस समय उसे बहुत कम तनख्वाह मिलती थी। मैं उसका काम देखकर बहुत खुश हुआ था। फिर मैंने उससे कहा था कि अगर तुम मेरे आफिस में ज्वाइन करना चाहते हो तो मेरे आफिस का दरवाजा तुम्हारे लिये हर वक्त खुला है। उसके बाद एक दिन वह चुपचाप आया तो मैंने उसे अपने आफिस में नौकरी दी थी। उसके बाद धीरे–धीरे उसका प्रमोशन होता गया और आज वह इस पोस्ट पर पहुँचा है। इस समय आफिस में मेरे बाद उसका नम्बर है। मैंने उसको अपना डिप्टी बना लिया है।

पहले उसे बढ़िया क्वार्टर नहीं मिला था। लेकिन ज्यों–ज्यों नौकरी में उसका प्रोमोशन होता गया, त्यों–त्यों वह बढ़िया मकान किराये पर लेता गया।

उसके बाद जब उसकी तनख्वाह और बढ़ी तब उसने दफ्तर से लोन लेकर अपना मकान बना लिया। मैंने उसे आफिस से एडवान्स दिया।

मेरे मकान के पास एक जमीन थी, उसने उसी को खरीद लिया था। फिर धीरे-धीरे उसका मकान बन गया। जिस दिन वह उस मकान में गया उस दिन मैंने उसका मकान देखा।

मामूली हैसियत का आदमी होकर नरसिंहम बहुत तरक्की कर सका था, इसलिए मैं भी उससे बहुत प्रसन्न था। मैंने उसके नये मकान को अच्छी तरह देखा। मकान छोटा था, लेकिन बड़ा ही खूबसूरत बना था।

मकान देखने के बाद मैंने उससे कहा था–अब तुम शादी कर लो नरसिंहम

नरसिंहम ने कहा–हाँ सर, अब शादी करूँगा, लेकिन माँ-बाप की इच्छा है कि मैं उनकी राय से शादी करूँ।

मैंने कहा था–जरूर। जहाँ भी शादी करोगे, माँ-बाप की राय से करोगे। माँ-बाप या भाई-बहन, मेरा कहीं कोई नहीं था, इसलिए मैंने अपनी इच्छा से शादी की थी। लेकिन तुम वैसा मत करना नरसिंहम, शादी के मामले में उनकी राय को जरूर मानना।

नरसिंहम ने कहा–शादी करनी होगी तो सर, मैं मद्रास जाकर ही शादी करूँगा।

मैंने कहा था–जरूर। तुम जब भी छुट्टी लेना चाहोगे मिल जायेगी, मुझे बता देना।

उसने कहा था–ठीक है सर, अभी आडिट हो रहा है, यह खत्म हो जाने पर मैं छुट्टी लूँगा।

फिर वैसा ही तय हुआ था।

लेकिन उसी के बाद मेरी पत्नी बीमार पड़ी और उसकी बीमारी के कारण मैं दफ्तर जा नहीं सका। इसलिए वह भी छुट्टी नहीं ले सका और न उसकी शादी हो सकी।

फिर जब मैं दफ्तर जाने लगा तब मैंने उससे कहा–अब तुम चाहो तो छुट्टी ले सकते हो नरसिंहम चाहो तो अभी छुट्टी ले लो। कहीं शादी तय हुई?

नरसिंहम बोला–हाँ सर।

मैंने उसकी छुट्टी मंजूर की। उसने एक महीने की छुट्टी ली। एक महीने बाद वह अपनी पत्नी के साथ अपने नये मकान में लौट आया। एक दिन वह मुझे अपने घर ले गया। मैंने उसकी पत्नी को देखा। उसको बड़ी अच्छी पत्नी मिली थी, एकदम बंगाली लड़की-जैसी। उसकी पत्नी ने मेरे पाँव छूकर प्रणाम किया। मैंने भी उसे आशीर्वाद दिया।

मैंने अपनी पत्नी से नरसिंहम की पत्नी की तुलना की तो दोनों में बड़ा अन्तर पाया। नरसिंहम की पत्नी के पाँवों में महावर था और माँग में सिन्दूर, लेकिन मेरी पत्नी रीटा न तो कभी पाँवों में महावर लगाती है और न माँग में सिन्दूर ही भरती है। उसके तो बाल 'बॉब' किये हुए छोटे-छोटे हैं।

उस दिन मैं नरसिंहम के घर में ज्यादा देर नहीं रुका। उसकी पत्नी ने चाय दी थी। अगर मैं न पीता तो बुरा लगता, इसलिए मैंने चाय पी थी। नरसिंहम की पत्नी जानती थी कि मैं ही उसके पति का अन्नदाता हूँ। उसके पति ने अपनी जिन्दगी में जो कुछ तरक्की की थी, उसका कारण मैं हूँ। इसलिए उसके घर जाने से वह अपने को कृतार्थ मानने लगी थी और यह उसके व्यवहार से पता भी चल गया।

मैं लौट ही रहा था कि एक बात हो गयी जिससे मुझे बड़ा आश्चर्य हुआ। मैं वहीं रुक गया। देखा, दीवार में मेरा चित्र टँगा है।

उस चित्र की ओर मैं देख रहा हूँ देखकर नरसिंहम बोला-दफ्तर के एक ग्रूफ फोटो से उसे अलग कर एनलार्ज करवा लिया है।

मैंने पूछा-लेकिन उसे यहाँ क्यों टाँग रखा?

नरसिंहम बोला-सर, मैं उसे रखना चाहता हूँ। इसलिए आप इसके लिए मुझे मना मत कीजिये। आपने मेरे लिये जो कुछ किया है, उसे मैं जिन्दगी में कभी भूल नहीं सकता।

इस पर मैं क्या कह सकता था? बोला-मैंने क्या किया है नरसिंहम तुमने अपनी योग्यता के बल पर तरक्की की है।

इतना कहकर मैं अपने घर लौट गया।

देखिये डाक्टर, जो मेरा कर्मचारी है, उसके घर में सुख-शान्ति देखकर मुझे खुश होना चाहिए। लेकिन सच कहने में कोई हर्ज नहीं है कि उस दिन मुझे नरसिंहम से ईर्ष्या हुई थी। मैं उसका मालिक हूँ और वह मेरा कर्मचारी है। फिर भी वह मुझसे ज्यादा सुखी है और ज्यादा सम्पन्न।

मैंने घर लौटकर देखा कि रीटा तब तक नहीं लौटी है। मैंने अपने कमरे में जाकर पैण्ट-कमीज बदलकर ड्रेसिंग गाउन पहन लिया।

जब काफी रात हो गयी तब रीटा के घर लौटने की आवाज मिली। मेरी कार दरवाजे पर रुकी और उसका हार्न सुनायी पड़ा।

रीटा अन्दर आयी तो देखा मुन्ना भी उसके साथ लौटा है। मुन्ना के हाथ में ढेर-सारे पैकेट और उसके चेहरे पर हलकी मुस्कराहट है।

मैंने उससे पूछा-वह क्या है?

मुन्ना बोला-केक है।

रीटा बोली–उसने केक खाना चाहा तो मैंने खरीद दिया। उस दिन उसे यह केक बहुत पसन्द आया था।

मैंने रीटा से पूछा–क्या अभी तक न्यू मार्केट में ही थी?

रीटा बोली–नहीं, उसे लेकर पिक्चर देखने गयी थी। जंगली ऐडवेंचर की फिल्म लगी थी मैंने सोचा कि वह उसे जरूर पसन्द आयेगी।

मैंने मुन्ना को अपनी ओर खींच लिया और उससे पूछा–फ़िल्म तुम्हें अच्छी लगी है न?

मुन्ना बोला–जी हाँ, उसमें एक सिंह था और वह सिंह एक बाघ से खूब बोला–जी हाँ, उसमें एक सिंह था और वह सिंह एक बाघ से खूब लड़ रहा था।

इतने में रीटा बोली–आज एक मजेदार बात हो गयी। सिनेमा हाउस के सामने एक भिखारी का लड़का पैसा माँग रहा था। उसे देखकर मुन्ना रुक गया। यह देखकर मुझे बड़ा आश्चर्य हुआ। आखिर मैंने उससे पूछा–उसकी तरफ क्या देख रहे हो मुन्ना? इस पर मुन्ना ने क्या कहा, जानते हो? उसने कहा–मम्मी, उसे पैसे दे दीजिये।

मैंने पूछा–मुन्ना ने पैसे देने के लिए क्यों कहा?

रीटा बोली–यही तो मैंने भी सोचा। उसने यहाँ तो कभी भिखारी देखा नहीं था।

इतने में मुन्ना बोला–हमारे गाँव में वैसे लड़के हैं न! वैसे ही नंगे बदन, नंगे पाँव और उनको खाने को नहीं मिलता। क्या आपने उन लड़कों को नहीं देखा?

मैंने रीटा से कहा–तुमने उसे उन लड़कों को क्यों देखने दिया? अब शायद उसे अपने गाँव-घर की बात याद पड़ जाय।

रीटा बोली–मैं तो उस भिखमंगे को भगाने लगी थी। मैंने उससे कहा कि भाग यहाँ से। लेकिन मुन्ना एकाएक रोने लगा। उसने कहा–उसे क्यों भगा रही हैं मम्मी? उसे पैसे दीजिये न।

मैंने पूछा–फिर क्या हुआ?

रीटा बोली–मैंने उस लड़के को एक अठन्नी दी। वह अठन्नी लेकर चला गया। फिर मुन्ना ने एक दूसरे लड़के को दिखाकर कहा–वह देखिये, और एक लड़का खड़ा है। उसे भी पैसे दीजिये।

मैंने पूछा–फिर क्या हुआ?

उसके बाद जो कुछ हुआ था, रीटा ने बताया। वह सब सुनकर मेरे आश्चर्य का ठिकाना न रहा। सिनेमा हाउस के सामने कार खड़ी कर रीटा भिखारी बच्चों को पैसा

देने लगी थी। वह देखकर बहुत-से भिखारी आ जुटे थे। मुन्ना जिसको भी देखता था उसी को पैसा देने के लिए कहता था-हाँ, हाँ, उसी को पैसा दीजिये। उसे भी दीजिये। वह, उधर खड़े लड़के को पैसा नहीं दिया? सबको दीजिये मम्मी।

रीटा ने मुन्ना से कहा-अब टाइम नहीं है मुन्ना, फिल्म शुरू हो गयी होगी।

लेकिन मुन्ना किसी तरह नहीं मानता। कहता-उसको भी पैसा दीजिये। उसको पैसा नहीं देंगी तो मैं आपके साथ नहीं जाऊँगा।

अच्छी मुसीबत हो गयी! रीटा बोली-इस तरह पैसा बाँटती रहूँगी तो तुम पिक्चर नहीं देख पाओगे। पिक्चर चालू हो गया है। लेकिन तभी एक मजेदार बात हो गयी।

अचानक एक भिखारी लड़के ने आकर मुन्ना का हाथ पकड़ लिया। उसके कपड़े बहुत गन्दे थे और लगा कि वह बहुत दिनों से नहाया नहीं था। उसने मुन्ना का हाथ पकड़कर कहा-अरे मुन्ना, तू? तू यहाँ कैसे आया?

अब मुन्ना भी उसे पहचान गया। मुन्ना ने उससे पूछा-तू यहाँ क्या कर रहा है?

उस लड़के ने कहा-भीख माँगने के लिए कलकत्ते आया हूँ।

यह जवाब सुनकर रीटा हैरान हो गयी! उसने मुन्ना से कहा-मुन्ना, इधर आओ। उसको मत छुओ। वह गन्दा भिखमंगा है।

मुन्ना बोला-नहीं मम्मी, वह भिखमंगा नहीं है। वह मेरे गाँव का लड़का है। मैं उसे पहचानता हूँ। आप उसे पैसा दीजिये।

रीटा बोली-पहले उसका हाथ तो छोड़ो। देखते नहीं कि वह कितना गन्दा है!

मुन्ना बोला-वह मेरा दोस्त माणिक है मम्मी।

अब रीटा ने माणिक नाम के उस भिखमंगे लड़के को खदेड़ना चाहा-अरे! भाग! भाग यहाँ से। भीख क्यों माँग रहा है?

मुन्ना ने घबड़ाकर कहा-उसे मत मारिये मम्मी, वह मेरा दोस्त है। मयराडाँगा का है। उसे मत मारिये।

रीटा बोली-मारूँगी, जरूर मारूँगी। देखते नहीं कि वह कितना डर्टी बॉय है। ऐसे बच्चे चोर होते हैं। अब भिखारी बनकर कलकत्ते में भीख माँग रहे हैं। ये सब दिन में भीख माँगते हैं और रात को चोरी-डकैती करते हैं।

फिर रीटा ने उस लड़के को डाँटा-भाग! भाग जा यहाँ से।

इतने में मुन्ना रीटा का हाथ छुड़ाकर माणिक की ओर तेजी से बढ़ गया। वह बोला-माणिक तू, यहाँ क्या कर रहा? चल, हमारे घर चल।

माणिक ने मुन्ना से पूछा–वह कौन है रे?

मुन्ना बोला–वह मेरी मम्मी हैं।

माणिक ने पूछा–मम्मी क्या है?

मुन्ना बोला–यह तो मैं नहीं जानता। सबने मुझसे कहा है कि इनको मम्मी कहा करो तो मैं इनको मम्मी कहता हूँ। चल, मैं तुझे अपने घर ले चलूँगा। तू इस तरह सड़क पर क्यों भीख माँग रहा है?

माणिक बोला–मुझे दो दिन से खाना नहीं मिला। बहुत तेज भूख लगी है। तेरे घर जाऊँगा तो तू मुझे खाना खिलायेगा?

मुन्ना बोला–हाँ, खिलाऊँगा। जानता है? हमारे घर बहुत खाना है। रसगुल्ला है, राजभोग है, चाकलेट है।

माणिक की दोनों आँखें बड़ी–बड़ी हो गयीं। उसने कहा–मुझे रसगुल्ला बहुत अच्छा लगता है। मैंने यहाँ मिठाई की दुकानों में रसगुल्ला देखा है।

मुन्ना माणिक से बातें करने लगा था और तभी रीटा न जाने कहाँ से पुलिसवाले को बुला लायी। मुन्ना और माणिक किसी को इसका पता नहीं चल पाया था। दोनों बात करने में लगे थे। पुलिसवाले ने आकर माणिक की गर्दन पर हाथ रखा तो माणिक चौंक पड़ा। उसने नजर उठायी तो सामने पुलिसवाला खड़ा था। पुलिसवाले को देखते ही उसने भागना चाहा। लेकिन उसके पहले ही पुलिसवाले ने उसे पकड़ लिया और उसके गाल पर थप्पड़ जमा दिया। पुलिसवाले का थप्पड़ खाकर वह सड़क पर गिर पड़ा।

इस पर मुन्ना ने चिल्लाकर विरोध किया–क्यों मारा? उसे क्यों

मारा?

रीटा ने मुन्ना का हाथ पकड़कर अपनी तरफ खींचा। कहा–छिः, डोण्ट बी नॉटी। शरारत नहीं करनी चाहिए। पुलिसमैन ने ठीक किया है। उसे अपनी ड्यूटी करने दो।

लेकिन मुन्ना किसी तरह नहीं माना। उसने कहा–वह तो मेरा दोस्त है। मैं उसे जानता हूँ। उसे पुलिसवाला क्यों मारेगा? उसने कौन–सी गलती की है।

मुन्ना के इतने सारे सवालों का जवाब देना रीटा ने उचित नहीं समझा। वह झटपट उसका हाथ पकड़कर सिनेमा हॉल में चली गयी। उसके बाद उस अँधेरे कमरे में पहुँचकर मुन्ना को कुछ सोचने का मौका नहीं मिला। तब तक फिल्म भी शुरू हो गयी और परदे पर सिंह और बाघ लड़ने लगे। फिर मुन्ना सिंह और बाघ की लड़ाई देखने में तल्लीन हो गया और उसे माणिक की बात याद न रही। पुलिसवाले

को भी वह भूल गया। जंगली ऐडवेंचर की फिल्म ने उसे माणिक, पुलिसवाला और मयराडाँगा वगैरह सब-कुछ भुला दिया।

सब-कुछ सुन लेने के बाद मुझे चिन्ता होने लगी कि यह तो ठीक नहीं है।

मुन्ना सो चुका था। रीटा बोली-दिन-पर-दिन मुन्ना की आदत बिगड़ती जा रही है। बताइये, अब उसे लेकर क्या करूँ? आज अगर मैं पुलिसवाले को न बुलाती तो पता नहीं कितना परेशान होना पड़ता। चान्स की बात है कि पुलिसवाला दिखायी पड़ गया, इसलिए उसे बुला लिया।

यह सब सुनकर मुझे भी अपने जीवन की पुरानी बातें याद आ गयीं। आज पुलिसवाले ने जैसे माणिक को गर्दन पकड़कर भगाया वैसे मुझे भी तो कितने ही दिन भगाया था। इस बहुत बड़े शहर कलकत्ते में भी तो कितने ही दिन भूखों रहना पड़ा था डाक्टर। ऐसी कितनी रातें मैंने इसी शहर में बितायीं कि तेज बारिश होती रही और मुझे किसी मकान की बरसाती के नीचे शरण नहीं मिली। जहाँ भी गया, पुलिसवाले ने मुझे भगा दिया। मैं भी तो मुन्ना का वही दोस्त था, लेकिन मेरा नाम कुछ और था।

रीटा से सारी कहानी सुन लेने के बाद भी मैं मुन्ना पर गुस्सा न कर सका। उस माणिक पर भी नाराज न हो सका। भला, कैसे नाराज होता? अगर नाराज होता तो पहले अपने पर नाराज होना पड़ता।

फिर रीटा बोली-कल आप मुन्ना को जरा डाँट दीजियेगा। समझ गये।

मैं सहमत हो गया। कम-से-कम कह तो दिया-हाँ, डाँट दूँगा।

रीटा बोली-यह भी बता दीजियेगा कि वह पहले जो कुछ था, अब नहीं है, अब वह इस घर का लड़का है। इस घर की इज्जत रखने के लिए उसे सड़क के गन्दे लड़कों से दूर रहना पड़ेगा।

मैंने कहा-हाँ, हाँ, मैं उसे समझा दूँगा।

फिर मैं लेट गया। लेटे-लेटे मैं सोचता रहा कि अब तो वे लोग नहीं आते, बच्चे का हाल-चाल लेने भी नहीं आते। मयराडाँगा का वह भैरव अड्डी और उसकी वह मौसी? हाँ, अब वे लोग किसलिए आयेंगे? यह लड़का तो उनके लिए बोझ था और जब वह बोझ मैंने अपने ऊपर ले लिया तब तो उनको छुट्टी मिल गयी। वे लोग तो अपनी आँखों से देख रहे हैं कि उनका लड़का एक अमीर के घर पहुँच गया है। वे लोग समझ गये हैं कि इस घर में रहने पर कभी उनके लड़के को खाने-पहनने की तकलीफ नहीं होगी। जिन्दगी भर वह आराम से रहेगा। इसलिए अब उनको अपने बच्चे के लिए परेशानी से छुटकारा मिल गया है।

फिर डाक्टर, वह मुन्ना कुछ बड़ा हो गया।

तब मुन्ना को स्कूल में भरती करा दिया गया। कलकत्ते के सबसे अच्छे स्कूल में उसे भेजा गया। कलकत्ते के सारे वी० आई० पी० अपने बच्चों को वहीं पढ़ाते हैं। मिनिस्टर, राइटर्स के सेक्रेटरी और जज वगैरह अपने बच्चों को उसी स्कूल में भेजते हैं। दार्जिलिंग और देहरादून में भी अच्छे-अच्छे स्कूल हैं। वहाँ के किसी स्कूल में मुन्ना को पढ़ाने लायक पैसा भी मेरे पास था डाक्टर, लेकिन वह हम लोगों का इकलौता बेटा था, बड़ी मुश्किल से वह मिला था, इसलिए हम उसे दूर नहीं भेजना चाहते थे। फिर यह भी डर था कि कहीं रीटा की बीमारी न बढ़ जाय। कहीं वह फिर पहले की तरह पागलपन न करने लगे।

डाक्टर ने भी बता दिया था–बच्चे को हर वक्त मिसेज सेन के पास रखियेगा। कभी उस बच्चे को मिसेज सेन से दूर न कीजियेगा।

इसलिए सारी बातें सोचकर मैंने मुन्ना को कलकत्ते में पढ़ाने का निश्चय किया। फिर एक दिन रीटा खुद उसे फैशनेबुल स्कूल में भरती कर आयी।

प्रिन्सिपल ने स्वयं मुन्ना का टेस्ट लिया।

उन्होंने पूछा–तुम्हारा क्या नाम है?

मुन्ना ने कहा–देवव्रत सेन।

–तुम्हारे पिताजी का क्या नाम है?

मुन्ना ने उत्तर दिया–मिस्टर पी० सेन।

फिर प्रिन्सिपल ने कहा–वेरी गुड।

उन्होंने रीटा की तरफ देखकर कहा–मिसेज सेन, आपका बेटा बड़ा ब्राइट है। वेरी इण्टेलीजेण्ट। मैं इसके बारे में स्पेशल केअर लूँगा। यू डोण्ट वरी। आप जरा भी मत सोचिये।

उसके बाद प्रिन्सिपल को न जाने क्या सूझा, उन्होंने पूछा–क्या इसको खेलना बहुत पसन्द है? स्पोर्ट्स में बहुत इण्टरेस्ट लेता है न?

मिसेज बोली–जी हाँ, बहुत इण्टरेस्ट लेता है। फुटबाल मैच देखना इसे बहुत पसन्द है।

प्रिन्सिपल बोला–वह तो होना ही चाहिए। मिस्टर सेन भी तो स्पोर्ट्स में इण्टरेस्ट लेते हैं।

मिसेज बोली–जी हाँ, वे तो लेते ही हैं। मुझे भी उधर बड़ा इण्टरेस्ट है। अब तो उनको फुर्सत ही नहीं मिलती।

प्रिन्सिपल बोले–इसीलिए इसका हेल्थ इतना अच्छा है। इसे माता-पिता का स्वभाव मिला है। खैर, मैं यह कह रहा हूँ कि अब इस छोटी उम्र में यह इतना

बुद्धिमान् है, तब बड़ा हो जाने पर इसकी बुद्धि जरूर तीव्र होगी। मैं जो कह रहा हूँ, वह सही निकलता है या नहीं, आप देख लीजियेगा। बड़ा होने पर यह अपने बाप के समान इण्टेलीजेण्ट होगा।

आम तौर पर किसी स्कूल का प्रिन्सिपल किसी बच्चे की माँ से इतनी बातें नहीं कहता। लेकिन उन्होंने मेरा नाम सुन लिया था न, इसलिए फ्लैटरी करने लगे थे। खैर, कुछ भी हो डाक्टर, मैं इन सारी बातों को लेकर सोचा नहीं करता था। मुन्ना मेरा अपना बेटा नहीं है, यह तो मुझे और मेरी मिसेज को पता है, प्रिन्सिपल तो उसे हमारा ही बेटा समझ रहे थे। फिर प्रिन्सिपल यह भी जान चुके थे कि मुन्ना मिस्टर पल्टू सेन याने ग्रियर्सन ऐण्ड कम्पनी लिमिटेड के मैनेजिंग डाइरेक्टर का लड़का है, शायद इसलिए उन्होने थोड़ी खुशामद कर दी।

खुशामद चीज तो अच्छी है डाक्टर। जिसकी ख़ुशामद की जाती है और जो खुशामद करता है, दोनों के लिए वह अच्छी है। लेकिन उसकी भी एक डिग्री है, उसकी भी एक सीमा है। उस सीमा को पार कर जाने पर खुशामद किसी के लिए अच्छी नहीं रहती–न उसके लिए जिसकी खुशामद की जाती है और न उसके लिए जो खुशामद करता है।

खैर, वह खुशामद मुझे अच्छी लगे या बुरी, उससे मेरा कुछ नहीं बनता-बिगड़ता था। मुन्ना एक अच्छे स्कूल में भरती हो गया, मुझे इसकी खुशी जरूर थी। फिर उसी दिन से इन्तजाम हो गया कि मेरा निजी ड्राइवर मदन रोज सवेरे मुन्ना को स्कूल पहुँचा आयेगा और छुट्टी होने से पहले स्कूल के सामने कार लिये खड़ा रहेगा ताकि घर लौटने में मुन्ना को कोई परेशानी न हो। इस तरह मुन्ना को स्कूल ले जाने और वहाँ से ले आने का जिम्मा मेरे खास ड्राइवर पर पड़ा।

इस प्रकार मैं निश्चिन्त हो गया।

उस दिन से मैं दफ्तर के काम में अधिक ध्यान दे सका। मेरे दफ्तर में उस समय बजट का काम चल रहा था। दफ्तर के दो मामलों में मेरा बहुत अधिक ध्यान रहता है। हमारी कम्पनी का बोर्ड ऑव डाइरेक्टर तो है और उस बोर्ड के लोग कम्पनी के सभी कामों के लिए उत्तरदायी होते हैं। लेकिन हर काम का उत्तरदायित्व मुझको ही ज्यादा लेना पड़ता है। हाँ, तो जिन दो मामलों में मेरा ध्यान रहता है, उनमें से पहला है बजट और दूसरा है आडिट। याने, हिसाब-किताब। मेरा चार्टर्ड एकाउण्टेण्ट चाहे कुछ भी करे, मैं वह सब देखकर ही बोर्ड ऑव डाइरेक्टर्स के सामने पेश करता हूँ। मिस्टर ग्रियर्सन मुझे ऐसा करने को सिखा गये थे।

उस बार बजट बन जाने के बाद मुझे बाहर जाना पड़ गया। याने इण्डिया के बाहर जाने की जरूरत पड़ गयी। कम्पनी के काम से ही जर्मनी जाना था।

मैंने उससे पहले डाक्टर से सलाह ली। मैंने उनसे पूछा–क्या इस हालत में मैं सात दिन के लिए जर्मनी जा सकता हूँ?

डाक्टर को सब-कुछ पता था। उन्होंने पूछा–अब तो मिसेज सेन नार्मल हैं?

मैंने कहा–जी हाँ, पूरी तरह नार्मल। कहीं कोई गड़बड़ नहीं है।

–देवव्रत स्कूल जा रहा है?

मैंने कहा–जी हाँ, जा रहा है और नियमित जा रहा है। उसका तो सवेरे का स्कूल है। वह सवेरे ही स्कूल चला जाता है और दोपहर में बारह बजे तक लौट आता है। फिर दिन भर वह मिसेज के साथ रहता है। शाम को मैं मिसेज को साथ लेकर क्लब जाता हूँ या न्यू मार्केट, नहीं तो गंगा किनारे चला जाता हूँ। इससे मिसेज का मिजाज भी ठीक रहता और मुन्ना का मन भी बहल जाता है।

डाक्टर ने पूछा–अब तो देवव्रत सड़क के बच्चों से नहीं मिलता-जुलता? उस बार सिनेमा हाउस के सामने ऐसी बात हो गयी थी न–

मैंने कहा–जी नहीं। उस घटना के बाद हम दोनों सावधान हो गये हैं। अब मुन्ना को किसी से मिलने-जुलने का मौका ही नहीं मिलता। हम लोग उसे बराबर अपनी निगाह के सामने रखते हैं।

डाक्टर बोले–वेरी गुड। फिर आप सात-दिन के लिए बाहर जा सकते हैं। लेकिन हाँ, वहाँ से रोज एक बार मिसेज को फोन कर लिया कीजियेगा।

फिर हमने डिप्टी नरसिंहम को सारा काम समझा दिया। मैं जब तक कलकत्ते नहीं रहूँगा, तब तक सारा काम उसी को सँभालना था फिर एक दिन मैं जर्मनी रवाना हो गया। इसके पहले मैंने मिसेज को समझा दिया कि मुन्ना को अपनी निगाह से दूर मत होने देना। इसके लिए डाक्टर ने मुझसे कहा है।

उसके बाद मैं चल पड़ा। कलकत्ते में क्या हो रहा है, मैं कुछ भी नहीं जानता। जर्मनी पहुँचकर होटल से मैंने अपने घर टेलीफोन किया। रीटा ने फोन रिसीव किया।

मैंने पूछा–तुम अच्छी हो न रीटा?

रीटा बोली–जी हाँ।

–मुन्ना? मुन्ना कैसा है?

रीटा बोली–ठीक है।

–स्कूल जा रहा है?

रीटा बोली–जी हाँ। जा रहा है। मैं उसके साथ हेवी टिफिन दे देती हूँ, एग्स और आठ सैण्डविच। है न बहुत ज्यादा? लेकिन उसके लौटने पर उसका टिफिन-बाक्स खोलकर देखती हूँ कि उसने सब खा लिया है। घर लौटने पर भी उसे भूख रहती है और वह खूब खाता है।

–और पढ़ाई? पढ़ाई कैसी चल रही है?

रीटा बोली–मैं तो उसकी कापियाँ खोलकर देखती हूँ, सबमें अच्छी रिपोर्ट रहती है।

इसके बाद मेरे लिये और कुछ कहने को नहीं रहता। मैं रिसीवर रख देता हूँ। दूसरे दिन रात में फिर इस तरह बातें होती हैं। इस तरह की बातें रोज होती हैं।

इस तरह तीन-चार दिन बीते। लेकिन पाँचवें दिन जो कुछ हुआ उससे मेरा दिल काँप उठा।

रोज की तरह मैंने टेलीफोन पर पूछा–क्या हुआ रीटा, कैसी हो?

दूसरी तरफ से रीटा का जवाब मिला–मुन्ना नहीं मिल रहा है।

मैं तो हैरान हो गया। पूछा–क्यों? क्या हुआ था? जल्दी बताओ। ज्यादा वक्त नहीं है। पुलिस को खबर कर दी न?

रीटा का स्वर रुआँसा था। उसने कहा–जी हाँ, पुलिस को खबर कर दी है। पुलिसवाले पता लगा रहे हैं। आप तुरन्त चले आइये। मुझे कुछ भी अच्छा नहीं लग रहा है।

उसके बाद ज्यादा बात करने की इच्छा नहीं हुई। रीटा से बात खत्म कर एअरपोर्ट में टेलीफोन किया और इण्डिया लौटने का सारा इन्तजाम कर लिया। फिर दूसरे दिन ही जर्मनी से रवाना हो गया। कलकत्ते लौटकर सीधे घर पहुँचा। उस समय रात के ग्यारह बज गये थे।

रीटा मेरे लिये जगी बैठी थी। मुझे देखकर वह ज्यादा गम्भीर हो गयी। वह न रोयी और न उसने कोई शिकायत की। सिर्फ उसकी मुद्रा गम्भीर बनी रही।

मैं डर गया। उसे वही पुरानी बीमारी तो फिर नहीं हो गयी? अगर फिर वही बीमारी हो जाय तो बड़ी मुश्किल हो जायेगी।

असल में डाक्टर, मनुष्य की जिन्दगी ही ऐसी शायद है। अभी आशा, अभी निराशा। अभी लगा कि सब-कुछ खो गया ओर दूसरे ही क्षण लगा कि नहीं, कुछ भी नहीं खोया है, कोई भी डर नहीं है और सब-कुछ ठीक-ठाक हैं। बचपन से आज तक मेरे जीवन में ऐसा ही होता आया है।

कुछ ही दिन पहले तक मुझे कितनी आशा थी और कितनी खुशी थी। रीटा स्वस्थ हो गयी थी और उसका मन आशा से भर उठा था। बिन माँगे मोती की तरह मुन्ना हमारे घर में आ गया था। हमें कितनी आशा थी कि वह बड़ा होगा, वह मेरी फर्म की प्रतिष्ठा को बढ़ायेगा और उसी के हाथ में हमारा भविष्य सुरक्षित रहेगा। कितनी आशाएँ मेरे मन में थीं। मैं दोबारा कितना ज्यादा उत्साह लेकर कम्पनी का काम करने लगा था। लेकिन उस समय क्या पता था कि दो ही चार दिन बाद मेरी सारी आशाएँ सपना बन जायेंगी और फिर मैं निराशा के सागर में गोता लगाने लगूँगा।

फिर मैंने देर नहीं की। घर लौटते ही मैंने अपने इलाके के थाने में फोन किया।

टेलीफोन पर मैंने अपना नाम बताया। नाम में कितनी महिमा होती है यह तो मैं उसी दिन से समझने लगा था, जिस दिन मैं पहले पहल बड़ा आदमी बना था।

थाने के ओ० सी० ने कहा–जी सर, मैं पता लगा रहा हूँ सर। मेरी निगाह हर तरफ है सर, ताकि आपका लड़का बहुत जल्दी मिल जाय।

मैंने पूछा–क्या आपने स्कूल में पूछताछ की है?

ओ० सी० ने कहा–जी सर। आपकी मिसेज से कम्प्लेन मिलते ही मैं उस स्कूल में गया जहाँ आपका लड़का पढ़ता है। वहाँ प्रिन्सिपल से मिलकर मैंने सारी घटना का पता लगा लिया है। उस दिन आपका ड्राइवर ठीक समय पर स्कूल गया था, लेकिन आपका लड़का देवव्रत नहीं मिला। यों वह रोज कार के लिए इन्तजार करता है। खैर, प्रिन्सिपल को उस समय कोई शक नहीं हुआ। लेकिन आपका लड़का कहाँ गया, यह कोई बता नहीं सका। स्कूल की छुट्टी होते समय दरबान ने उसे देखा था, लेकिन जब ड्राइवर पहुँचा तब वह नहीं मिला।

मैंने कहा–अब क्या होगा? अड़तालीस घण्टे पार हो गये और अब भी आप लोग उसका पता नहीं लगा सके तो क्या कभी उसका पता लग सकेगा? अगर गुण्डे उसे कहीं बाहर ले जायँ तो?

ओ० सी० बोले–मैं तो पता लगा रहा हूँ सर। सभी थानों को मेसेज भेजा गया है। मुझे पूरी उम्मीद है कि वह बहुत जल्दी मिल जायेगा। आप सर, और एक दिन का टाइम दीजिये।

मैंने टेलीफोन रख दिया। उसके बाद मदन को बुलाया। मदन मेरा ड्राइवर है। वही मुन्ना को स्कूल ले जाता था और वहाँ से उसे ले आता था।

मदन मेरे सामने आकर डर के मारे काँपने लगा था।

फिर उस दिन जो कुछ हुआ था, उसने सब बताया।

मैंने पूछा–फिर तूने क्या किया?

मदन बोला–हुजूर, मैंने दरबान से पूछा। दरबान ने बताया–आपका लड़का तो स्कूल में नहीं है ड्राइवर साहब।

फिर मदन ने दरबान से कहा–स्कूल में नहीं है तो वह कहाँ गया?

तब दरबान मुश्किल में पड़ गया। आखिर उसकी भी तो जिम्मेदारी है। वह देर तक वहीं इन्तजार करता रहा। सोचा, शायद वह स्कूल के अन्दर किसी लड़के से बात कर रहा हो। फिर एक-एक कर स्कूल के सभी लड़के घर चले गये और स्कूल एकदम खाली हो गया। जितनी कारें वहाँ खड़ी थीं, सब अपने बच्चों को लेकर चली गयीं। सिर्फ मदन अपनी कार लिये इन्तजार करता रहा।

फिर मदन को भी डर लगने लगा। घर लौटकर वह मेम साहब से क्या कहेगा? उसी की तो ड्यूटी है, मुन्ना को स्कूल ले जाना और वहाँ से घर ले आना। अब मुन्ना नहीं मिला तो वह खाली कार लिये घर लौटकर मेम साहब को क्या जवाब देगा?

लेकिन अन्त तक मुन्ना नहीं मिला। तब वह हारकर खाली कार लिये घर लौट आया।

फिर मेम साहब के पास जाकर उनको सारा हाल बताते ही वे मदन पर बिगड़ गयीं–कहाँ है मुन्ना? दरबान से पूछा था?

मदन बोला–जी हाँ मेम साहब, दरबान कुछ बता नहीं पाया।

रीटा बोली–दरबान कुछ बता नहीं पाया और तूने उसकी बात पर विश्वास कर लिया?

फिर मदन के पास जवाब देने लायक कुछ नहीं था, वह अपराधी की तरह चुपचाप खड़ा रहा।

हाँ, तो रीटा उसी वक्त स्कूल में प्रिन्सिपल के पास गयी। वहाँ कोई सन्तोषजनक उत्तर नहीं मिला तो वह सीधे थाने पहुँची। वहाँ उसने इस घटना की रिपोर्ट की।

मैंने सारी घटना सुन ली। उस समय रात भी बहुत हो गयी थी। मैं सोने चला गया। रीटा भी अपने कमरे में गयी। लेकिन उस रात किसी को नींद नहीं आयी। आखिर कैसे नींद आती?

दूसरे दिन सवेरे उठकर मैं स्कूल गया। वहाँ भी वही एक उत्तर मिला। प्रिन्सिपल ने दुःख प्रकट किया, सहानुभूति के दो–चार शब्द कहे और मेरे सामने स्टाफ को बुलाकर डाँटा–फटकारा। लेकिन उससे कोई फायदा नहीं हुआ।

वहाँ से मैं थाने गया।

थाने में भी वही एक उत्तर मिला। पता लगा रहा हूँ। एक–दो दिन और मौका दीजिये। यही सब। लेकिन कोई भी नहीं समझ सका कि मेरे और मेरी पत्नी के मन की क्या हालत हो रही है।

फिर उस दिन से मैं दफ्तर नहीं जा सका। मैंने दफ्तर में नरसिंहम को टेलीफोन कर दिया कि विशेष काम से मैं आफिस नहीं आ सकूँगा।

मेरी मुसीबत भी कुछ ऐसी थी जिसके बारे में मैं किसी से कुछ कह नहीं पाता था। इससे मानसिक अशान्ति बहुत बढ़ जाती है। मेरी मुसीबत के साथ एक तरह की लज्जा भी जुड़ी हुई थी। मेरा बच्चा नहीं हुआ। लेकिन उसके लिए न मैं जिम्मेदार हूँ और न मेरी पत्नी। फिर भी मानो यह एक तरह से लज्जा की बात है।

रुपया-पैसा न होने पर भी लोगों को लज्जित होना पड़ता है, लेकिन सन्तान न होने की लज्जा उससे बढ़कर है।

मैं दिनभर सोचता रहा कि क्या किया जाय? कई बार थाने में टेलीफोन किया, लेकिन थानेवालों को भी मुन्ना का कोई पता नहीं चला था। मैंने रीटा के कमरे के सामने जाकर उसके दरवाजे पर दस्तक दी, लेकिन अन्दर से कोई जवाब नहीं मिला। मैंने कई बार रीटा का नाम लेकर बुलाया।

अन्दर से रीटा का जवाब नहीं मिला।

मैंने कई बार आवाज दी, लेकिन कोई लाभ नहीं हुआ।

लेकिन दफ्तर में मैं एक बार भी घण्टी बजाता हूँ तो तुरन्त मेरा चपरासी मेरे सामने आकर सलाम करके खड़ा हो जाता है। मेरे एक इशारे के लिए लोग हाथ बाँधे खड़े रहते हैं। वहाँ सब मुझसे डरते हैं। और सब मेरी इज्जत करते हैं। मैं सिर्फ उनका मालिक ही नहीं हूँ, बल्कि उनका अन्नदाता और शुभाकांक्षी भी हूँ।

अब समझ लीजिये डाक्टर, कि मेरा जीवन कितना जटिल है! शायद हर मनुष्य के जीवन में ऐसी जटिलता है। हम एक तरफ पति हैं तो दूसरी तरफ पिता, एक तरफ मालिक हैं तो दूसरी तरफ नौकर। मेरे जो नौकर हैं, वे भी तो किसी के पिता और किसी के पति हैं। वहाँ अपने-अपने परिवार में वे सब स्वामी हैं, लेकिन मेरे सामने आते ही वे भृत्य और मेरे कर्मचारी बन जाते हैं। मेरे सामने उनकी कोई स्वतन्त्र सत्ता नहीं होती। मैं जिसको जैसा हुक्म करूँगा, वह वैसा ही काम करेगा।

मैंने एक बार सोचा कि शायद मुन्ना अपनी मौसी के पास मयराडाँगा चला गया है।

इसलिए तय किया कि उसी दिन मयराडाँगा जाऊँगा। शायद वहाँ जाने पर मुन्ना का पता चल जाय।

तीसरे पहर रीटा अपने कमरे से निकली।

तब मैंने उसको अपनी योजना के बारे में बताया।

लेकिन वह किसी तरह मेरे साथ चलने को तैयार नहीं हुई। वह बोली-क्या मैं भिखमंगी हूँ? क्या मैं बेगर हूँ?

मैं बोला-तुम क्यों भिखारिन होगी? इसमें हमारे भिखारी होने की बात कहाँ से आ गयी? हमारा लड़का खो गया है, उसका पता लगाने जाना क्या भीख माँगना हो गया? लड़के की बात तो अलग है, किसी का जानवर भी खो जाता है तो वह उसका पता लगाता है और पुलिस को खबर करता है। यह तो एक छोटा लड़का है। हो सकता है कि वह अपनी मौसी के पास चला गया हो।

इतने दिन, एक साल से ऊपर मुन्ना हमारे घर था, इसलिए रीटा से उसका स्नेह का सम्बन्ध बन गया था। वह उसके साथ खेलती थी। मुन्ना भी रीटा को मम्मी कहकर पुकारता था। इसलिए उससे स्नेह हो जाना स्वाभाविक था। वह हमारे घर का एक सदस्य बन गया था। कोई अगर चिड़िया या कुत्ता पालता है तो उससे प्यार करने लगता है और यह तो एक मानव शिशु था।

फिर मजे की बात यह भी है कि मुन्ना की मौसी भी एक बार नहीं आती। पता नहीं, कैसी मौसी है! वह एक बार शुरू में हमारे घर आयी थी। उस समय मुन्ना बीमार पड़ा था। लेकिन उसके बाद वह फिर कभी मुन्ना को देखने नहीं आयी।

इसलिए रीटा भी कहती थी–देखिये, मुन्ना कैसा हमारा अपना बन गया है।

मैं भी इस बात को महसूस करता था और मुझे बड़ा आश्चर्य लगता था। हमारे पास रुपया-पैसा है, हमारे घर हर तरह का आराम है, इसलिए मुन्ना अपनी मौसी तक को कैसे भूल गया। मुन्ना के लिए हमने घर में चिड़ियाँ पाली थीं और उसे छोटी साइकिल खरीद दी थी। वह अपनी मौसी को भूल जाय, इसके लिए हमने अपनी तरफ से हर उपाय किया था। न्यू मार्केट जाकर उसने जब जो चीज खरीदनी चाही, वही उसे दी गयी। उसकी हर इच्छा पूरी की गयी। लेकिन हमारी भी एक इच्छा थी कि उसे खूब पढ़ायेंगे और लायक बनायेंगे। एक दिन उसी को तो ग्रियर्सन कम्पनी की बागडोर सँभालनी थी। इसलिए उसको उसके योग्य बनाना ही था। सिर्फ योग्य नहीं, उसे योग्यतम बनाना था। लेकिन इस तरह सारी आशाएँ निर्मूल हो जायेंगी, यह कैसे सोच सकता है?

हमारी कार मयराडाँगा जा रही थी।

मदन मेरा एक्सपर्ट ड्राइवर है। उसे पता है कि मयराडाँगा कहाँ है? उसे कुछ बताने की जरूरत नहीं पड़ती।

मैंने मदन को बहुत डाँटा था। उससे कहा था–असल में तेरा ही दोष है। तू जरूर देर से कार लेकर गया था। तुझे न देखकर मुन्ना सड़क पर निकल गया होगा।

इस पर मदन ने कहा था–नहीं सर, मैं रोज जिस समय गाड़ी ले जाता हूँ, उसी समय ले गया था।

डाक्टर, मैं हमेशा भाग्य को मानता आया हूँ। मेरा अपना जीवन भी तो भाग्य का ही खेल है। मैं गरीब था तो वह भी जिस तरह भाग्य का खेल था, उसी तरह मेरा अमीर बनना भी भाग्य का ही खेल है। लेकिन किसके भाग्य में क्या है, यह तो पहले से मालूम नहीं हो पाता, इसलिए जब हम पर मुसीबत आती है तब हम तर्कसंगत ढंग से उस समस्या का समाधान चाहते हैं। इसलिए मैंने भी कभी स्कूल को दोषी ठहराया तो कभी उसके दरबान को, कभी अपने ड्राइवर को दोषी ठहराया तो कभी अपने-आपको ही।

लेकिन उस समय मुझे क्या पता था कि मेरे भाग्य में और भी बड़ी ट्रेजेडी लिखी हुई है।

खैर, वह मैं आपको बाद में बताऊँगा। अभी मयराडाँगा के बारे में बता दूँ।

हम उसी पुराने मयराडाँगा पहुँचे। वही धूल और कीचड़ से भरी सड़क। कार के पहिये कीचड़ में फँसने लगे। आगे कार ले जाना सम्भव नहीं हुआ। मैं वहीं रीटा के साथ कार से उतरा।

रीटा पहले कार से उतरने को तैयार नहीं हुई। कभी उसे इस मयराडाँगा में अपमानित होना पड़ा था। कभी यहीं से उसे रोकर कलकत्ते लौटना पड़ा था। इसलिए अब वह फिर क्यों मयराडाँगा आना चाहेगी?

लेकिन मेरे समझाने पर वह कार से बाहर निकली।

मैंने उससे कहा कि मुन्ना की मौसी तो वैसी नहीं है। वह तो खुद अपने भानजे को हमारे पास छोड़ आयी थी। इसलिए उसके पास जाने में किस बात का संकोच हो सकता है? मैंने रीटा से कहा कि देखना, वह कभी हमारे साथ बुरा व्यवहार नहीं करेगी। ऐसा भी तो हो सकता है कि मुन्ना को मौसी की याद आने लगी थी और उससे रहा नहीं गया तो वह यहाँ चला आया।

रीटा बोली–अगर वह मुझसे कहकर आता तो क्या मैं उसे आने न देती? क्या मैं उसको मना करती?

मैंने कहा–हाँ, हाँ, तुम मुन्ना से यही कहना।

मैं रीटा को साथ लिये उसी कीचड़भरे रास्ते से चलने लगा। इसके पहले जब यहाँ आया था, तब भी कार से उतरकर इसी तरह पैदल चलना पड़ा था। कुछ दूर जाने के बाद मयराडाँगा के एक-दो लोगों से मुलाकात हो गयी।

मैंने एक से पूछा–भाई, तुम भैरव अड्डी को जानते हो?

इस पर उसने और उसके साथी ने कहा–जी हाँ लेकिन वह तो मर गया है।

मेरे आश्चर्य का ठिकाना न रहा।

कहा–मर गया है?

–जी हाँ, उसके मरे छह महीने हो गये हैं। उस बेचारे का कहीं कोई नहीं था, इसलिए हमीं लोग उसे श्मशान ले जाकर जला आये। बेचारा बड़े कष्ट में था, लेकिन था बड़ा भला आदमी, हमेशा दूसरों का भला किया करता था।

मैंने कहा–उसकी तो एक मौसी भी थी, क्या उसको जानते हो?

–मौसी?

मैंने कहा–हाँ, मौसी। उस मौसी का एक छोटा भानजा था, जिसका नाम मुन्ना है। उस मौसी का घर बता सकते हो?

अब उनमें से एक को मानो पुरानी बात याद पड़ गयी। उसने कहा–जी हाँ। उसने तो अपने भानजे को कलकत्ते में किसी रिश्तेदार के घर भेज दिया था। उसका वह रिश्तेदार बड़ा पैसेवाला है। उस रिश्तेदार ने उस बच्चे को गोद लिया है। मौसी बेचारी विधवा थी, दूसरों के घर काम करके अपना खर्च चलाती थी। उसके भानजे का ठिकाना लग गया तो वह भी दूसरी जगह काम लेकर मयराडाँगा छोड़कर चली गयी। सुना है वह किसी बाबू के घर काम करती है और वहीं उसे खाना–कपड़ा मिल जाता है। इसलिए वहीं रहती है, यहाँ नहीं आती।

मैंने फिर पूछा–अब वह यहाँ नहीं आती?

–जी नहीं।

मैं समझ नहीं पाया कि अब क्या किया जाय।

रीटा बोली–चलिये, अब यहाँ रुकने की जरूरत नहीं है।

मैं क्या कहता–कुछ कहने को था भी नहीं। धीरे–धीरे हम कार में आकर बैठ गये। मदन से कार स्टार्ट करने को कहा। कार फिर कलकत्ते की ओर लौटने लगी।

डाक्टर, उस समय मेरे मन की क्या हालत थी, इसका आप अन्दाजा नहीं लगा सकेंगे। आप शायद सोच रहे होंगे कि एक मामूली बात पर पल्टू सेन क्यों इस तरह घबड़ा गया। लेकिन मुन्ना के साथ मेरी पत्नी का स्वास्थ्य भी जुड़ा हुआ था, इसलिए मुझे घबड़ाना पड़ा।

हम कलकत्ते लौट आये। लेकिन मकान बड़ा सूना लगा। उतने बड़े मकान में हम सिर्फ तीन थे। अब सिर्फ एक नहीं है, लेकिन उसी से लगने लगा कि मकान एकदम सूना हो गया है।

उसके बाद दूसरे ही दिन सवेरे एक टेलीफोन आया।

रिसीवर उठाया तो उधर से नरसिंहम की आवाज सुनायी पड़ी।

इतने सवेरे नरसिंहम ने क्यों टेलीफोन किया समझ नहीं पाया।

मैंने पूछा–क्या खबर है नरसिंहम? एकाएक टेलीफोन क्यों किया?

नरसिंहम बोला–आज मुझे आफिस से छुट्टी लेनी पड़ रही है। आज एक झमेले में पड़ गया हूँ सर, इसलिए आज आफिस में नहीं रह पाऊँगा।

–कैसा झमेला? तुम कैसे झमेले में पड़ गये?

नरसिंहम बोला–कल मेरी वाइफ की डेलिवरी हुई। रात को नर्सिंग होम से खबर आयी है। इसलिए वहीं जा रहा हूँ।

–वहाँ कितनी देर होगी?

–यही तो नहीं बता सकता, इसीलिए आपको टेलीफोन किया।

मैंने पूछा–जच्चा कैसी है?

नरसिंहम बोला–सुना है कि आपरेशन करना पड़ा है और अभी तक वाइफ होश में नहीं आयी है।

मैंने कहा–फिर तुम जल्दी चले जाओ, आज मैं आफिस आऊँगा।

इससे ज्यादा और कुछ नहीं कहा।

रिसीवर रखने से पहले इतना कहा कि तुम एक बार टेलीफोन करके बता देना कि तुम्हारी वाइफ कैसी है।

नरसिंहम बोला–ठीक है सर।

मैंने फिर पूछा–अभी तुम्हारे घर में कौन रहेगा? तुम खाना कहाँ खा रहे हो? अगर कोई असुविधा हो तो मुझसे कहना।

नरसिंहम बोला–नहीं सर, मुझे कोई असुविधा नहीं होगी।

–क्यों? घर में कौन खाना पकायेगा? क्या तुम्हारी माँ आ गयी है?

नरसिंहम बोला–जी नहीं सर, खाना पकाने के लिए मुझे एक औरत मिल गयी है। वह एक महीने से मेरे यहाँ खाना पका रही है। बड़ी ईमानदार है।

मैंने कहा–ठीक है। लेकिन किसी बात की परेशानी हो तो बताना। आफिस के बारे में मत सोचना। पहले तुम्हारी फेमिली है, उसके बाद आफिस। समझ गये? जीवन में रुपया बहुत कमा सकोगे लेकिन पत्नी की ओर ध्यान नहीं दोगे तो जिन्दगी भर तुम्हें अफसोस करना पड़ेगा। अच्छा, अब मैं टेलीफोन रख रहा हूँ।

मैंने रिसीवर रख दिया।

फिर मैं आफिस जाने की तैयारी करने लगा।

मैं सोचता रहा कि नरसिंहम के सन्तान हुई और मेरे घर आयी सन्तान चली गयी। लेकिन नरसिंहम मेरा नौकर है और मैं उसका मालिक हूँ। मालिक होकर भी मैं उससे कई बातों में छोटा रह गया।

लेकिन मैं नरसिंहम से यह सब कह नहीं सका। दूसरे के सामने अपने छोटेपन को जाहिर करने में शर्म महसूस हुई। सम्पदा में जो बड़ा है, वह सामर्थ्य में भी बड़ा होगा, ऐसा तो कोई नियम नहीं है। लेकिन हम–जैसे सामान्य लोगों के लिए वही लज्जा का कारण बन जाता है। उसी लज्जा के पीछे हम मरे जा रहे हैं डाक्टर। वही लज्जा हम सबके लिए यन्त्रणा बन गयी है।

उस दिन मन का यही हाल लेकर आफिस गया। नरसिंहम नहीं है, इसलिए आफिस के काम में ढिलाई आ गयी थी। अब मुझे देखकर सब चौकन्ने हो गये। काम-काज की भीड़ में भी बार-बार मुन्ना की याद आने लगी। किसी किताब में पढ़ा था कि मन जब बेचैन होने लगे तब जीभ को दाँतों से दबाना चाहिए। जोर से दबाना चाहिए। भले ही जीभ से खून निकल आये। याने, शरीर को कष्ट होगा तो मन शान्त होने लगेगा। किस किताब में यह बात पढ़ी थी, यह याद नहीं थी। लेकिन मैं बार-बार उस प्रक्रिया को करने लगा। उससे मन को थोड़ी शान्ति मिली। बहुत देर बाद मन की पीड़ा से छुटकारा मिला।

फिर जब आफिस से घर लौटने लगा तभी अचानक पार्क स्ट्रीट थाने से टेलीफोन आया।

मैंने पूछा-कौन?

उधर से जवाब आया-मैं पार्क स्ट्रीट का ओ० सी० बोल रहा हूँ सर। मैंने आपके घर फोन किया तो पता चला कि आप दफ्तर में हैं। इसलिए दफ्तर में आपको डिस्टर्ब किया। अभी आपको एक बार थाने पर आने का कष्ट करना पड़ेगा सर। आपका लड़का मिल गया है।

फिर मैं नहीं रुका। तुरन्त कार लेकर थाने पहुँचा।

मुझे देखते ही ओ० सी० कुर्सी छोड़कर खड़ा हो गया।

बोला-आइये सर, आइये। आपके लड़के को बगल के कमरे में रखा है।

फिर बगल के कमरे में जाकर जैसा सोचा था, वैसा देखने को मिला। हाँ, मुन्ना ही था। स्कूल का यूनिफार्म पहने हुए था। लेकिन उसका चेहरा सूखा हुआ था और आँखें अन्दर को धँसी थीं।

मैंने उससे कहा-मुन्ना, तुम कहाँ चले गये थे बेटा?

मुन्ना सिर झुकाये बैठा था। उसने एक बार सिर उठाकर मेरी तरफ देखा, लेकिन बराबर देखते रहने की उसे हिम्मत नहीं पड़ी।

ओ० सी० ने मुझसे पूछा-यही तो आपका लड़का है सर?

मैंने कहा-हाँ, यही मेरा लड़का है। इसका नाम देवव्रत है। घर में मुन्ना कहा जाता है। अब तो मैं इसे घर ले जा सकता हूँ?

ओ० सी० बोला-जरूर ले जा सकते हैं। लेकिन जिस दिन कोर्ट में केस आयेगा उस दिन आपको इसे साथ लेकर वहाँ आना पड़ेगा।

मैंने कहा-मैं यहाँ से अपने घर फोन कर सकता हूँ? मैं मिसेज को यह खबर देना चाहता हूँ।

-जरूर! बगल के कमरे में टेलीफोन है, कर लीजिये।

मैंने उसी वक्त टेलीफोन कर रीटा को बता दिया कि मुन्ना मिल गया है। अगर वह आना चाहती है तो पार्क स्ट्रीट थाने पर चली आये।

इतना सुनते ही रीटा जिस हालत में थी, उसी हालत में थाने आ गयी। आते ही उसने पूछा–कहाँ है मुन्ना? कहाँ है वह?

ओ० सी० उसे उस कमरे में ले गया जहाँ मुन्ना था।

–देखिये, यही आपका लड़का है न?

रीटा दौड़कर मुन्ना से लिपट गयी। बोली–तुम कहाँ चले गये थे बेटा? हमें बताया भी नहीं। हम तुम्हें पता नहीं कहाँ-कहाँ ढूँढ़ते रहे।

मुन्ना अब भी सिर नीचा किये बैठा रहा। उसने रीटा की तरफ देखा तक नहीं।

रीटा ने पूछा–तुम कहाँ चले गये थे बेटा? तुम हमें कैसे भूल गये? मदन कार लेकर तुम्हें कितना ढूँढ़ता फिरा, लेकिन तुम नहीं मिले तो वह खाली कार लेकर लौट आया। क्या तुम्हें हमारी बात याद नहीं आती थी? हमसे कौन-सी गलती हो गयी मुन्ना?

मैंने ओ० सी० से पूछा–आखिर यह कहाँ मिला?

ओ० सी० ने कहा–नींबूबगान की बस्ती में।

–नींबूबगान की बस्ती में? अरे, वह तो मेरे मकान के पीछे है।

ओ० सी० बोला–हाँ सर, यह वहीं मिला।

इस पर मुझे और भी आश्चर्य हुआ। अगर कोई घर से भागता है तो आम तौर पर वह बहुत दूर निकल जाता है, ताकि उसका कोई पता न लगा सके। लेकिन मुन्ना तो घर के पीछे ही छिपा था। आखिर इसका क्या कारण हो सकता है?

ओ० सी० बोला–वह एक बदमाश लड़के के चंगुल में फँसा था। उसी ने उसको फुसलाकर वहाँ रखा था।

मैंने पूछा–लेकिन इसका क्या कारण हो सकता है?

ओ० सी० ने कहा–चलिये उस बगलवाले कमरे में, उसे वहीं बन्द रखा है। है बड़ा शैतान लड़का, किसी तरह जबान खोलना नहीं चाहता। मैंने उससे बहुत पूछताछ की है, लेकिन उसके मुँह से कोई कॉनफेशन नहीं निकला।

मैंने बगलवाले कमरे में उस लड़के को देखा। उस लड़के को देखने से लगता है कि वह बच्चा जेबकतरा है या चोर।

शायद उस लड़के को पुलिसवालों ने खूब पीटा था। उसके शरीर पर उसके निशान थे।

ओ० सी० ने बताया–इस लड़के के साथ आपका लड़का उस बस्ती के सामनेवाले बम्बे के पास खेल रहा था। मेरे कान्स्टेबल ने देखते ही इनको पकड़

लिया। मुझे शक है कि यह लड़का आपके लड़के को बहकाकर उस बस्ती में ले गया था।

मैंने उस लड़के से पूछा–अरे, तू उसे बहकाकर क्यों ले गया था?

डरते-डरते उस लड़के ने सिर ऊपर उठाया।

मैंने फिर वही सवाल किया–तू उसे क्यों अपने साथ ले गया था?

उस लड़के ने डरते-डरते कहा–मैं उसे बहकाकर नहीं ले गया था हुजूर, वही मेरे साथ गया था, अपनी खुशी से गया था।

ओ० सी० ने उससे पूछा–बस्ती में तेरा और कौन है?

उस लड़के ने कहा–मेरा कोई नहीं है हुजूर। मैं उसके स्कूल के फाटक के सामने खड़ा था। तभी उसने मुझसे पूछा कि मैं माणिक को जानता हूँ या नहीं।

मैंने कहा–माणिक? मुन्ना ने तुझसे माणिक के बारे में पूछा था?

उस लड़के ने कहा–हाँ हुजूर, मैंने उससे कहा कि मैं माणिक को जानता हूँ। मैंने यह भी कहा था कि तुम्हें माणिक के पास ले जा सकता हूँ। तभी वह मेरे साथ नींबूबगान बस्ती में गया था।

पुलिस की पूछताछ के दौरान उस लड़के ने पहले भी यही बताया था। लेकिन पुलिसवालों ने उसकी बात पर विश्वास नहीं किया।

मैंने उस लड़के से पूछा–क्या माणिक तुम्हारी बस्ती में रहता है?

उस लड़के ने उत्तर दिया–हाँ सर!

मैंने पूछा–वह क्या करता है? कहीं काम करता है?

उस लड़के ने कहा–जी नहीं, वह कुछ नहीं करता।

मैंने पूछा–फिर वह क्या खाता है?

–वह भीख माँगता है। अभी तक उसे कोई काम नहीं मिला।

मुझे भी कोई काम नहीं मिला।

मैंने फिर पूछा–तो तुम मुन्ना को माणिक के पास ले गये?

उस लड़के ने कहा–जी सर।

–उसके बाद?

उस लड़के ने कहा–लेकिन यह माणिक वह माणिक नहीं है। मुन्ना किसी और माणिक से मिलना चाहता था। मुन्ना के गाँव का माणिक नहीं मिला। मुन्ना उसी से मिलना चाहता था।

ओ० सी० ने यह सब पहले ही सुना था। कहा–आप लोग मुन्ना को घर ले जाइये। आपका लड़का मिल गया, यही बहुत है। इस लड़के का मैं कल ही चालान करूँगा।

मुन्ना हमारे साथ घर लौटा। आपको मेरी कहानी बड़ी विचित्र लग रही है न डाक्टर? आजकल सभी लोग गरीबों के दुःख-दर्द के बारे में कह रहे हैं, आम जनता के बारे में सोच रहे हैं, नोन-तेल-लकड़ी की महँगाई को लेकर परेशान हो रहे हैं और मैं एक अमीर की निजी समस्याओं के बारे में कहने लगा हूँ जो आपको जरूर बुरा लग रहा होगा।

लेकिन भाग्य निर्धन और धनी में भेद नहीं करता। भाग्य बड़ा बेमुरौवत है। इसलिए मेरी समस्या भी तो समस्या है। मेरी समस्या भी कितनी सीरियस हो सकती है, यह आप बाद में समझ जायेंगे। लोग समझते हैं कि रुपया न होने पर बड़ा कष्ट होता है, यह मैं भी जानता हूँ। कभी मैं भी गरीब था और मेरे पास भी पैसा नहीं था। इसलिए पैसे के अभाव में कितना कष्ट होता है, यह मैं अच्छी तरह जानता हूँ। लेकिन पैसा न रहने से पैसा रहना कितना कष्टकर है, यह मैं अब समझ रहा हूँ। जरूरत से ज्यादा पैसा होना ही तकलीफ का कारण बन जाता है। नहीं तो मेरी पत्नी ही वैसी क्यों हो जाती और अपनी सन्तान न होने पर दूसरे की सन्तान को अपने घर लाने की क्यों जरूरत पड़ती?

बाद में मैंने इस पर सोचा तो पाया कि जीवन में कुछ न पाने की विडम्बना से बढ़कर जरूरत से ज्यादा पाने की विडम्बना है। नहीं तो दुर्भाग्य क्यों मेरा पीछा करता। फिर जो दुर्भाग्य था वह तो कोई ऐसा भयानक नहीं था। भूख लगने का दुःख कुछ खा लेते ही मिट जाता है। लेकिन जो भूख किसी तरह नहीं मिटती उसकी शान्ति कैसे हो? हमारी भी हालत वैसी थी। दूसरे के बेटे को अपना बनाकर क्या बेटे की कमी पूरी हो सकती है? उस कमी को क्या रुपये-पैसे से पूरा किया जा सकता है।

मैंने तो रुपये-पैसे से मुन्ना को सुखी करना चाहा था। उसके लिए शर्ट-पैण्ट-जूते, खिलौने, नौकर-चाकर, कार, बढ़िया-से-बढ़िया स्कूल और न जाने क्या-क्या, किसी बात की कमी नहीं रखी थी। इस शहर के कितने लड़कों को इतना आराम मिलता है? लेकिन पता नहीं क्यों वह न जाने किस माणिक को ढूँढ़ता रहा। वह माणिक कौन है और उसमें कौन-सा आकर्षण है-यह मैं कभी समझ नहीं सका।

उसी रात मुन्ना को बुखार आया। फिर उसी बुखार से उसे टाइफाइड हो गया।

डाक्टर आये। तीसरे दिन पता चला कि मुन्ना को टाइफायड हो गया है। उसे टाइफाइड की दवा दी गयी और डाक्टर के कहने के अनुसार उसका इलाज होता रहा। अन्त में डिलिरियम के लक्षण दिखायी पड़े। तेज बुखार के कारण वह अण्ड-बण्ड बकने लगा।

मैं, रीटा और घर में जितने नौकर-चाकर थे सब मुन्ना की तीमारदारी में जुटे रहे। कोई उसके माथे में आइसबैग रखता तो कोई स्पांज करता और कोई डाक्टर के

पास जाता तो कोई दवाखाने दौड़ता। कई हफ्ते कोई सो नहीं सका। रीटा भी, जो अपने बालों को बॉब करती और क्लब में जाकर शराब पीती, दवा और डाक्टर पर भरोसा न कर सकी। एक दिन वह सीधे क़ालीघाट के मन्दिर में गयी और मुन्ना के नाम पाँच सौ एक रुपये की पूजा चढ़ा आयी।

तेज बुखार में मुन्ना कभी-कभी एकाएक आँखें खोलकर चारों तरफ देखने लगता और न जाने किससे कहता–मुझे पियानो दो।

एक बार डाक्टर बुखार देख रहा था और तभी मुन्ना ने पियानो माँगा। डाक्टर ने कहा–यह पियानो क्यों माँग रहा है?

मैं बगल में खड़ा था। मैंने कहा–इधर कई दिनों से वह पियानो की रट लगा रहा है।

डाक्टर बोले–तो आप उसे पियानो क्यों नहीं ख़रीद देते? वह जो कुछ माँगे, वही दीजिये।

मैंने कहा–वही तो मैं देता हूँ। उस दिन वह माँ-माँ कहकर चीख पड़ा था तो रीटा ने कालीघाट के मन्दिर में पूजा चढ़ाकर प्रसादी फूल उसके माथे से लगाया था। उस अलमारी में देखिये, वहाँ जितने खिलौने हैं, सब उसके लिए खरीदे गये हैं। वह देखिये वायलिन भी रखा है। सोचा था कि वायलिन मिल जाने पर वह खुश होगा, लेकिन उसने वायलिन नहीं लिया और उठाकर फेंक दिया। उसे बस पियानो चाहिए।

डाक्टर बोले–फिर आप उसे पियानो ही खरीद दीजिये। आप-जैसे आदमी के लिए पियानो खरीदना कोई मुश्किल काम नहीं है।

यह सुनकर मैंने दूसरे ही दिन मुन्ना को बड़ा-सा पियानो खरीद दिया। मुझे पियानो बजाना नहीं आता। फिर भी उसे खुश करने के लिए उलटा-सीधा पियानो बजाया। लेकिन मुन्ना ने उस पियानो की तरफ देखकर आँखें फेंर लीं।

उसने कहा–मैं वह पियानो नहीं लूँगा।

मुन्ना के लिए हजारों रुपये खर्च कर भी मैं उसके चेहरे पर हँसी नहीं ला सका।

लेकिन अन्त तक एक दिन एक मजेदार बात हो गयी।

उस दिन मैं किसी काम से घण्टे भर के लिए घर से निकला था। घर लौटा तीसरे पहर। लौटते ही मैं मुन्ना के कमरे में गया। देखा कि मुन्ना मुस्करा रहा है।

यह देखकर मुझे बड़ी खुशी हुई। बगल में रीटा खड़ी थी।

मैंने रीटा से पूछा–क्या आज मुन्ना का बुखार छूटा है?

रीटा बोली–देखिये, उसका पियानो देखिये।

मैंने देखा कि उसका पियानो सोने का सिगरेट-केस है। मुझे लगा कि वह सिगरेट-केस मैंने कहीं देखा है। लगा कि मैं पहले वही सिगरेट-केस इस्तेमाल करता था। लेकिन ठीक से याद नहीं कर पाया कि कब उसे खरीदा था।

रीटा बोली-यह देखिये, इस पर किसी का नाम खुदा हुआ है-बी० एच० ग्रियर्सन।

मैंने देखा कि सिगरेट-केस के अन्दर भी साफ अक्षरों में वह नाम खुदा है। मैंने सोचा, यह नाम तो मेरे साहब का है। विलायती सिगरेट-केस। खास शेफील्ड का बना। इतने दिनों बाद यह सिगरेट-केस मुन्ना के पास कैसे आया, यह मैं समझ नहीं सका? उसे यह कौन दे गया?

मैंने रीटा से पूछा-यह कहाँ से मिला? क्या कोई दे गया है?

रीटा बोली-यह तो मैं नहीं जानती। मैं नौकरानी को इस कमरे में छोड़कर बाथरूम में नहाने गयी थी। नहाने के बाद ड्रेस करके जब यहाँ आयी तब उसके हाथ में यह देखा। इसको पाकर मुन्ना का चेहरा भी कैसा खिल उठा है। उसने हँसते हुए मुझे यह दिखाया और कहा-यही मेरा पियानो है।

यह सिगरेट-केस भी विचित्र था। ढक्कन खोलने के लिए बटन दबाना पड़ता है। फिर ढक्कन खोलने के लिए बटन दबाते ही उसमें से पियानो की जैसी मीठी आवाज निकलती है।

ग्रियर्सन साहब जब इण्डिया छोड़कर जाने लगे थे तब फेअरवेल के बाद उन्होंने मुझे यही सिगरेट-केस दिया था।

साहब ने कहा था-सेन, यह मैं तुम्हें दे रहा हूँ। हीयर इज माइ मोस्ट वैलूएबल प्रेजेण्ट टू यू। यही तुम्हारे लिये मेरी तरफ से सबसे कीमती उपहार है। टेक इट।

याद है कि उस दिन साहब के सच्चे स्नेह का परिचय पाकर मेरी आँखों में आँसू आ गये थे। एक विदेशी ने मुझे कितना स्नेह दिया! उन्होंने अपनी कम्पनी मुझे दी और ऊपर से इतना कीमती उपहार।

मेरी आँखों में आँसू देखकर शायद ग्रियर्सन साहब मेरा मनोभाव समझ गये थे।

वे बोले-डोण्ट क्राइ सेन। रोओ मत सेन। यू डिजर्व इट। तुमने एक दिन गुण्डों से मेरी जान बचायी थी। कैन आइ फॉरगेट दैट? क्या मैं वह भूल सकता हूँ।

लेकिन रीटा के सवाल से मेरी चिन्ता का तार टूटा।

रीटा ने पूछा-वह किसका नाम लिखा है? यहाँ यह सिगरेट-केस कैसे आ गयी?

मैंने कहा–यही तो मैं सोच रहा हूँ कि कौन यह मुन्ना को दे गया?

लेटे-लेटे मुन्ना ने कहा–यह तो मेरा पियानो है।

मैंने नौकरानी को बुलाया। जब वह आयी तब उससे मैंने पूछा–यह सिगरेट-केस कौन मुन्ना को दे गया।

नौकरानी बोली–यह तो मैं नहीं जानती। दरबान आकर वह मुझे दे गया।

फिर दरबान को बुलाया गया। मैंने नौकर से कहा–बीरसिंह को बुला दो।

दरबान बीरसिंह आकर सलाम करके खड़ा हो गया। बोला–हुजूर–

मैंने उससे पूछा–बीरसिंह, यह सिगरेट-केस कौन दे गया है। वह कौन है? उसका क्या नाम है?

लगा कि बीरसिंह सवाल का जवाब देते समय घबड़ा गया।

मैंने उसे डाँटकर पूछा–बताते क्यों नहीं कि यह तुम्हें किसने दिया।

बीरसिंह बोला–हुजूर, मैं उसको नहीं जानता।

–उसने तुमसे क्या कहा?

बीरसिंह ने कहा–उसने कहा यह ले जाकर मुन्ना बाबू को दे दो।

मैंने पूछा–फिर?

बीरसिंह बोला–फिर मैं अन्दर आकर वह नौकरानी को दे गया।

–और वह आदमी?

बीरसिंह बोला–वह तो जा चुका था।

मैं कुछ भी नहीं समझ पाया कि वह सिगरेट-केस कौन दे गया। न जाने कब की बात है? ग्रियर्सन साहब का दिया वह सिगरेट-केस आज इतने दिनों बाद अलौकिक ढंग से मेरे पास वापस आ गया। यह भी कम आश्चर्य की बात नहीं है।

मुन्ना उसी तरह बिस्तर पर लेटा था। उसने मुझसे कहा–दीजिये, मेरा पियानो दीजिये।

मैंने सिगरेट-केस मुन्ना को दे दिया। मुन्ना उसे बार-बार खोलता और बन्द करता रहा। इससे उस सिगरेट-केस में से पियानो की तरह मीठी आवाज निकलती रही।

मैं उस सिगरेट-केस की तरफ एकटक देखता रहा और मेरा मन आठ-दस साल पहले की किसी अतीत घटना के इर्द-गिर्द पहुँच गया। फिर मैं अनमना खड़ा रहा। मेरा मन वर्तमान और भविष्य को भूलकर अतीत में चक्कर काटने लगा।

मेरे पास रीटा खड़ी है, यह भी मैं उस समय भूल गया। अचानक रीटा का स्वर सुनकर मैं होश में आया। लेकिन इतने दिनों बाद वह सिगरेट-केस कौन लौटा गया? मैं तो उस सिगरेट-केस के बारे में भूल ही चुका था।

बगल में खड़ी रीटा ने अचानक पूछा–मिस्टर ग्रियर्सन का सिगरेट-केस यहाँ कैसे आया?

अब मुझे झूठ बोलना पड़ा। मैंने कहा–यही तो मैं नहीं समझ पा रहा हूँ।

लेकिन रीटा मुझ पर शक करने लगी। वह बोली–आप जरूर जानते हैं, लेकिन बता नहीं रहे हैं। आप सब-कुछ जानते हैं। बताइये, इतने दिनों बाद यह इस घर में कैसे आया?

मैंने कहा–विश्वास करो रीटा, मैं कुछ भी नहीं जानता। मैं नहीं जानता, तभी तो बीरसिंह को बुलाकर उतनी देर तक पूछता रहा।

रीटा ने पूछा–क्या ग्रियर्सन साहब इंग्लैण्ड लौटते समय यह आपको दे गये थे?

मैं समझ नहीं पाया कि रीटा के इस सवाल का क्या जवाब दूँ?

जरा सोचकर मैंने कहा–नहीं।

रीटा बिगड़ गयी। बोली–नहीं कैसे? आप मुझसे सब-कुछ छिपा रहे हैं।

मैंने कहा–मैं तुमसे क्यों कुछ छिपाऊँगा? तुमसे छिपाकर मुझे क्या फायदा होगा? अगर मिस्टर ग्रियर्सन साहब वह सिगरेट-केस मुझे दे जाते तो क्या मैं तुमको नहीं बताता?

रीटा बोली–मिस्टर ग्रियर्सन तो सात-आठ साल पहले इण्डिया से चले गये थे, फिर उनका सिगरेट-केस इतने दिनों बाद यहाँ कैसे आया।

मैंने कहा–शायद वह सिगरेट-केस कोई चुरा ले गया था।

रीटा बोली–अगर कोई चुरा ले गया था तो आपको वापस करने क्यों आया? चुराने के बाद क्या चोर कोई सामान वापस करता है? असल में आप मुझे बताना नहीं चाहते। बताइये, यह सिगरेट-केस कहाँ से आया?

मैंने कहा–क्यों तुम इस तरह चिल्ला रही हो? अगर तुम्हें मुझ पर विश्वास नहीं है तो तुमने मुझसे क्यों शादी की थी?

रीटा बिगड़ गयी–क्या कहा? मैंने आपसे शादी की थी?

शायद मैं भी धैर्य खोने लगा था, क्योंकि मैं भी चिल्लाया–तुमने मुझसे शादी नहीं की थी तो क्या मैं तुमसे शादी करने लगा था।

अब रीटा की आवाज भी तेज हो गयी। वह बोली–इडीयट! लायर कहीं का! क्या मैं तुमसे शादी करने के लिए तुम्हारे पाँवों पड़ी थी!

मैंने भी उतनी ही तेज आवाज में कहा–स्टॉप इट! चुप हो जाओ!

–क्यों चुप होऊँगी? क्यों चुप करूँगी? क्या मैं तुम्हारा खाती हूँ? क्या मैं तुम्हारे पैसे की परवाह करती हूँ? मैं अपने पिता के पैसे का खाती-पहनती हूँ। यह

मत भूल जाना कि मेरे पिता कर्नल चटर्जी थे। वे तुमसे कम पैसेवाले नहीं थे। उनका सारा पैसा तो अब मेरा है। उस पैसे की मैं मालिक हूँ। मैं तुम्हारी ग्रियर्सन कम्पनी खरीद सकती हूँ।

मैंने कहा–क्यों पागल–जैसी बक रही हो? क्या तुम्हारा दिमाग खराब हो गया है।

रीटा बोली–मेरा दिमाग खराब हुआ है या आपका? आप ही तो पागलों की तरह बक रहे हैं? जाइये, मैं आपकी शक्ल देखना नहीं चाहती।

इतना कहकर रीटा अपने कमरे की ओर चली गयी।

मेरी समझ में नहीं आया कि अब मैं क्या करूँ। मैं पत्थर-जैसा जड़ बना वहीं खड़ा रहा। जिसको कहना चाहिए किंकर्त्तव्यविमूढ़, मैं वही हो गया। मेरे कमरे में खड़े बीरसिंह, नौकरानी और नौकर सब हमारी बातें सुन रहे थे। अब मेरे दिमाग में आया कि गुस्से में आकर यह सब मैंने क्या किया? क्या मेरी बुद्धि मारी गयी थी?

मैंने मुन्ना की तरफ देखा। उसका किसी तरफ ध्यान नहीं था।

वह अपने पियानो–सिगरेट–केस–का ढक्कन बार–बार खोल और बन्द कर रहा था जिससे उसमें भी सुरीली आवाज निकल रही थी।

फिर मैं वहाँ न रुककर सीधे रीटा के कमरे की तरफ गया। वहाँ जाकर देखा कि रीटा का कमरा अन्दर से बन्द है।

मैंने दरवाजे पर दस्तक देकर आवाज दी–रीटा, रीटा, दरवाजा खोलो।

अन्दर से कोई जवाब नहीं मिला।

मैं दरवाजे पर दस्तक देता रहा।

बन्द दरवाजे के सामने खड़े होकर ही मैंने कहा–रीटा, मुझसे गलती हो गयी है। मैं तुमसे माफी माँग रहा हूँ। दरवाजा खोलो।

लेकिन अन्दर से कोई अब भी जवाब नहीं मिला।

अब मुझे डर लगने लगा। मैंने महसूस किया कि उतना चिल्लाकर रीटा को डाँटना उचित नहीं हुआ। कहीं रीटा फिर बीमार पड़ गयी तो क्या होगा? डाक्टर ने बार–बार समझा दिया था कि उससे सहानुभूतिपूर्ण व्यवहार कीजिये। डाक्टर ने कहा था कि आपकी पत्नी चाहे जो कहे आप उसका जवाब मत दीजियेगा।

लेकिन आज यह मुझसे क्या हो गया! गुस्से में आकर मैंने उससे क्या नहीं कहा?

मैंने फिर जोर–जोर से आवाज लगायी–रीटा, रीटा, दरवाजा खोलो। मैं तुमसे माफी माँग रहा हूँ।

साथ–ही–साथ मैं दरवाजे पर जोर–जोर से दस्तक देता रहा। मेरे नौकर–चाकर सभी वहाँ दौड़कर आ गये और वे खड़े–खड़े तमाशा देखने लगे। लेकिन किसी तरफ मेरा ध्यान नहीं था। शायद मेरी हरकत देखकर वे मन–ही–मन हँस रहे थे और कह रहे थे कि देखो, मियाँ–बीबी में कैसी लड़ाई छिड़ गयी है। उस समय मैंने कैसी लज्जा महसूस की, यह मैं आपको नहीं समझा सकूँगा डाक्टर। मैं वहाँ सबका मालिक था, लेकिन मैं ही सबसे पहले उपहास का पात्र बन रहा था।

अन्त में जब रीटा ने दरवाजा खोला तब उसकी शक्ल देखकर मैं घबड़ा गया। पिछली रात वह मुन्ना के पीछे जागती रही और आज सवेरे ही मैं उससे लड़ने लगा। देखा कि उसके बॉब किये हुए बाल उलझे हुए हैं और रोने के कारण आँखें लाल हो गयी हैं। अन्दर जाकर मैंने कमरे का दरवाजा बन्द कर लिया। फिर, आपके सामने कहने में कोई हर्ज नहीं है डाक्टर, मैंने अपनी पत्नी के सामने खड़े होकर माफी माँगी।

इतने में नौकरानी ने आकर दरवाजे पर दस्तक दी। उसने कहा–हुजूर, थाने से पुलिस के साहब ने आपको टेलीफोन किया है।

पुलिस का नाम सुनते ही मैंने जल्दी से जाकर टेलीफोन उठाया।

उधर से आवाज आयी–सर, उस लड़के को कल कचहरी में हाजिर करूँगा। इसके अलावा और एक खबर है।

क्या?

ओ० सी० ने कहा–उस लड़के ने एक औरत का नाम बताया है। शायद वही इस गिरोह का सरगना है।

मैंने आश्चर्य से कहा–अच्छा?

ओ० सी० बोला–हाँ सर, आजकल कलकत्ते में ऐसा खूब हो रहा है। औरतों के जरिये छोटे–छोटे बच्चों को किडनैप किया जा रहा है। शायद वे सब बच्चों को कोई दवा खिला देते हैं–

मैंने पूछा–क्या कल मुझे कचहरी में हाजिर होना पड़ेगा?

ओ० सी० ने कहा–नहीं सर, आपके आने की जरूरत नहीं है। अभी आपका बेटा कैसा है?

मैंने कहा–ठीक है। लेकिन इधर एक मजेदार बात हो गयी है। पता नहीं, कौन मेरे घर आकर मेरे मुन्ना को एक सिगरेट–केस दे गया है।

–अरे? आपके लड़के को सिगरेट–केस क्यों दे गया?

मैंने कहा–यह तो मैं नहीं जानता।

–कैसा सिगरेट–केस?

मैंने कहा–सोने का। लेकिन है बड़ा कीमती। विलायत का बना। उस पर एक साहब का नाम खुदा है।

ओ० सी० ने कहा–आश्चर्य की बात है। खैर, ठीक है। वह सिगरेट–केस भी मेरे इन्वेस्टिगेशन में काम आयेगा।

फिर टेलीफोन पर हमारी बात–चीत खत्म हुई।

लेकिन डाक्टर, जीवन में मैंने इतने धक्के बरदाश्त किये हैं कि अब मैं उसकी परवाह नहीं करता। इसलिए उस वक्त भी समझ नहीं सका था कि मेरे भाग्य में और कौन–सा धक्का खाना बदा है।

उस दिन मैं कचहरी नहीं जा सका, क्योंकि फुर्सत भी नहीं थी।

एक तरफ मेरा आफिस तो दूसरी तरफ मेरी गृहस्थी। आफिस जितना महत्त्वपूर्ण था, गृहस्थी उससे कम महत्त्वपूर्ण नहीं थी। इसका कारण यह था कि रीटा को हर घड़ी निगाह के सामने रखना पड़ता था तो मुन्ना को भी। नहीं तो पता नहीं, सिगरेट–केस की तरह और कौन–सी चीज कौन दे जाय। इसके अलावा यह भी डर था कि कोई आकर मुन्ना को जहर–वहर न खिला दे।

फिर उस समय नरसिंहम के घर में भी बड़ा झमेला चल रहा था।

पत्नी के पीछे नरसिंहम को भी खूब परेशान होना पड़ा। उसकी पत्नी की डेलिवरी के लिए आपरेशन करना पड़ा था और कई दिन उसकी हालत गम्भीर बनी रही। इसलिए नरसिंहम भी दफ्तर के काम में पूरा ध्यान नहीं दे पा रहा था। भाग्य से उसे एक ईमानदार नौकरानी मिल गयी थी जो उसका घर सँभाल रही थी।

उस दिन शाम को नरसिंहम ने मुझे टेलीफोन किया।

उसने कहा–सर, मैं नरसिंहम बोल रहा हूँ।

मैंने कहा–बोलो, क्या खबर है?

नरसिंहम बोला–सर, मैं पत्नी को घर ले आया हूँ।

मैंने पूछा–बच्चा कैसा है?

नरसिंहम ने कहा–दोनों ठीक हैं। लेकिन आज सवेरे फिर एक परेशानी हो गयी।

मैं चौंका। बोला–परेशानी? फिर कैसी परेशानी हो गयी?

नरसिंहम बोला–मैंने आपसे बताया था न कि मुझे एक अच्छी नौकरानी मिल गयी है–

मैंने कहा–हाँ, हाँ, मुझे याद है। क्या उसी को कुछ हो गया है? क्या वह बीमार पड़ी है?

नरसिंहम बोला–नहीं सर, वह बीमार नहीं पड़ी, आज उसे पुलिस अरेस्ट कर ले गयी है।

–क्यों?

मैं चौंक पड़ा।

पूछा–उसको पुलिस ने क्यों गिरफ्तार किया? उसने जरूर कुछ किया था। क्या उसने चोरी की थी? तुमने तो एक अनजान औरत पर घर का जिम्मा छोड़ दिया था, वैसी औरत तो चोरी करेगी ही। क्या तुम्हारा–

नरसिंहम बोला–जी नहीं सर। आपको तो मैंने बताया था कि वह बड़ी ईमानदार है। वह काम भी बहुत बढ़िया कर रही थी। उसका आचरण बड़ा अच्छा था। वह खाना भी बढ़िया बना लेती थी। मुझे उससे कोई शिकायत नहीं थी।

–फिर? फिर पुलिस ने उसको गिरफ्तार क्यों किया?

नरसिंहम बोला–यही तो मैं नहीं जानता सर। उस समय मैं घर पर नहीं था। जब घर लौटा तब पता चला कि पुलिस उसे पकड़ ले गयी है।

मैंने नरसिंहम से पूछा–अब क्या करोगे? तुम्हारी पत्नी अस्वस्थ है। उसकी देखभाल जरूरी है।

नरसिंहम बोला–उसके लिए मैंने दो नर्सें रखी हैं। वे ही मेरी पत्नी की देखभाल कर रही हैं।

मैंने कहा–लेकिन घर के काम-काज और खाना बनाने के लिए भी तो कोई होना चाहिए।

नरसिंहम ने कहा–उसके लिए एक औरत मिल गयी है सर। मेरा एक मित्र बालीगंज में है, उसी ने उस औरत को भेजा है।

–यह कैसा काम कर रही है?

नरसिंहम बोला–अभी तो ठीक कर रही है, लेकिन बाद में क्या हो पता नहीं। लेकिन पहलेवाली नौकरानी बहुत अच्छी थी। वह हर काम चुपचाप मन लगाकर करती थी। उससे कुछ कहना नहीं पड़ता था। वह खुद बाजार से सामान लाती थी, खाना पकाती थी और कपड़े-लत्ते भी साफ कर लिया करती थी।

मैंने कहा–लेकिन पुलिस ने उसको गिरफ्तार क्यों किया? उसने क्या किया था?

नरसिंहम बोला–यही तो मैं नहीं जानता सर। मैं उस समय घर पर नहीं था।

मैंने पूछा–आज तो आफिस जाओगे न?

नरसिंहम बोला–हाँ सर, जाऊँगा, लेकिन कुछ देर हो सकती है। अभी यह रसोईदारिन नहीं आयी है, पहला दिन है, इसलिए उसको सब-कुछ समझाना पड़ेगा।

मैंने कहा–तुम अपने घर से माँ–बाप को क्यों नहीं बुला लेते?

नरसिंहम बोला–मैंने टेलीग्राम किया था सर, लेकिन वहाँ से जवाब आया है कि पिताजी बीमार हैं। अस्सी से ऊपर उनकी उम्र है। इसलिए माँ भी नहीं आ सकतीं। अगर वे आ जाते तो क्यों इतनी परेशानी होती?

अब बताइये डाक्टर, मैं क्या कर सकता था? जिस समय मेरे घर में परेशानी थी, ठीक उसी समय मेरे डिप्टी के घर भी परेशानी हो गयी। इसी को संयोग कहते हैं।

हाँ, तो उस दिन पार्क स्ट्रीट थाने का ओ० सी० दफ्तर में पहुँच गया।

ओ० सी० ने कहा–मैंने आपके घर टेलीफोन किया तो पता चला कि आप दफ्तर में हैं तो यहीं चला आया।

मैंने पूछा–कोई नया डेवलपमेण्ट हुआ?

ओ० सी० ने कहा–हाँ सर, मैंने सबके एगेन्स्ट चार्ज फ्रेम किया है।

मैंने पूछा–आपने जिस औरत को पकड़ा है, वह इस केस में किस तरह शामिल है?

ओ० सी० ने कहा–मैंने उससे बहुत पूछताछ की है, लेकिन वह किसी तरह अपनी जबान नहीं खोलती। मैंने उसे डराया–धमकाया भी है, लेकिन उससे कोई फायदा नहीं हुआ।

मैंने कहा–लेकिन मेरा बच्चा चुराकर उसे क्या मिलता?

ओ० सी० ने कहा–यही तो मैं समझ नहीं पा रहा हूँ सर। लेकिन इन्वेस्टिगेशन जारी है, देखिये क्या होता है? उस लड़के को मैंने हवालात में बन्द रखा है और सवेरे से शाम तक पूछताछ की है। लेकिन वह लड़का बड़ा होशियार है। बड़ी मुश्किल से उसने उस औरत के बारे में बताया।

मैंने कहा–खैर, जो कुछ हो बताइयेगा।

दफ्तर में दिनभर काम करने के बाद शाम को घर लौटा। घर लौटकर देखा कि रीटा बहुत खुश है। वह मुन्ना के पास बैठकर उससे बातें कर रही है। मुन्ना अपना पियानो लेकर खेल रहा है। वह उसका ढक्कन बार–बार खोल रहा है, बन्द कर रहा है, जिससे उसमें से सुरीली आवाज निकल रही है।

मैंने मुन्ना से पूछा–आज कैसे हो बेटे?

रीटा ने मुझसे पूछा–आपको उस सिगरेट–केस के बारे में कुछ पता चला।

मैंने कहा–नहीं, पुलिस अभी तक उसके बारे में कुछ पता नहीं लगा सकी। लगता है कि वह चोरी का है। शायद साहब का सिगरेट–केस किसी ने चुराया था।

रीटा बोली–लेकिन इतने दिनों बाद चोरी का वह माल कहाँ से आ गया? फिर हमारे घर उसे कौन छोड़ गया?

मैंने कहा–यह सब मैंने पुलिस के ओ० सी० से कहा है। पुलिस इसके राज का पता लगा रही है। लगता है कि एक–दो दिन में सब–कुछ पता चल जायेगा।

फिर रीटा ने वह प्रसंग नहीं छेड़ा और मैं निश्चिन्त होकर अपने कमरे की तरफ चला गया।

जो कुछ हुआ, वह बड़ा आश्चर्यजनक था डाक्टर। मुन्ना सिगरेट–केस लेकर खेलने लगा तो वह खेल मानो उसका नशा बन गया। वह हमेशा उस सिगरेट–केस को अपने पास रखता और जब मन होता तब उससे खेलने लगता। उसका टाइफाइड ठीक हो गया था। अब धीरे–धीरे स्वस्थ होने लगा था।

उस दिन पार्क स्ट्रीट थाने में ओ० सी० ने मुझे टेलीफोन किया–सर, आज आपको एक बार कोर्ट आना पड़ेगा।

मैंने पूछा–क्यों?

–आज आपके केस की तारीख पड़ी है। आप अपने लड़के को साथ लेते आइये। अब तो आपका लड़का काफी ठीक हो गया है। आपको ज्यादा देर रुकना नहीं पड़ेगा। आधे घण्टे में सारा काम हो जायेगा। सिर्फ ट्राइंग मजिस्ट्रेट एक बार आपके लड़के को देखना चाहेगा।

मैंने कहा–ठीक है।

उस दिन आफिस नहीं गया। जब कचहरी जाना है तब आफिस कब जाऊँगा?

मुन्ना को तैयार कर देने के लिए नौकरानी से कहा। उसे पैण्ट–शर्ट पहनाये गये।

रीटा ने पूछा–अभी आप कहाँ जा रहे हैं?

मैंने उसे बताया। पुलिस चाहती है कि मुन्ना एक बार कचहरी में हाजिर हो जाय। अगर मजिस्ट्रेट को उससे कुछ पूछना होगा तो पूछ लेगा।

रीटा बोली–लेकिन मुन्ना तो अभी लम्बी बीमारी से उठा है, अभी तक वह ठीक से स्वस्थ नहीं हो पाया और यह स्ट्रेन बरदाश्त कर पायेगा?

मैंने कहा–डाक्टर भी तो साथ रहेंगे। कहीं कोई बात हो, इसलिए मैंने उनसे साथ रहने को कह दिया है।

रीटा बोली–फिर मैं भी चलूँगी।

मैंने कहा–चलो, तुम भी चलो। क्या हर्ज है?

रीटा चलने के लिए तैयार होने लगी। फिर खाना खाने में भी थोड़ा समय लगा। मैंने टेलीफोन कर डाक्टर से सीधे कचहरी पहुँचने के लिए कह दिया।

कचहरी पहुँचकर देखा कि केस शुरू हो गया है। अन्दर बहुत-सारे लोग थे। केस के साथ मेरा नाम जुड़ा होने के कारण भी बहुत लोग आये थे।

वकील उस लड़के से सवाल कर रहा था।

–तुम कहाँ रहते हो?

–नींबूबगान में।

–तुम देवव्रत सेन को कैसे पहचानते हो?

उस लड़के ने कहा–मैं सड़क पर भीख माँगा करता हूँ। मैं हर जगह जाता हूँ। एक दिन उस स्कूल के उस लड़के ने मुझे बुलाया। उसने मुझसे पूछा–क्या तुम माणिक को जानते हो? मैंने कहा–जानता हूँ। तभी वह मेरे साथ नींबूबगान आया।

–उसके बाद?

–उसके बाद उसने मेरे मुहल्ले के माणिक को देखकर कहा–यह नहीं। मैं अपने दोस्त माणिक से मिलना चाहता हूँ।

वकील ने पूछा–उसके बाद? उसके बाद तुमने उसे स्कूल क्यों नहीं पहुँचा दिया?

उस लड़के ने कहा–उसी ने जाना नहीं चाहा। मैंने उससे बार-बार कहा कि चलो, तुम्हें घर पहुँचा देता हूँ। लेकिन उसने घर लौटना नहीं चाहा। वह मयराडाँगा जाना चाहा था।

–मयराडाँगा क्यों?

उस लड़के ने कहा–मयराडाँगा में उसकी मौसी रहती है, वह वहीं जाना चाहता था। लेकिन मैं नहीं जानता था कि मयराडाँगा कहाँ है–

–क्यों मयराडाँगा में उसका कौन रहता है?

उस लड़के ने कहा–उसने बताया कि मयराडाँगा में उसकी मौसी रहती है।

–लेकिन माँ? माँ कहाँ रहती है?

उस लड़के ने कहा–वह अपनी माँ को पसन्द नहीं करता।

–क्यों?

उस लड़के ने कहा–मुन्ना ने बताया कि कलकत्ते में उसकी माँ मम्मी है–माँ नहीं।

मैंने रीटा की तरफ देखा। रीटा एकटक उस लड़के को देखे जा रही थी।

वकील ने फिर उस लड़के से पूछा–जब वह तुम्हारे घर रहा तब उसने खाना कहाँ खाया? रात को कहाँ सोया?

उस लड़के ने कहा–नींबूबगान बस्ती के बगल में एक नया मकान बना था। उसमें एक अफसर रहता है। उसी मकान में एक नौकरानी थी।

मैं थोड़ा चौंककर सीधा होकर बैठा। मेरे पास डाक्टर बैठे थे। वे भी हियरिंग सुन रहे थे।

मैंने वकील से पूछा–और कितनी देर सुनवाई चलेगी?

वकील ने कहा–ज्यादा देर नहीं। आज इस गवाह के बयान के बाद दूसरी तारीख पड़ेगी।

मुन्ना अब तक पता नहीं क्या देख और सुन रहा था, अब उसने अचानक पूछा–उस लड़के को इन लोगों ने क्यों पकड़ा है?

मैंने कहा–वही लड़का तो तुम्हें उन लोगों के घर ले गया था।

मुन्ना ने कहा–उसने तो बताया था कि माणिक उसके मुहल्ले में रहता है।

मैंने मुन्ना से पूछा–तुम माणिक से मिलने के लिए क्यों इतने बेचैन हो? उसने क्या किया है?

मुन्ना ने कहा–माणिक ने मुझसे कहा था कि वह मुझे मौसी के पास ले जायेगा।

मैंने पूछा–क्या तुम मौसी के पास जाना चाहते हो?

मुन्ना ने मुस्कराकर कहा–हाँ।

मैंने पूछा–क्यों? तुम मौसी के पास क्यों जाना चाहते हो? क्या तुम्हारी मौसी के पास हमारा जैसा मकान है? क्या मौसी के पास मांस-मछली वगैरह बढ़िया-बढ़िया खाना मिलेगा? क्या मौसी तुम्हें ऐसे पैण्ट-शर्ट पहनने को देंगी?

मुन्ना कुछ नहीं बोला।

मैंने कहा–बोलो मेरी बात का जवाब दो?

आखिर मुन्ना ने कहा–मौसी मुझसे बहुत प्यार करती है।

मैंने कहा–क्या हम तुमसे प्यार नहीं करते?

मुन्ना ने कहा–आप लोग मुझे पियानो नहीं देते। मौसी ने मुझे पियानो दिया था।

मैंने कहा–अब तो मैंने भी तुम्हें पियानो दिया है।

मुन्ना ने कहा–हाँ, अब मैं आपसे प्यार करूँगा।

मैंने कहा–अब तो तुम अपनी मौसी के पास नहीं जाना चाहोगे?

मुन्ना असहाय-सा मेरे चेहरे की तरफ देखता रहा। उसने कोई जवाब नहीं दिया।

तब मैंने उसे आश्वस्त करने के लिए कहा–घबड़ाओ मत बेटे, मैं तुम्हें तुम्हारी मौसी के पास ले जाऊँगा।

यह सुनकर मुन्ना का चेहरा ऐसे खिल उठा कि मानो उसे मुँहमाँगी दौलत मिल गयी हो। उसने पूछा–आप ले जायेंगे?

मैंने कहा–हाँ, ले जाऊँगा।

मैं मुन्ना से बहुत धीरे-धीरे बात कर रहा था। इतने में इजलास उठ गया। मजिस्ट्रेट कार्रवाई बन्द कर अन्दर चले गये। फिर अभियुक्त को गाड़ी में बिठाकर ले जाया गया। कचहरी का पहले दिन का अनुभव लेकर हम लौटने लगे।

कार में बैठकर रीटा ने पूछा–उस नौकरानी का एविडेन्स कब होगा?

मैंने कहा–अगली तारीख को।

रीटा ने पूछा–लेकिन वह औरत है कौन?

मैंने कहा–मुझसे तो ओ० सी० ने कहा है कि कलकत्ते में ऐसी दुष्ट औरतें बहुत हैं। इनमें से बहुत-सी पिक-पॉकेट भी हैं। कुछ तो बैंक से भी रुपया गायब करती हैं। लेकिन उनको पहचानना मुश्किल है। ट्राम-बस से भले घर की महिलाओं की तरह आती-जाती हैं। अभी मेरे डिप्टी नरसिंहम ने बताया कि उसके घर एक औरत खाना बनाती थी, अब पुलिस उसे पकड़ ले गयी है।

उस दिन दफ्तर से घर लौटते समय नरसिंहम मेरे घर आया।

रीटा उस समय मेरे पास बैठी थी। चाय का दौर चल रहा था। नरसिंहम को भी चाय दी गयी।

आफिस के बारे में उससे बहुत-सी बातें करनी थीं। यूनियन के मेम्बर लोग, जिनमें ज्यादातर नौजवान थे, स्ट्राइक के लिए बैलट लेने लगे थे। अगर सचमुच स्ट्राइक होती है तो आफिस की ओर से क्या स्टेप्स लिये जा सकते हैं, नरसिंहम से वही बातें हो रही थीं।

कम्पनी के ऐडमिनिस्ट्रेशन का जिम्मा नरसिंहम पर था। कम्पनी के एस्टैब्लिशमेण्ट साइड का काम सँभालना बड़ा मुश्किल है डाक्टर। कम्पनी एक मशीन की तरह है। मशीन चलती है, और जब तक चलती है तब तक मशीनमैन को उसके हर पुर्जे पर निगाह रखनी पड़ती है। अगर उसकी निगाह तेज नहीं है तो मशीन ठप पड़ जायेगी।

हमारी ग्रियर्सन कम्पनी का मशीनमैन नरसिंहम है। लेकिन मशीन के बारे में बातचीत आफिस में नहीं हो सकती। उससे स्टाफ में बातचीत फैल जाने का खतरा रहता है। इसीलिए मैंने उससे घर पर आने के लिए कहा था।

जरूरी बातें खत्म कर नरसिंहम जाने लगा था। तभी अचानक रीटा ने उससे कहा–मिस्टर नरसिंहम, आपसे एक बात पूछूँगी।

नरसिंहम चलने के लिए खड़ा हो चुका था, फिर बैठ गया।

उसने कहा–कहिये मिसेज सेन–

रीटा ने कहा–आपके घर की मेड-सरवेण्ट को पुलिस ने अरेस्ट किया है?

नरसिंहम बोला–जी हाँ, यह भी एक मुसीबत हो गयी। वह बहुत बढ़िया काम कर रही थी। मैं तो ज्यादा देर घर में नहीं रह पाता था। मेरी पत्नी नरसिंगहोम में थी और मैं आफिस में रहता था। इसलिए मुझे पता नहीं चल पाया कि वह ईमानदार थी कि बेईमान।

रीटा ने पूछा–उसने क्या चुराया था?

नरसिंहम बोला–मैंने तो उसे ईमानदार समझकर रखा था। उसने चोरी भी की है तो मैं कभी पकड़ नहीं पाया। फिर उसे पुलिस ने क्यों गिरफ्तार किया? जरूर उसके एगेन्स्ट में कोई चार्ज है। खैर, मैं दूसरे दिन यहाँ के थाने पर गया था। वहाँ मैंने पूछा कि उसे क्यों गिरफ्तार किया गया है। इस पर थानेवालों ने कहा कि उसके विरुद्ध सीरियस चार्ज है।

थोड़ा रुककर नरसिंहम बोला–बताइये, उसके बाद मैं क्या कर सकता था? पुलिस ने मुझको बताया कि आजकल कलकत्ते में ऐसी बहुत-सी औरतें आयी हैं। ये सब भले घरों में काम करने लगती हैं– रसोईदारिन का काम, नौकरानी का काम। उसके बाद चोरी करके भाग निकलती हैं।

रीटा बोली–लेकिन आपको पहले किसी तरह का शक नहीं हुआ था?

नरसिंहम ने कहा–मैं तो एक तरह से घर पर रहता ही नहीं था। सिर्फ रात को घर लौटता था और खाना खाकर सो जाता था। दिनभर वह घर में क्या करती थी, यह मैं कैसे पता करता? मैं एक-दो कमरों में ताला लगाकर जाता था, लेकिन ड्राइंग-रूम, स्टोर-रूम, किंचन वगैरह खुले पड़े रहते थे।

रीटा ने पूछा–आपके पास उसे किसने भेजा था?

नरसिंहम बोला–इस मुहल्ले में मैंने अभी हाल में मकान बनवाया है। इसलिए मुहल्ले के किसी को नहीं जानता। मेरा जो धोबी था, जो मेरे कपड़े धोता था, उसी से मैंने एक आदमी के लिए कहा था और वही उसे ले आया था।

रीटा बोली–एक धोबी ने आपको नौकरानी दी और आपने उसे रख लिया?

नरसिंहम ने कहा–न रखता तो क्या करता? उस समय मुझे आदमी की बड़ी जरूरत थी। मेरी पत्नी नर्सिंगहोम में थी और घर को देखनेवाला कोई नहीं था। घर में पिताजी बीमार पड़े थे और उनको छोड़कर माँ नहीं आ सकती थीं। बताइये, उस हालत में मैं क्या करता? बाध्य होकर मुझे वही नौकरानी रखनी पड़ी।

फिर जरा रुककर नरसिंहम बोला–फिर भी मैं कहूँगा कि वह औरत बहुत अच्छी थी। उसने कभी एक पैसा इधर-उधर नहीं किया। फिर भी पुलिस उसे क्यों पकड़ ले गयी, समझ नहीं पा रहा हूँ।

इतना कहकर नरसिंहम अपने घर चला गया। आफिस की फाइलें भी वह अपने साथ ले गया। दफ्तर में हड़ताल होनेवाली थी। उसी के कागजात उन फाइलों में थे। वे फाइलें नरसिंहम के पास रहती थीं।

नरसिंहम के चले जाने के बाद रीटा ने पूछा–अब उस केस की सुनवाई कब होगी?

मैंने कहा–जब भी सुनवाई हो, थाने से मुझे खबर मिल जायेगी।

रीटा बोली–मैं तो मुन्ना को स्कूल भेजूँगी, लेकिन फिर अगर कोई उसे गायब कर दे तो?

मैंने कहा–अभी कुछ दिन स्कूल में पढ़ाना बन्द कर दो। मैं उसके लिए घर ट्यूटर रख लूँगा।

इसके कुछ ही दिन बाद थाने के ओ० सी० ने खबर दी कि मुन्ना के केस की तारीख पड़ी है। लेकिन मुश्किल यह हो गयी कि मेरी कम्पनी में भी उसी दिन से हड़ताल शुरू हो गयी। मेरे कर्मचारियों की अनेक माँगें थीं। वेतन बढ़ाने की माँग तो थी ही उसके अलावा चिकित्सा सुविधा, बोनस, प्राविडेण्ट फण्ड, ग्रैच्युइटी, पेन्शन वगैरह से सम्बन्धित सैकड़ों माँगें थीं।

दो-तीन दिन बहुत कोशिश की गयी। हड़ताल खत्म करने के लिए यूनियन के नेताओं से मीटिंग होती रही। लेकिन वे किसी तरह समझौते पर राजी नहीं होते।

एक दिन यूनियन के नेताओं से लम्बी मीटिंग चलती रही। तभी मेरे घर से मेरे डाक्टर का टेलीफोन आया–सर, आप अभी चले आइये, घर में बड़ी मुसीबत है।

मैं चौंका। पूछा–कैसी मुसीबत? क्या हो गया है, जल्दी बताइये।

डाक्टर ने कहा–मिसेज सेन अस्वस्थ हैं।

मुझे बड़ा आश्चर्य हुआ। मैंने पूछा–क्यों? एकाएक अस्वस्थ क्यों हो गयीं?

डाक्टर ने पूछा–क्या थाने के ओ० सी० ने आपको कुछ नहीं बताया?

मैंने कहा–जी नहीं। मैं तो दिनभर कम्पनी की हड़ताल खत्म कराने में लगा रहा, इसलिए दूसरी बात सोचने का मौका नहीं मिला। मेरे आफिस के टेलीफोन आपरेटरों ने भी तो काम बन्द रखा है, आपको लाइन कैसे मिली?

डाक्टर बोले–इसीलिए मुझे वह लाइन नहीं मिली। मैंने उसके लिए बहुत कोशिश की। फिर डाइरेक्ट लाइन मिलायी तो आपसे बात हो सकी। आज आपके केस की तारीख थी, याद है न?

मैंने कहा–हाँ, याद है।

डाक्टर ने कहा–आप थाने के ओ० सी० से बात करेंगे तो सब मालूम हो जायेगा। सुना है कि सभी अभियुक्त छूट गये हैं।

मैंने पूछा–क्यों? क्यों सब छूट गये? छूट गये तो अब वे फिर मेरे बच्चे को किडनैप करेंगे।

डाक्टर बोले–वह तो बाद की बात है। आप घर लौटते समय थाने के ओ० सी० से मिल लीजियेगा। मैं घर पर हूँ। मिसेज सेन की देखभाल कर रहा हूँ।

फिर मैंने देर नहीं की। नरसिंहम से कहा–अब हड़ताल के मामले में जो कुछ करना है, तुम्हीं करो। अब मैं आफिस में नहीं रुकूँगा घर में जरूरी काम पड़ गया है, मैं जा रहा हूँ।

इतना कहकर मैं चलने लगा। हड़ताली कर्मचारी उस समय भीं आफिस के सामने खड़े थे। मैं उनकी भीड़ में से रास्ता बनाते हुए कार में जाकर बैठ गया। मदन ने पूरी रफ्तार में कार चला दी।

मैंने उससे कहा–घर नहीं, सीधे थाने चलो।

थाने का ओ० सी० मुझे देखकर आश्चर्य में पड़ गया।

ओ० सी० ने कहा–सर, आपसे बात करने के लिए मैंने टेलीफोन मिलाने की कई बार कोशिश की। जब लाइन नहीं मिली तब मैंने टेलीफोन रख दिया। डाइरेक्ट लाइन पर भी आप नहीं मिले।

मैंने कहा–कैसे लाइन मिलेगी? मेरे टेलीफोन आपरेटरों ने भी तो हड़ताल कर दी है। डाइरेक्ट लाइन तो फोनवालों की मर्जी पर है। कभी ठीक रहती है तो कभी बिगड़ जाती है।

ओ० सी० ने कहा–खैर टेलीफोन की बात छोड़िये। मैं उस लड़के को पनिशमेण्ट नहीं दिलवा सका। कोर्ट ने उसे छोड़ दिया।

–क्यों?

ओ० सी० ने कहा–जिस औरत ने आपके बच्चे को चुराया था, वह तो उसी बच्चे की माँ है।

मैं यह सुनकर हैरान हो गया।

–इसका मतलब?

ओ० सी० ने कहा–कचहरी में खड़ी होकर मजिस्ट्रेट के सामने उस औरत ने तो यही कहा।

मैं कुर्सी पर बैठा था–खड़ा हो गया। उत्तेजना के मारे थर-थर काँपने लगा।

मैंने कहा–आप यह क्या कह रहे हैं? यह सब झूठ है। आप लोगों के वकील ने उससे सवाल क्यों नहीं किये? वह तो उस लड़के की मौसी है। वह खुद अपनी बहन के लड़के को मुझे दे गयी थी। उस लड़के के माँ-बाप बहुत पहले मर चुके हैं। उस औरत के साथ उसी के गाँव का भैरव अड्डी नाम का एक आदमी भी उस बच्चे को पहुँचाने मेरे घर आया था।

ओ० सी० बोला–जी नहीं, वह आपके बेटे की माँ है।

मैंने जोर से कहा–यह आप क्या कह रहे हैं। आपके वकील क्रॉस क्वेश्चन भी नहीं कर सके।

ओ० सी० ने कहा–पुलिस लॉयर ने सवाल किया था। क्या आपने उस औरत को कभी कोई सिगरेट-केस दिया था।

–सिगरेट-केस?

ओ० सी० बोला–हाँ, सोने का सिगरेट-केस। उस पर ग्रियर्सन साहब का नाम लिखा हुआ है। अगर आपने उसको सिगरेट-केस नहीं दिया तो वह उसे कहाँ से मिला?

अब मेरे मुँह से कोई शब्द नहीं निकला। मैं चुप हो गया। थोड़ी देर पत्थर की मूर्ति बना खड़ा रहा।

तभी मुझे लगा कि किसी ने मेरी स्मृति पर से भारी काला परदा हटा दिया।

मैंने पूछा–इस समय वह कहाँ है, बता सकते हैं?

ओ० सी० बोला–यह तो मैं नहीं बता सकूँगा। कचहरी से छूटकर वह कहाँ चली गयी, यह मुझे मालूम नहीं है।

मैंने कहा–लेकिन उससे मिलना बहुत जरूरी है।

डाक्टर, उस समय मेरे दिमाग में ज्वालामुखी का विस्फोट होने लगा था। आफिस में कई दिन से हड़ताल रहने से यों ही मैं परेशान था। उसको लेकर मेरा डिप्टी नरसिंहम भी परेशान था। आफिस के हड़ताली कर्मचारी जितने उत्तेजित थे, हम भी उतने उत्तेजित थे। ग्रियर्सन कम्पनी का कितने दिनों का ट्रेडिशन नष्ट होने लगा था। उस पर व्यक्तिगत और पारिवारिक अशान्ति का दौर शुरू हो गया। मैं दिनभर की मेहनत के बाद घर लौटकर आराम करना चाहता था कि पुलिस, कोर्ट और डाक्टर का झमेला शुरू हो गया।

इसके अलावा मेरी पत्नी के स्वास्थ्य का प्रश्न था। मनुष्य रुपया कमाता है सुरक्षा के लिए, घर बसाता है सुख और शान्ति के लिए, लेकिन मेरा भाग्य कितना विचित्र है कि सब-कुछ होते हुए भी मुझे कुछ भी नसीब नहीं हुआ। मानता हूँ कि

मैंने धन चाहा था, लेकिन बहुत अधिक तो नहीं चाहा था। मैंने घर बसाया था, लेकिन मुझे वैसी पत्नी क्यों मिली? लेकिन मुझे वैसी पत्नी क्यों मिली, जिससे मुझे सन्तान नहीं मिल सकती?

मेरा सिर चकराने लगा था।

मैंने ओ० सी० से फिर कहा–क्या आप बता सकते हैं कि कहाँ जाने पर वह मिल सकती है?

ओ० सी० ने कहा–आप एक बार उस पते पर कोशिश कर सकते हैं, जहाँ से हमने उसे गिरफ्तार किया था। नींबूबगान बस्ती की बगल में वह मकान है।

मैंने पूछा–उस मकान का क्या पता है?

ओ० सी० ने पता लिखकर दिया।

मैंने पढ़कर देखा कि वह नरसिंहम के मकान का पता है।

मैंने कहा–यह तो मेरे असिस्टेण्ट मिस्टर नरसिंहम का पता है।

ओ० सी० बोला–आपका असिस्टेण्ट? यह तो नहीं जानता था। वह महिला उसी मकान में नौकरानी का काम करती थी। मैंने वहीं से उसे गिरफ्तार किया था।

उसके बाद मैं वहाँ नहीं रुका। मदन कार चलाकर मुझे नरसिंहम के घर ले गया। मैंने सोचा–नरसिंहम अब तक जरूर घर आ गया होगा। शायद वह महिला भी वहाँ आ गयी हो। लेकिन जिसको पुलिस ने गिरफ्तार किया था, उसको कौन दोबारा नौकरानी रखेगा? फिर नरसिंहम तो उस दिन बता गया कि उसे दूसरी नौकरानी मिल गयी है। नरसिंहम का एक मित्र बालीगंज में रहता है। वह उसी के जिले का है। उसने वह नौकरानी दी है। इस पर भी क्या वह उसके घर में जायेगी। –पता नहीं, मैं क्या-क्या सोचने लगा था।

फिर भी आखिरी कोशिश के तौर पर मैं नरसिंहम के घर पहुँचा।

मैंने मदन से कहा–पता करो कि नरसिंहम साहब घर लौटे हैं या नहीं?

मदन ने जाकर नरसिंहम के मकान के दरवाजे में लगा कॉलिंग बेल दबाया तो एक महिला दरवाजा खोलकर बाहर निकली।

उस महिला ने मदन से पूछा–आप कौन हैं? कहाँ से आये हैं?

मदन ने पूछा–क्या नरसिंहम साहब दफ्तर से लौटे हैं?

लगा कि वह औरत उस घर की नयी नौकरानी है।

उसने कहा–साहब तो अभी तक नहीं आये हैं।

मदन ने उससे कहा–नरसिंहम साहब आये तो उससे कह देना कि सेन साहब आये थे। मैं उनका ड्राइवर हूँ। यह भी कह देना कि वे सेन साहब से जरूर मिल लें। बहुत जरूरी काम है।

उस महिला ने निस्सन्देह होने के लिए साहब का नाम दोबारा लिया।

–सेन साहब?

मदन ने कहा–हाँ, कह देना कि सेन साहब खुद आये थे। नरसिंहम साहब आयें तो उनको सेन साहब के घर भेज देना। भूल मत जाना।

उस महिला ने कहा–नहीं भूलूँगी। याद रहेगा।

उधर मुझे घर के बारे में चिन्ता होने लगी थी। शायद डाक्टर अभी तक घर में बैठे हैं। रीटा की तबीयत फिर खराब हो गयी है। कचहरी जाकर उसने सब-कुछ सुन लिया है। लेकिन असली बात तो वह नहीं जानती। लेकिन वह महिला कौन है? ग्रियर्सन साहब का सिगरेट-केस उसे कहाँ से मिल गया? किसने उसे दिया। अब भी पूरी बात मेरी समझ में नहीं आयी डाक्टर। क्या वह महिला मुन्ना की मौसी नहीं माँ ही है? फिर उसने मौसी कहकर अपना परिचय क्यों दिया था।

कचहरी में मुन्ना उसे देखकर मौसी-मौसी पुकारने लगा था।

मैंने मदन से कहा–जल्दी घर चलो मदन, जितनी जल्दी हो सके।

नरसिंहम के मकान से मेरा मकान कोई दूर नहीं है, इसलिए मैं मिनट भर में घर पहुँच गया।

घर पहुँचकर मैंने देखा कि रीटा का बुरा हाल है।

डाक्टर रीटा के सामने बैठे थे। डाक्टर उसे समझा रहे थे–आप क्यों उत्तेजित हो रही हैं मिसेज सेन? पहले मिस्टर सेन को आने दीजिये, वे क्या कहते हैं सुन लीजिये, फिर कोई निर्णय लीजियेगा।

रीटा कह रही थी–वह अब तक क्यों मुझसे झूठ कहता आया, मैं यही सुनना चाहती हूँ।

ठीक उसी वक्त मैं कमरे में घुसा। मुझे देखते ही रीटा आगबबूला हो गयी।

वह बोली–लायर कहीं का! स्काउण्ड्रेल कहीं का। तुम इतने दिन मुझको ब्लफ देते रहे? तुमने अब तक यह सब क्यों नहीं बताया था?

मैंने कहा–क्यों, क्या हुआ है? क्या कह रही हो?

रीटा बोली–तुम डैम लॉयर हो। अब तक तुमने क्यों नहीं बताया कि तुमने कोई मिस्ट्रेस रखी थी?

मैंने कहा–मतलब?

रीटा बोली–इसका मतलब तुम डाक्टर से पूछो। डाक्टर, आज आप कोर्ट में जो कुछ सुन आये, बताइये। बताइये आप?

डाक्टर चुप बैठे रहे।

रीटा डाक्टर की तरफ देखकर चिल्लायी। चिल्लाकर बोली–बताइये न डाक्टर, बताइये! आपको किस बात का डर है? आप क्यों डर रहे हैं? मिस्टर सेन कितना बड़ा स्काउण्ड्रेल है, वही बताइये।

फिर भी डाक्टर कुछ नहीं बोले। उन्होंने रीटा से कहा–आप फिर एक्साइटेड हो रही हैं मिसेज सेन। अभी आप चुप रहिये। जरा धीरे बोलिये। बगल के कमरे में मुन्ना है, नौकरानी है, वे सब सुनेंगे।

रीटा बोली–सुनने दीजिये। सबको सुनने दीजिये। क्या मैं किसी से डरती हूँ? मैं सबके सामने चिल्लाकर कहूँगी कि आपका मिस्टर सेन बहुत बड़ा स्काउण्ड्रेल है। कहूँगी कि इसने एक वेश्या पाल रखी थी और उसके बेटे को घर में लाया है। वह लड़का वेश्या का है, मैं उसे घर से निकाल दूँगी। वह बच्चा मेरा कोई नहीं है, मैं उसको निकाल बाहर करूँगी ऐण्ड आइ मस्ट। जानते हैं डाक्टर, उस लड़के के पीछे मैंने हजारों रुपये खर्च किये हैं और पता नहीं, उसके लिए क्या-क्या किया है। जब वह बीमार पड़ा था, मैं उसे गोद लिये रात-रात भर बैठी रहती थी। आज मुझे पता चला कि वह एक मिस्ट्रेस का लड़का है–वेश्या का लड़का।

मैंने कहा–यह सब तुमसे किसने कहा? यह सब झूठ है।

मेरी बात सुनकर रीटा बिफर गयी।

वह बोली–अगर सब झूठ है तो मजिस्ट्रेट ने उस रण्डी को क्यों छोड़ दिया? क्यों वह बरी कर दी गयी? क्या अब भी कहना चाहते हो कि यह सब झूठ है। मजिस्ट्रेट झूठा है या तुम? कहते क्यों नहीं कि कौन लायर है?

मैंने कहा–मैं तो कोर्ट में नहीं था, इसलिए उसने मजिस्ट्रेट के सामने क्या कहा, यह तो मैं नहीं जानता। मैं तो कम्पनी की हड़ताल के बारे में मीटिंग कर रहा था।

रीटा बोली–अब तो मीटिंग करोगे ही। कचहरी जाने पर सबके सामने बेइज्जत होना पड़ता न। सबके सामने तुम अपने स्कैण्डल के बारे में सुनते।

मैंने कहा–चुप हो जाओ, चिल्लाओ मत।

मेरे ऐसा कहने पर रीटा ने जोर से चिल्लाकर कहा–क्यों चुप हो जाऊँ? तुम्हारे कहने से? गलत काम तुम करोगे और मैं चुप हो जाऊँगी? मैं नौकर-चाकर सबसे तुम्हारे बारे में कहूँगी, ढिंढोरा पीटूँगी। तुम्हारा मौरल कैरेक्टर कैसा है, यह सबको बताकर मैं चुप होऊँगी। उसके पहले नहीं–

मैंने कहा–बेअदबी की भी एक सीमा है और तुम उसे पार कर रही हो।

रीटा बोली–बेअदब तुम हो या मैं हूँ? स्काउण्ड्रेल! इडियट! कैरेक्टरलेस बीस्ट कहीं का! तुम एक जानवर से भी गये-गुजरे हो और अब उलटे मुझको डाँट रहे हो?

मैंने कहा–प्लीज रीटा, चुप हो जाओ। उस कमरे में मुन्ना है, वह सब सुन रहा है।

रीटा बोली–सुन रहा है तो मैं क्या करूँगी? अब मैं उसको इस घर में नहीं रहने दूँगी। मैं जा रही हूँ, अभी उसे निकाल बाहर करूँगी।

इतना कहकर रीटा दौड़ती हुई बगल के कमरे में गयी।

मैंने डाक्टर की ओर देखकर कहा–देख लिया न डाक्टर, अकारण रीटा किस तरह एक्साइटेड हो रही है? किस तरह चिल्ला रही है?

डाक्टर बोले–आप ही चुप रहिये न। आप थोड़ा बरदाश्त नहीं कर सकते?

मैंने कहा–बताइये डाक्टर, मैं कितना बरदाश्त करूँ? मैं भी तो एक आदमी हूँ। मेरी सहनशीलता की भी कोई सीमा है। मुझे तीन हजार लोगों के बारे में सोचना पड़ता है। दफ्तर के लोगों ने स्ट्राइक शुरू कर दी है। मैं उसके बारे में सोचूँगा या पत्नी का पागलपन बरदाश्त करूँगा?

डाक्टर बोले–लेकिन आपकी पत्नी तो नार्मल नहीं है मिस्टर सेन, वे तो मेण्टल पेशेण्ट हैं। इसलिए आप उनसे उसी तरह की बात कीजिये। आप उनसे मीठी बातें कहिये।

मैंने कहा–आपने तो इतना कहकर फुर्सत पा ली डाक्टर, अगर आप मेरी हालत में होते तो समझते कि दिमाग ठण्डा रखने के लिए मुझे क्या करना पड़ता है। आप तो जानते हैं कि इधर कई साल से कम्पनी का सारा काम अपने असिस्टेण्ट पर छोड़कर सिर्फ रीटा के पीछे भाग रहा हूँ। बताइये, हमने कितना समय बरबाद किया है। वही रीटा आज पता नहीं मुझे क्या कह रही है, गाली बक रही है। अगर रीटा की जगह दफ्तर का कोई ऐसी हरकत करता तो मैं कभी उसे निकाल बाहर करता।

इतने में रीटा बगल के कमरे में मुन्ना को घसीटती ले आयी। उसने मुन्ना का कान पकड़कर उसे एक थप्पड़ जमा दिया।

फिर उसने मुन्ना से कहा–निकल जा! अभी मेरे घर से निकल जा।

इतना कहकर उसने मुन्ना को धक्का दिया तो मुन्ना संगमरमर के फर्श पर गिर पड़ा। मैं उसे पकड़ने गया। डाक्टर भी उसकी तरफ बढ़ा। लेकिन उसके पहले ही मुन्ना फर्श पर गिर पड़ा और उसके सिर में चोट आयी। उसके सिर से खून बहने लगा। दर्द के मारे वह चीखकर रोने लगा।

डाक्टर ने मुन्ना को पकड़कर उठाया।

लेकिन रीटा ने फिर भी उसे नहीं छोड़ा। डाक्टर के पास से उसे खींचकर दूर धकेल दिया।

रीटा उससे कहने लगी–मर, तू मर जा!

मैंने आगे बढ़कर रीटा का हाथ पकड़ लिया।

कहा–क्या कर रही हो? क्या उसे मार डालोगी?

रीटा ने भी आँखें तरेरकर कहा–हाँ, हाँ, मार डालूँगी। मैं अपने घर में, अपनी आँखों के सामने एक दूसरे के लड़के को नहीं रहने दूँगी। उसको अभी निकाल बाहर करो।

मैंने कहा–अगर वह मर जाय तो उसका जुर्म तुम्हीं पर होगा।

रीटा बोली–मैं उसे मार डालूँगी। उसके बाद मुझे फाँसी पर लटकना पड़े तो उसकी परवाह नहीं करती। तुम मेरे सामने से हटो, रास्ता छोड़ो।

मैंने कहा–नहीं।

–क्यों नहीं? क्या तुमने मुझे मूर्ख समझ लिया है! समझ लिया है कि मैं कुछ नहीं समझती? बताओ, तुमने इतने दिनों तक मुझसे क्यों नहीं कहा कि तुम्हारा बेटा है? बताओ, तुमने क्यों नहीं बताया?

मैंने कहा–अभी तुम्हारा दिमाग ठीक नहीं है, इसलिए हजार बार कहने पर भी तुम समझ नहीं सकती। पहले तुम शान्त हो जाओ, उसके बाद मैं सब-कुछ बताऊँगा।

रीटा बोली–नहीं, पहले बताओ कि वह रण्डी कौन है? हू इज दैट ब्लडी वुमन?

मैंने कहा–वह मेरी कोई नहीं है।

रीटा ने कहा–फिर तुम उसी के लड़के को क्यों अपने घर में ले आये? क्या और कोई लड़का नहीं था?

मैंने कहा–तुम गलती कर रही हो रीटा, वह उसका लड़का नहीं है। वह उसका भानजा है। उसकी बहन का लड़का।

रीटा बोली–फिर उसने कोर्ट में खड़ी होकर क्यों कहा कि वह मेरा बेटा है?

मैंने कहा–उसने कोर्ट में क्या कहा है, यह तो मैं नहीं जानता।

रीटा बोली–तुम जरूर जानते हो और सब–कुछ जानते हो। तुमने हमेशा मुझसे झूठ कहा है। अगर ऐसा नहीं है तो ग्रियर्सन साहब का सोने का सिगरेट–केस उसके पास कैसे पहुँचा?

मैंने कहा–शायद मिस्टर ग्रियर्सन ने उसे दिया हो।

रीटा बोली–नहीं! तुमने दिया है। कटघरे में खड़ी होकर मजिस्ट्रेट के सामने उसने कहा कि वह तुमने उसे दिया है।

मैंने कहा–अगर वह झूठ कहे तो उसके लिए मैं क्या कर सकता हूँ?

रीटा बोली–देखो, मैंने बहुत बरदाश्त किया है, लेकिन अब मैं बरदाश्त नहीं करूँगी। तुम कभी पोर्ट कमीशन के डॉक में ग्रियर्सन कम्पनी के गोदाम में टैली-क्लर्क का काम करते थे?

मैंने कहा–हाँ।

रीटा ने पूछा–उस गोदाम में अटल डे नाम का कोई बड़ा बाबू था।

मैंने कहा–हाँ, था।

रीटा बोली–उसी रिटायर्ड बड़े बाबू अटल डे ने खुद कचहरी में आकर उस औरत को आइडेण्टिफाई करके कहा कि तुम जिस होटल में खाना खाते थे, वह एक औरत का होटल था। उसी होटलवाली औरत की वह लड़की है। वह टिफिन टाइम में बाबुओं को चाय पहुँचा आती थी। अब याद आ रहा है? तुमको उस गोदाम की नौकरी में एक सौ बीस रुपये मिलते थे और खाने के लिए उस होटल में महीने में एक सौ रुपये देते थे–याद पड़ रहा है?

मेरे कुछ कहने से पहले ही रीटा कहने लगी–क्यों चुप हो? जवाब दो? याद आ रहा है?

मैंने कहा–उसने जो कुछ कह दिया, तुमने उसी पर विश्वास कर लिया?

रीटा बोली–मैं विश्वास करनेवाली कौन हूँ? जिसको विश्वास करना था उसी ने विश्वास किया। मजिस्ट्रेट ने उसकी बात पर विश्वास कर केस डिसमिस कर दिया।

मैं कुछ बोलने जा रहा था, लेकिन रीटा उसके पहले बोल उठी–अब तुम चुप रहो। तुम झूठे हो, लायर हो, स्काउण्ड्रेल हो, बीस्ट हो। तुम मेरे सामने से हट जाओ।

मैंने कहा–चिल्लाओ मत! शान्त हो जाओ।

रीटा बोली–क्यों मैं चुप रहूँगी? मैं क्यों नहीं चिल्लाऊँगी? तुम मुझे धोखा देते रहोगे और मैं सब बरदाश्त करूँगी?

तब मैं भी धीरज खोने लगा। बोला–चुप न रह सकती हो तो जहन्नुम में जाओ–मेरे सामने से हटो।

रीटा बोली–ऐसी बात है? ठीक है, मैं तुम्हारे सामने से हट रही हूँ– तुम्हारी निगाह से दूर हो रही हूँ।

यह कहकर वह रोती हुई अपने कमरे में चली गयी और अन्दर से दरवाजा बन्द कर लिया।

डाक्टर ने मुन्ना के सिर में पट्टी बाँध दी थी और उसका रोना कुछ कम हो गया था। मैंने उसे प्यार कर नौकरानी की गोद में दिया। बेचारा बच्चा। वह तो कुछ भी नहीं समझ सका कि क्या हुआ। उसके कारण मेरे घर में कैसा बवण्डर उठ खड़ा हुआ, शायद उसका आभास भी उसे नहीं हो सका।

मैं तो अपने को लेकर परेशान था।

डाक्टर ने कहा–अच्छा मिस्टर सेन, अब मैं जाऊँ?

मैंने कहा–जायेंगे डाक्टर?

डाक्टर बोले–अब मैं यहाँ रुककर क्या करूँगा? मिसेज सेन तो नाराज होकर अपने कमरे में चली गयीं। बाद में उनको बुलाकर शान्त कीजियेगा। अगर फिर पहले की तरह उनको मेलंकॉलिया हो गयी तो उनको ठीक करना मुश्किल हो जायेगा।

मैंने पूछा–डाक्टर, यह रोग क्यों होता है?

डाक्टर बोले–जिन औरतों के सन्तान नहीं होती, ज्यादातर उन्हीं को यह रोग होता है। बहुत ज्यादा रुपये और बहुत ज्यादा आराम से भी यह रोग हो जाता है। जिनको रुपये की तंगी है, जिनको रुपये के लिए दिनभर पसीना बहाना पड़ता है, उनको यह रोग नहीं होता। आपकी पत्नी को कोई काम नहीं करना पड़ता। उनको खुद एक गिलास पानी लेकर पीना नहीं पड़ता। फिर उनके एक सन्तान नहीं हुई। इसलिए उनको यह रोग हो गया है। असल में आज की सभ्यता ही इस रोग का कारण है। आप बराबर उनको अपनी निगाह में रखिये, उनका और ज्यादा साथ कीजिये और उनको कम्पनी दीजिये।

मैंने कहा–अब तक तो मैंने यही किया डाक्टर। पत्नी के पीछे मैंने व्यापार की ओर सही ढंग से ध्यान नहीं दिया।

डाक्टर ने कहा–वह तो आपने अच्छा किया। लेकिन आज जो घटना घट गयी, उसके बाद आपको इस मामले में ज्यादा केअरफुल होना पड़ेगा।

यह कहकर डाक्टर चले गये। मैं सोचने लगा कि अब क्या करूँ। मैं अपने जीवन की परिक्रमा करने दूर अतीत में पहुँच गया। मैं सोचने लगा कि मैंने जो कुछ चाहा था, क्या वह मुझे मिला है? अब मुझे लगा कि तुच्छ समझकर मैंने जो कुछ नहीं चाहा था, शायद वही मिल जाने पर मैं ज्यादा सुखी होता!

लेकिन वह सब सोचने के लिए अब समय नहीं था। चाहने और पाने की दशा से ऊपर उठकर मैं मन की ऐसी स्थिति में पहुँच गया था, जो मेरी कल्पना के अतीत थी। एक दिन तो मैंने बहुत रुपया चाहा था डाक्टर, सिर्फ रुपया। मैंने घर नहीं चाहा था, पत्नी नहीं चाही थी और सन्तान की इच्छा भी नहीं की। लेकिन वही रुपया मेरे सर्वनाश का कारण बन जायेगा, यह किसे पता था? मैंने मन–ही–मन भगवान् का स्मरण कर उससे कहा– हे भगवान्, मैंने तुमसे रुपया जरूर माँगा था, लेकिन इतना नहीं माँगा था, लाखों–करोड़ों नहीं माँगा था। अगर मेरे पास इतना रुपया न होता तो मेरी पत्नी को भी थोड़ी–बहुत मेहनत करनी पड़ती। उसे कमरे साफ करना, मसाला पीसना और भोजन बनाना पड़ता। कमरे साफ करने, मसाला पीसने और खाना पकाने

के बाद उसे बे-सिर-पैर की बातें सोचने का मौका ही न मिलता। फिर उसे नींद लाने के लिए नौकरानी से पाँव नहीं सहलवाने पड़ते।

अब मैं क्या करूँ?

मैं रीटा के कमरे के सामने जाकर उसका दरवाजा ठेलने लगा– दरवाजा खोलो रीटा, मेरी बात सुनो। तुमसे जरूरी बातें करनी हैं।

लेकिन अन्दर से कोई आहट नहीं मिली। मेरा सारा अस्तित्व अन्दर-ही-अन्दर छटपटाने लगा।

डाक्टर, उस समय मेरे मन की हालत क्या थी, यह आप नहीं समझ सकेंगे। फिर भी मैं इतना कह दूँ कि उस एअर-कण्डीशण्ड में बैठा-बैठा पसीने से तर-बतर होने लगा।

तभी अचानक नरसिंहम मेरे कमरे में आया।

आते ही उसने पूछा–सर, आप मेरे घर गये थे?

मैंने कहा–हाँ, नरसिंहम। लेकिन मैं दफ्तर के किसी काम से नहीं गया था। मैं एक दूसरे जरूरी काम से गया था।

नरसिंहम बोला–मुझे भी ऐसा पता चला। मेरी जिस नौकरानी को पुलिस मेरे मकान से ले गयी थी, आज वह छुटी है। सुना कि उसी ने आपके बच्चे को चुराया था। मैं तो यह सब नहीं जानता था। जेल से छूटते ही वह मेरे यहाँ आयी। अभी उसी से मैंने सारा किस्सा सुना।

मैंने बेचैनी से पूछा–अभी वह कहाँ है नरसिंहम? क्या तुम्हारे घर जाने पर उससे मुलाकात हो सकेगी?

नरसिंहम बोला–उससे सब-कुछ सुन लेने के बाद मैं उसे अपने साथ यहीं लाया हूँ।

मैंने चौंककर पूछा–कहाँ? कहाँ है वह?

नरसिंहम बोला–आप मत कष्ट कीजिये, बैठिये। मैं उसे बुला लाता हूँ।

लेकिन मुझसे रहा नहीं गया। नरसिंहम के साथ मैं भी बाहरवाले कमरे में आ गया। वहाँ जाकर मैंने देखा कि वह चेहरे को पूरी तरह से घूँघट में छिपाकर अपराधी की तरह खड़ी है।

नरसिंहम उसके पास जाकर उससे कहा–सेन साहब आये हैं, आपसे बात करना चाहते हैं मौसी।

यह सुनकर उस महिला ने चेहरे पर से घूँघट हटा दिया। लेकिन वह कुछ बोली नहीं।

नरसिंहम ने उससे कहा–बात करो मौसी, सेन साहब तुमसे बात करना चाहते हैं।

मैंने उससे पूछा–तुम्हारा क्या नाम है?

फिर भी वह चुप रही।

नरसिंहम ने उससे कहा–बताओ न, अपना नाम बताओ।

उसने कहा–सभी मुझे मौसी कहकर पुकारते हैं।

मैंने कहा–मौसी कहकर पुकारते हैं तो क्या तुम्हारा कोई नाम नहीं है? माँ-बाप ने तो तुम्हारा कोई नाम रखा था। वही बताओ।

लेकिन उसने कोई जवाब नहीं दिया।

मैंने कहा–मेरी बात का जवाब तो दो।

उतने में अचानक वह मेरे पाँवों पर गिरकर रोने लगी। पाँवों पर माथा टेककर उसने रोते हुए कहा–आप कृपा कर मुझे छोड़ दीजिये।

मैंने कहा–यह तो अच्छी मुसीबत हो गयी! क्यों इस तरह रो रही हो? क्या हो गया है? पुलिस ने तो तुमको छोड़ दिया है।

फिर भी वह रोती रही। उसका रोना किसी तरह बन्द नहीं हो रहा था।

मैंने कहा–क्यों रो रही हो? तुमने क्या किया है? तुमने तो कोई गलती नहीं की, फिर तुम क्यों रो रही हो?

लेकिन वह कुछ बोली नहीं, बस रोती रही।

फिर रोकर कहने लगी–दया कीजिये। मुझे छोड़ दीजिये। अब मैं कभी आपके पास नहीं आऊँगी और न मुन्ना को देखना चाहूँगी। उसे देखने को बहुत मन करता था, इसलिए मैं इस बाबू के घर काम करने लगी थी।

नरसिंहम ने पूछा–मुन्ना तुम्हारा कौन है?

उसने कहा–मेरा भानजा।

मैंने कहा–झूठ मत बोलो। आज तुमने कचहरी में मजिस्ट्रेट के सामने कसम खाकर कहा है कि मुन्ना तुम्हारा बेटा है।

यह सुनकर नरसिंहम भी चौंका। उसने कहा–अरे! तुमने कचहरी में ऐसा कहा है फिर तुमने बड़ी गलती की है। क्यों तुमने कहा कि मुन्ना तुम्हारा बेटा है?

उसने इसका जवाब न देकर कहा–आप कृपया मुझे छोड़ दीजिये। अपने मुहल्ले के उस लड़के को बचाने के लिए मुझे वह सब कहना पड़ा। मैंने आपका कोई नुकसान करना नहीं चाहा। अगर मैं वैसा न कहती तो पुलिसवाले उसे भी जेल में बन्द कर देते।

मैंने कहा–मैं तुम्हें ढूँढ़ने एक बार मयराडाँगा गया था। लेकिन वहाँ जाकर पता चला कि भैरव अड्डी मर गया है। फिर जब तुम्हारे बारे में पूछा तब लोगों ने कहा कि तुम वहाँ का काम छोड़कर और कहीं चली गयी हो। लेकिन तुम जो कलकत्ते में

मेरे मकान के पास नरसिंहम साहब के घर काम करने लगी हो, यह तो मैं नहीं जानता था।

नरसिंहम ने मुझसे कहा–जो धोबी मेरे कपड़े धोता है, वही इसको ले आया था, मैं अक्सर देखता था कि यह छत पर जाकर आपके मकान की ओर देख रही है। मैंने कई बार पूछा कि तुम उधर क्या देख रही हो तो वह कोई जवाब दिये बिना वहाँ से चली गयी।

थोड़ा रुककर नरसिंहम ने फिर कहा–मेरे ड्राइंग-रूम में आपका एक आयल-पेण्टिंग लगा हुआ है। वह तो आपने देखा है। मैंने अक्सर इसे उस तस्वीर की ओर देखते और उसे नमस्कार करते देखा है। अगर मैं कभी देख लेता था तो यह भाग जाती थी। मैं अक्सर सोचता था, लेकिन समझ नहीं पाता था कि मौसी क्यों ऐसा करती है।

मैंने उससे पूछा–तुम नरसिंहम के मकान की छत से मेरे मकान की तरफ क्यों देखा करती थी?

उसने कहा–मुन्ना को देखने की इच्छा होती थी, इसलिए। आप मुझे कृपा करके छोड़ दीजिये, मैं कभी मुन्ना को देखना नहीं चाहूँगी। मैं उसे भूल जाऊँगी। हमेशा के लिए भूल जाने की कोशिश करूँगी।

मैंने कहा–नहीं, वह सब तुमको नहीं करना पड़ेगा। लेकिन तुम अटल डे को जानती थी या नहीं, यह तो बताओ क्या उसे अब भी जानती हो? पोर्ट कमीशन के गोदाम में बड़ा बाबू था?

उसने स्वीकृति में गरदन हिलायी। फिर वह बोली–आज उसे बहुत दिन बाद देखा।

मैंने उससे पूछा–क्या तुम निम्मो की माँ को जानती हो? जो हम लोगों को चाय-बिस्कुट देती थी?

उसने सिर हिलाकर कहा–हाँ।

–और उसकी बेटी निर्मला को भी जानती होगी?

अब वह चुपचाप खड़ी रही।

मैंने कहा–जवाब क्यों नहीं देती? क्या तुम निर्मला को जानती हो?

अब वह फफक-फफककर रोने लगी।

मैंने कहा–तुम तो बात का जवाब दिये बिना रोने लगी। बताओ न, उसे जानती हो?

इतने में मुन्ना दौड़ता हुआ कमरे में आया। वह उस महिला को देखकर आश्चर्य में पड़ गया। उसके चेहरे से लगा कि उसे खुशी भी हुई है। दूसरे ही क्षण

वह दौड़कर उस महिला से लिपट गया। बोला–मौसी, तुम आ गयी? आज कचहरी में मैं तुम्हें बार-बार पुकारता रहा, लेकिन तुमने मेरी तरफ पलटकर देखा भी नहीं। अब मैं तुम्हें नहीं जाने दूँगा मौसी, मैं तुम्हारे साथ मयराडाँगा जाऊँगा। तुम मुझे अपने घर ले चलो। मुझे कलकत्ता एकदम अच्छा नहीं लगता। मैं तुम्हारे पास रहूँगा।

मैं एकटक उस दृश्य को देखता रहा। फिर धीरे-धीरे मुझे पुरानी घटनाएँ याद आने लगीं। ग्रियर्सन साहब उस समय इंग्लैण्ड लौटनेवाले थे। उनको फेअरवेल देने का इन्तजाम किया गया था। उस दिन ग्रियर्सन कम्पनी के सभी कर्मचारी उस काम में व्यस्त थे। ग्रियर्सन साहब को भावभीनी विदाई देने के लिए जो कार्यक्रम बनाया गया था, उसने अच्छे-खासे समारोह का रूप ले लिया था। चारों तरफ लोगों की भीड़ थी। दफ्तर भर में चहल-पहल थी। साहब अपने अभिनन्दन का उत्तर देने खड़े हुए थे। डायस के एक किनारे बैठा मैं उस सभा का संचालन कर रहा था। तभी गोदाम का बड़ा बाबू अटल डे मेरे पास आया।

उसने पूछा–सर, आपसे दो महिलाएँ मिलने आयी हैं।

मैंने पूछा–कौन हैं?

अटल डे बोला–एक महिला के साथ उसकी लड़की है।

मैंने सोचा कि निमन्त्रित महिलाएँ होंगी। मैं झटपट बाहर गया। वहाँ मैंने देखा कि फाटक के पास मामूली कपड़ों में निम्मो की माँ खड़ी है। उसके पास उसकी बेटी निम्मो याने निर्मला भी है।

निम्मो की माँ को देखकर मैंने कहा–तुम? इस समय? जाओ, जाओ, अभी जाओ। देख नहीं रही हो कि मैं कितने जरूरी काम में लगा हूँ? ग्रियर्सन साहब का फेअरवेल हो रहा है। बड़े-बड़े साहब लोग आये हैं और तुम गन्दी धोती पहनकर यहाँ चली आयी? तुमको किसने यहाँ आने दिया?

तब निम्मो की माँ बोली–तुम बुरा मत मानो बेटा, मैं बड़ी मुसीबत में पड़कर तुम्हारे पास आयी हूँ। यह मेरी लड़की है, तुम्हारी निर्मला। इस मुँहजली ने सर्वनाश कर लिया है। अब यह फाँसी लगाकर मरने जा रही थी तो इसे पकड़कर तुम्हारे पास ले आयी। अब तुम्हीं इसे बचा सकते हो बेटा! इसलिए लाचार होकर इसे तुम्हारे पास छोड़ जाने के लिए आयी हूँ। अब तुम इसे अपने पास रखो बेटा। उसके बाद चाहे तुम इसे मार डालो या नौकरानी बनाकर रखो, मैं देखने नहीं आऊँगी।

यह सुनकर मेरे सिर से पाँवों तक आग लग गयी।

मैंने कहा–देखो निम्मो की माँ, यह सब सुनने के लिए मेरे पास फुर्सत नहीं है। अभी तुम जाओ। हाँ, सौ-दो सौ रुपये दे देता हूँ, किसी अस्पताल में जाकर उस रुपये से इसका गर्भ गिरवा दो। रुपया देने पर इस कलकत्ते में क्या नहीं होता?

निम्मो की माँ बोली–लेकिन बेटा, मैं एक गरीब औरत हूँ, इस शहर को भी अच्छी तरह जानती हूँ। वह भी बच्ची है। पता नहीं क्या हो जाय। भला करने जाकर अगर बुरा हो गया तो? इसलिए बेटा, तुम इसको अपने पास रख लो, जिससे मैं निश्चिन्त हो सकूँ।

मैंने कहा–तुम क्या पागल हो गयी निम्मो की माँ तुम यह सब क्या कह रही हो? फिर यह सब सुनने के लिए मेरे पास फुर्सत कहाँ है? बल्कि तुम बाद में आना, या मैं ही कल तुम्हारे यहाँ आ जाऊँगा।

इतना कहकर मैंने दरबान से कहा कि इन दोनों को टैक्सी से खिदिरपुर भिजवा दो। टैक्सी के किराये के लिए मैंने निम्मो की माँ के हाथ में दस रुपये रख दिये।

यह घटना बहुत पहले की है। उसके बाद कितने वर्ष हो गये। लेकिन वे माँ-बेटी फिर कभी मेरे पास नहीं आयीं। मैं भी उनके पास कभी नहीं गया।

लेकिन इतने वर्षों बाद फिर निर्मला से मेरी मुलाकात होगी, ऐसे विचित्र संयोग की कल्पना मैंने कभी नहीं की थी।

इसलिए मैं उस समय पूरी तरह होश में नहीं था। मैं अतीत के ही भँवर में डूब-उतरा रहा था। लेकिन एकाएक मेरे घर में शोर-गुल होने से मैं सचेत हो गया।

मेरे घर के नौकरों-चाकरों ने घबड़ाकर शोर मचाना शुरू कर दिया था।

खानसामा दौड़ता हुआ मेरे पास आया।

उसने कहा–हुजूर, मेम साहब ने अपने कमरे में आग लगा ली है।

आग! आग लगा लेने की बात सुनकर मैं चौंक पड़ा। तब मैं पूरी तरह होश में आया। तब कुछ जलने की बदबू नाक में पहुँची। रीटा के कमरे के पास जाकर उसकी खिड़की से देखा कि अन्दर आग की लपटें उठ रही हैं।

मैंने उसी वक्त दरवाजे पर धक्का मारा, लेकिन दरवाजा नहीं खुला। दरवाजा अन्दर से बन्द था। मैंने नौकरों से दरवाजा तोड़ने के लिए कहा।

दरवाजा देखते-ही-देखते तोड़ा गया। लेकिन मुझे लगा कि दरवाजा तोड़ने में कल्पान्त हो गया। दरवाजा टूटते ही मैं दौड़कर रीटा से लिपट गया।

मैंने चिल्लाकर कहा–रीटा, तुमने यह क्या किया? तुमने यह क्या किया?

लेकिन डाक्टर, तब तक सब-कुछ समाप्त हो चुका था। शायद उसी के साथ मेरा भी अन्त हो गया। लेकिन मैं नहीं मरा डाक्टर जब मुझे होश आया तब देखा कि आपके नर्सिंगहोम के केबिन में पड़ा हूँ।

–अब सिगरेट पी सकता हूँ डाक्टर?

डाक्टर बोले–जी नहीं। मैं आपको सब-कुछ पीने दे सकता हूँ, लेकिन सिगरेट नहीं मिस्टर सेन। अभी तक सभी घाव नहीं भरे हैं, अभी सिगरेट पीने पर नुकसान होगा।

पलटू सेन बोले–ठीक है। जब आप मना कर रहे हैं तब नहीं पीऊँगा।

डाक्टर बोले–सिगरेट का पैकेट और माचिस तो आपके सामने हैं। आप उनको अपने हाथ में ले सकते हैं। लेकिन सिगरेट जलाकर उसका कश लेंगे तो सारे टाँके टूट जायेंगे, क्योंकि अभी तक वे कच्चे हैं।

पलटू सेन ने कहा–ठीक है, आप जब कह रहे हैं तब सिगरेट नहीं पीऊँगा। लेकिन आपने मेरी कहानी सुन ली न डाक्टर? रीटा जलकर मर गयी, लेकिन मैं जलकर क्यों जिन्दा रहा? मैं क्यों नहीं मरा?

फिर थोड़ा रुककर पलटू सेन ने कहा–डाक्टर, आपने मुझसे कहा था न कि आपके कोई मित्र लेखक हैं, लेकिन आप तो अभी तक उनको नहीं ले आये? मैं अपनी जिन्दगी की कहानी उनको सुनाता।

डाक्टर बोले–अब एक दिन उनको यहाँ ले आऊँगा।

मेरे डाक्टर मित्र ने कहानी पूरी की।

फिर कहा–भाई, आज तुम्हें एक बार मेरे नर्सिंगहोम चलना है। देखोगे मेरे ये पेशेण्ट कितने विचित्र हैं। तुमको ले चलने के लिए मैं सारा काम छोड़कर आया हूँ।

मैं भी चलने के लिए तैयार हो गया। बोला–ठीक है, चलो।

कपड़े बदलकर चलने के लिए तैयार होकर मैं आया ही था कि मेरे मित्र के नर्सिंगहोम से टेलीफोन आया।

मेरे मित्र ने टेलीफोन पर दो-चार बातें कीं, फिर रिसीवर रखकर मुझसे कहा–गजब हो गया। पलटू सेन की हालत बिगड़ चुकी है। तुरन्त चलो।

मैंने पूछा–क्या हो गया? अभी तो मिस्टर सेन ठीक थे, इतने में क्या बात हो गयी?

डाक्टर मित्र ने कहा–मुझे जिस बात का डर था, वही हुआ है। मैं उनको सिगरेट नहीं पीने देता था। लेकिन उनसे रहा नहीं गया और उन्होंने सिगरेट पी ली, फिर देखते-ही-देखते कोलैप्स कर गये। चलो, जल्दी चलो।

मैं डाक्टर मित्र की कार से सीधे उसके नर्सिंगहोम पहुँचा। दोनों तरफ कतारों में केबिन बने थे। उनको पार कर हम लिफ्ट तक गये और फिर लिफ्ट से सीधे छठी मंजिल से पहुँचे। मेरा मित्र इसी नर्सिंगहोम का मालिक है। इसलिए उसको देखते ही

नर्सें और असिस्टेण्ट डाक्टर दौड़कर आये। इंजेक्शन देना पड़ेगा। सब-कुछ रेडी रखो।

केबिन का दरवाजा खोलकर अन्दर पहुँचते ही देखा कि एक डाक्टर मिस्टर सेन को कोरैमिन इंजेक्शन लगा रहा है।

थोड़ी देर बाद मिस्टर सेन होश में आये। न जाने उनकी आँखें किसको ढूँढ़ने लगीं। उन्होंने देखा कि सामने एक महिला खड़ी है और उसके साथ उनका बेटा मुन्ना भी है।

मिस्टर सेन ने धीरे से पुकारा-मुन्ना।

मुन्ना उनके पास गया। बोला-मेरी मौसी क्यों रो रही है?

मिस्टर सेन बोले-मौसी नहीं बेटा, माँ कहो। माँ कहकर पुकारो।

निर्मला को भी मिस्टर सेन ने अपने पास बुलाया, फिर उससे कहा- मेरे पास सिन्दूर नहीं है। बताओ, मैं कैसे तुम्हारी माँग में सिन्दूर भरूँ?

लेकिन मिस्टर सेन ज्यादा देर बोल नहीं सके। उनको खाँसी आ गयी और वे खाँसने लगे। फिर खाँसते-खाँसते वे चुप हो गये।

मेरे मित्र ने उनको और एक सुई लगायी। लेकिन उससे कोई फायदा नहीं हुआ।

मिस्टर सेन की बड़ी इच्छा थी कि वे अपने जीवन के सुख-दुःख की कहानी किसी लेखक को सुनायेंगे ताकि वह लिखी जा सके। लेकिन उनको मौका नहीं मिला। थोड़ी देर बाद सब-कुछ समाप्त हो गया।

●